2016年全国一级建造师执业资格考试轻松过关

建设工程经济

（第三版）

马 铭 田 丽 编著

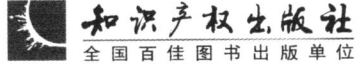

图书在版编目（CIP）数据

建设工程经济 / 马铭，田丽编著 . —3 版 . —北京：知识产权出版社，2016.3
2016 年全国一级建造师执业资格考试轻松过关 / 马铭主编
ISBN 978－7－5130－4083－9

Ⅰ.①建… Ⅱ.①马…②田… Ⅲ.①建筑经济—建筑师—资格考试—自学参考资料 Ⅳ.①F407.9

中国版本图书馆 CIP 数据核字（2016）第 047592 号

内容提要

本书采用纸版插印微课程二维码的形式复合出版，读者可以用微信扫码听课。全书共分三章，第一章深入浅出地介绍资金的时间价值与等值计算、技术方案经济效果评价方法及应用；第二章以鲜活的案例为主线，使读者身临其境，将工程财务的知识讲述得通俗易懂、清晰明了；第三章简明扼要地阐述了建设工程估价相关知识。每章都配有考点解析、经典例题分析和练习题（含解析）。针对考点中的重点和难点问题，作者归纳和总结了高效实用的解题模板和记忆方法，可使考生快速掌握知识，提高应试技能，轻松应对考试。此外，本书还附了有关练习题及近年的考试真题和参考答案。本书是全国一级建造师执业资格考试的高效辅导书，也可供广大工程技术人员、管理人员使用。

责任编辑：段红梅　祝元志　刘　爽	责任校对：孙婷婷
装帧设计：智兴设计室·张国仓	责任出版：刘译文

2016 年全国一级建造师执业资格考试轻松过关
建设工程经济（第三版）

马　铭　田　丽　编著

出版发行：知识产权出版社 有限责任公司	网　　址：www.ipph.cn
社　　址：北京市海淀区西外太平庄 55 号	邮　　编：100081
责编电话：010－82000860 转 8125	责编邮箱：39919393@qq.com
发行电话：010－82000860 转 8101/8102	发行传真：010－82000893/82005070/82000270
印　　刷：三河市国英印务有限公司	经　　销：各大网上书店、新华书店及相关专业书店
开　　本：787mm×1092mm　1/16	印　　张：13.75
版　　次：2015 年 5 月第 3 版	印　　次：2016 年 3 月第 6 次印刷
字　　数：340 千字	定　　价：42.00 元

ISBN 978－7－5130－4083－9

出版权专有　侵权必究
如有印装质量问题，本社负责调换。

前　言

本套全国一级建造师执业资格考试轻松过关丛书是按新版大纲，并且结合新教材编写的，同时，本丛书采用纸版插印微课程二维码的形式复合出版，读者可以用微信扫码听课。这次是原书修订后的第三版，我们及时把新的知识点补充进去，把旧的知识点及时删除，使广大考生能够把握最新的考试动态，做好复习。

事实胜于雄辩，本丛书出版以来已取得显著成效，令许多读者在全国一级建造师执业资格考试中轻松地高分过关！读者纷纷来信致谢，对本系列丛书给予了高度评价。现摘录如下。

读者李某来邮件称："此书的出现对我的帮助真的犹如拨云见日一般，让我第一次参加考试就全科过关！"

读者荣某来邮件说："考试结果出来了，非常感谢您的书！考点大部分在您的书中都有通俗易懂的系统总结，您的书总结得真的太精彩了！句句都是营养液！用了您的书真让我体验了什么叫'轻松过关'！我也跟身边的考友交流了一下，大家都认为这套书跟市面其他众多考试辅导书有着天壤之别。"

还有很多读者纷纷评价："把全书的知识点串了起来，归纳总结得很好，既有深度又有广度""直入重点，省去很多备考时间""系统明朗，使应考复习更加省时省力，受益匪浅""归纳科学、思路清晰、事半功倍""书中那些图和表让人很受用，把教材表述不清的重要知识点表现得一目了然，大大加深了理解和记忆""相见恨晚，如果考前看了您的书，就一定能过关了""归纳总结既简练又好记，真的很好""非常易学、易懂、易记，对考试有了信心""比看教材要好得多得多，朋友们都很喜欢"。

"作者真下功夫，看此书好过于成天看教材和其他书，好过于成天做题""这书的内容不是对知识点的简单复制，而是融合了作者的心血与智慧""比直接学教材轻松多了，谢谢您编写了一套如此高效精练的辅导书""我不是建筑工程类专业的，但得益于这本书，我的建筑实务105分过关"。

"遇到这套书我感到很幸运，让我少走很多弯路""考完试一直感慨，多亏了此书！实名制管理、噪声、合同管理之类的知识点，如果不看此书，我绝对不会注意这些今年考试的重点，并且有些问题是绝对搞不透的"。

"我认为该书确实凝聚了马老师的心血，把书做到了极致，是我见到的工程资格类考试辅导书中很负责任、对得起读者的一部好书"。

"成绩下来了，实务考了107分，应该过了。经济看了4天，77分，管理看了3天，86分[①]……很感谢这本书，把知识点提炼、总结得很好……"

[①] 笔者注：在笔者的预估中，这两科目都为"10天轻松过关"，该读者"经济看4天、管理看3天"就能过关，应该与他自身有一定基础不无关系。

广大考生对本丛书的厚爱，无疑是对笔者精心创作的最大肯定。此前由笔者编写的另一套《监理工程师考试轻松过关》还帮助许多读者轻松地通过了监理工程师考试，也获得广大读者一致好评。本套一级建造师执业资格考试辅导书是笔者较《监理工程师考试轻松过关》更上一层楼的倾力之作。例如，本书独创的"管理五问"模板，可让读者快速掌握工程管理类试题的答题要点；利用本套丛书总结的趣味口诀，读者在读故事的过程中已然轻松掌握了相关考点的各项应答要点。

本书从本科目内容中提炼出逻辑主线，看完全书后，回头再看第一章，你更能感到，该章的归纳总结对于全书内容颇有提纲挈领、画龙点睛的作用。

针对选择题各选项都似曾相识、干扰性强的问题，本书一语道破其中玄机："会分就会赢"！分角度、分对象、分阶段、分层次……有了如此精妙的归纳，你甚至可望成为命题高手了，还何愁题不破、关不过？

原则规律任尔驰骋考场，一书在手胜过名师课堂；
直观图表让你神清气爽，趣味故事令人过目不忘；
模板在手解题如神帮忙，依葫芦画瓢简单又很棒；
精辟归纳无须四处撒网，一针见血破解试题锋芒；
胸有成竹考场哪还会慌，一挥而就让你考得欢畅。

本套丛书的出版得到了知识产权出版社相关领导和编辑的大力支持，在此表示衷心感谢。

本书虽经精心编写与审查，但仍难免有不足之处，恳请广大读者批评指正！

目 录

第一章、第二章知识体系 ··· 1
第一章 工程经济 ··· 2
  考点 1 资金时间价值相关概念 ····························· 2
  考点 2 资金等值计算及应用 ································ 5
  考点 3 技术方案经济效果评价体系 ······················ 14
  考点 4 技术方案经济效果评价中的指标 ················ 16
  考点 5 盈亏平衡分析 ······································· 28
  考点 6 敏感性分析 ·· 31
  考点 7 技术方案现金流量表的分类及构成要素 ······· 34
  考点 8 设备磨损与补偿 ···································· 38
  考点 9 沉没成本的概念与计算 ··························· 39
  考点 10 设备更新方案的比选原则与方法 ·············· 40
  考点 11 租赁设备与购买方案的比选 ···················· 44
  考点 12 价值工程的特点及提高价值的途径 ··········· 48
  考点 13 价值工程的工作程序与实施步骤 ·············· 50
  考点 14 新技术、新工艺和新材料应用方案的技术分析 ··· 55
第二章 工程财务 ··· 58
  考点 15 财务基础 ·· 58
  考点 16 企业财务报表 ······································ 59
  考点 17 财务分析方法 ······································ 67
  考点 18 财务比率的计算和分析 ·························· 68
  考点 19 财务报表的构成和作用 ·························· 72
  考点 20 会计要素的组成和会计等式的应用 ··········· 73
  考点 21 收入、费用的分类与确认 ······················· 76
  考点 22 费用与成本 ··· 83
  考点 23 期间费用 ·· 86
  考点 24 工程成本的确认和计算方法 ···················· 88
  考点 25 工程成本的核算 ··································· 90
  考点 26 利润的计算及税后利润的分配 ················· 91
  考点 27 资金成本的概念及其计算 ······················· 94
  考点 28 短期筹资与长期筹资 ····························· 95

考点 29　流动资产财务管理…………………………………………… 99
第三章　建设工程估价……………………………………………………… 102
　　考点 30　建设工程项目总投资……………………………………… 102
　　考点 31　设备工器具购置费的组成………………………………… 103
　　考点 32　工程建设其他费…………………………………………… 108
　　考点 33　预备费、建设期利息的计算……………………………… 111
　　考点 34　建筑安装工程费用项目的组成…………………………… 113
　　考点 35　建筑安装工程费用计算方法……………………………… 117
　　考点 36　建筑安装工程费用的计算程序…………………………… 121
　　考点 37　建设工程定额的分类……………………………………… 123
　　考点 38　人工定额、材料定额、机械台班使用定额……………… 125
　　考点 39　施工定额、企业定额、预算定额、概算定额…………… 130
　　考点 40　设计概算与施工图预算…………………………………… 132
　　考点 41　工程量清单的编制………………………………………… 138
　　考点 42　工程量清单的计价………………………………………… 143
　　考点 43　建设工程常见的合同价款………………………………… 152
　　考点 44　国际工程投标报价………………………………………… 162
历年考试真题………………………………………………………………… 167
　　2012 年全国一级建造师执业资格考试建设工程经济试题………… 167
　　2013 年全国一级建造师执业资格考试建设工程经济试题………… 176
　　2014 年全国一级建造师执业资格考试建设工程经济试题………… 185
　　2015 年全国一级建造师执业资格考试建设工程经济试题………… 194
习题（历年真题）参考答案与解析………………………………………… 204

第一章、第二章知识体系

第一章 工程经济

做项目之前评价项目是否值得做
- 评价理论
  1. 资金的时间价值与等值计算——本学科的重要理论基础和方法
  2. 技术方案经济效果评价——确定性分析①
  3. 技术方案不确定性分析② { 盈亏平衡分析 / 敏感性分析 }
- 评价理论的应用
  1. 技术方案现金流量表的编制
  2. 设备更新分析（因设备的有形、无形磨损而引起）
  3. 设备租赁与购买方案的比选分析（运用附加率法、年金法分析）
  4. 价值工程在工程建设中的应用
  5. 新技术、新工艺和新材料应用方案的技术经济分析

第二章 工程财务

做项目过程中的财务核算
1. 财务会计基础——两大职能、四个假设、两个公式、六大要素
2. 成本与费用
3. 收入   收入－费用＝利润
4. 利润和所得税费用
5. 企业财务报表——四表、一附注
6. 财务分析方法和比率③——对企业的财务状况和经营成果进行评价和剖析
7. 筹资管理（分短期筹资和长期筹资）
8. 流动资产财务管理

---

① 确定性分析——假设预测的数据是确定的，在此基础上分析方案的经济效果。
② 不确定性分析——分析内外部条件发生变化时对方案经济效果的影响程度，其方法还有概率分析（考纲未作要求）。
③ 财务分析是基于财务报表的数据基础上进行的分析。

第一章 工程经济

考点 1 资金时间价值相关概念

一、利息与利率

1. 基本概念

利息与利率的基本概念见表 1-1。

表 1-1 利息与利率

	利 息	利 率
定义	债务人支付给债权人超过原贷款金额（本金）的部分，就是利息	单位时间内（如年、半年、季、月、周、日等）所得利息额与本金之比
公式	利息 $I=$ 本息总额 $F-$ 本金 P	利率 $i=\dfrac{\text{单位时间内支付的利息}\,I}{\text{本金}\,P}\times100\%$
例	你向银行贷款 1 万元（P），1 年后还款 1.07 万元（F），多还的 700 元就是利息，则银行的贷款利率为 7%	
要点	利息是超出本金部分的还款数额，利率是比率（利息和本金的比率）	

注：计息周期——通常在每一个时间周期（年、半年、季、月、周或日）内计算一次利息，将这个时间周期称为"计息周期"。如每月计息一次，则计息周期为月。

2. 决定利率高低的因素

决定利率高低的因素见表 1-2。

表 1-2 决定利率高低的因素

序号	因素	如何影响利率
1	社会平均利润率	利率的高低首先取决于社会平均利润率的高低，并随之变动。在通常情况下，利率≤社会平均利润率。因为如果利率高于利润率，无利可图就不会去借款
2	借贷资本的供求情况	在社会平均利润率不变的情况下： (1) 借贷资本供过于求，利率下降； (2) 求过于供，利率上升
3	风险因素	风险越大，利率也就越高
4	通货膨胀	对利息的波动有直接影响，通货膨胀越严重，利率就越高
5	贷款期	贷款期限长，不可预见因素多，风险大，利率就高；反之利率就低

【例 1】利率与社会平均利润率两者相互影响，（　　）。（2006 年真题）

A. 社会平均利润率越高，则利率越高

B. 要提高社会平均利润率，必须降低利率

C. 利率越高，社会平均利润率越低

D. 利率和社会平均利润率总是按同一比例变动

【答案】A

二、单利和复利的概念与计算

1. 单利

仅用最初的本金计算各计息周期所产生的利息,只有本金计息,利息不计利息,即:"利不生利"。

2. 复利

本金和前期的利息均计取利息的计息方式,即"利滚利"的计息方式。复利计算公式推导见表 1-3,单利与复利的计算公式对比见表 1-4。

表 1-3 复利计算公式推导

计息期	期初金额(1)	本期利息额(2)	期末复本利和 $F_t=(1)+(2)$
1	P	$P \cdot i$	$F_1 = P + P \cdot i = P(1+i)$
2	$P(1+i)$	$P(1+i) \cdot i$	$F_2 = P(1+i) + P(1+i) \cdot i = P(1+i)^2$
3	$P(1+i)^2$	$P(1+i)^2 \cdot i$	$F_3 = P(1+i)^2 + P(1+i)^2 \cdot i = P(1+i)^3$
……	……	……	……
n	$P(1+i)^{n-1}$	$P(1+i)^{n-1} \cdot i$	$F = F_n = P(1+i)^{n-1} + P(1+i)^{n-1} \cdot i = P(1+i)^n$

由表 1-3 可得复利的计算公式为

$$F = P + I = P(1+i)^n \tag{1-1}$$

将公式 1-1 变形有:$I = F - P = P(1+i)^n - P = P[(1+i)^n - 1]$

式中:I——利息;

P——本金;

F——本利和(终值);

n——计息周期的期数(即复利的计息次数)。

可推出:整个复利期间的有效(实际)利率

$$i_{eff} = \frac{I}{P} = \frac{P[(1+i)^n - 1]}{P} = (1+i)^n - 1 \tag{1-2}$$

表 1-4 单利与复利的计算公式对比

项目	单利计算公式	复利计算公式
利率	利率=$n \cdot i_{计}$ 或 $n \cdot r$	利率=$(1+i)^n - 1$
利息	利息=$P \cdot n \cdot i_{计}$ 或 $P \cdot n \cdot r$	利息=$P \cdot [(1+i)^n - 1]$
本利和	本息和=$P + P \cdot n \cdot i_{计}$ 或 =$P \cdot (1+n \cdot r)$	本利和=$P \cdot (1+i)^n$

3. 复利的威力

【例 2】假设你把 1 万元存入银行,年利率为 12%,按以下三种方式分别计算利息:

(1) 按单利计息;

(2) 按年计算复利(即计息周期为年);

(3) 按月计算复利(即计息周期为月);

问:25 年末的利息各是多少?(计算结果见表 1-5)

表 1-5 单利和复利计算对比实例

计息方式	单利计息	复利计息	
		按年计复利	按月计复利
利息计算	$I=n\times P\times i=25\times 1\times 12\%=3$（万元）	$I=P(1+i)^n-P=1\times(1+12\%)^{25}-1=16$（万元）	$I=P(1+i)^n-P=1\times(1+12\%/12)^{25\times 12}-1=18.79$（万元）

【例 3】某施工企业希望从银行借款 500 万元，借款期限 2 年，期满一次还本。经咨询有甲、乙、丙、丁四家银行愿意提供贷款，年利率均为 7%。其中，甲要求按月计算并支付利息，乙要求按季度计算并支付利息，丙要求按半年计算并支付利息，丁要求按年计算并支付利息。则对该企业来说，借款实际利率最低的银行是（　　）。（2011 年真题）

A. 甲　　　　　B. 乙　　　　　C. 丙　　　　　D. 丁

【答案】D

【解析】在年利率、借款总期限一定的条件下，按月计的复利比按季计的复利要多，按季计的复利要比按年计的复利多。这说明在名义利率、借款总期限一定的条件下，计息周期越短，有效利率就越高。

三、名义利率和有效利率

名义利率、有效利率、计息周期利率见表 1-6，两者之间换算见图 1-1。

表 1-6 名义利率、有效利率、计息周期利率

	名义利率	有效利率（实际利率）	计息周期利率
字母表示	r	i	$i_{计}$
意　义	按单利计算得到	按复利计算得到	是名义利率和有效利率之间换算的纽带
利率（折现率）的计算关键	（1）要明确计息周期和计息周期利率；（2）要明确已知利率和所求利率是名义利率还是有效利率		

【解题模板】——利率（或折现率）计算通用模板

当题目所给定的计息周期短于一年时，比如：按季（或半年、月、周、日等，下同）计息，或每季计息一次、每季复利一次、按季计算复利等，此时题目所给的已知年利率一定是名义利率（除非题目已说明是年有效利率或年实际利率）。

第一步：计算计息周期利率 $i_{计}$（见图 1-1）。

$$\text{计息周期利率 } i_{计}=\frac{r}{m} \tag{1-3}$$

式中：r——已知的名义利率；

m——已知利率 r 的时间周期内包含的计息周期的期数。

第二步：根据需要，计算某一周期的实际利率（或折现率）或名义利率（见图 1-1）。

1. 求实际利率　　　　　$i=(1+i_{计})^{m'}-1$ 　　　　　(1-4)

2. 求名义利率　　　　　$r=i_{计}\times m'$ 　　　　　(1-5)

式中：m'——所求利率的时间周期内包含的计息周期的期数。

注：①公式 1-4 与公式 1-2 是同一个公式，其推导过程见公式 1-2 的推导。

②教材中计算年有效利率的公式（1Z101013-3）在实际应用中容易出错，本书给出的此公式的另外一种形式，即公式1-4，计算起来不容易混淆。

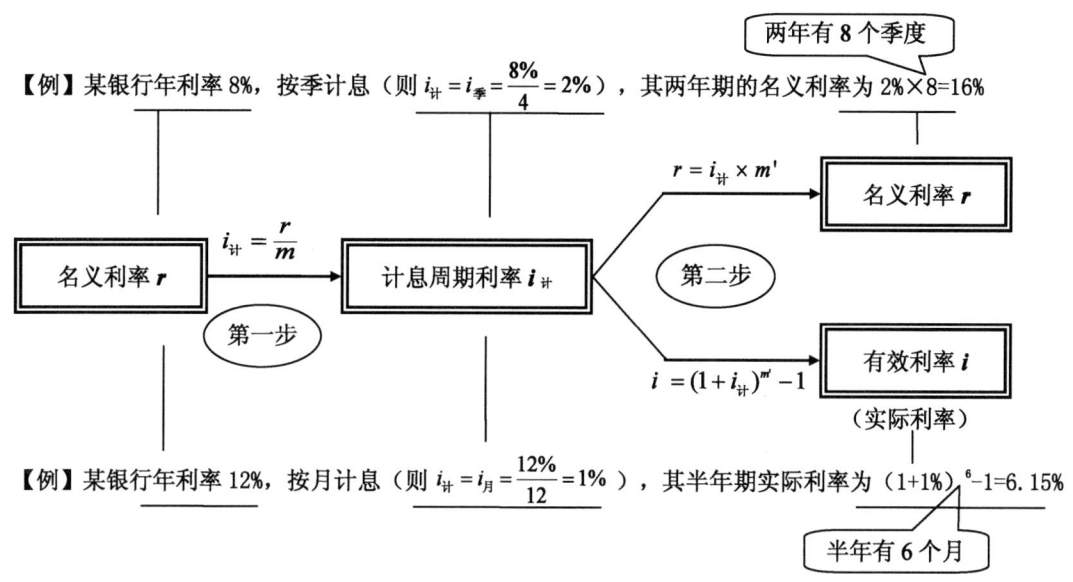

图 1-1 名义利率与有效利率之间的换算

＊＊习题＊＊

1. 甲公司从银行借入1000万元，年利率为8%，单利计息，借期4年，到期一次还本付息，则该公司第4年末一次偿还的本利和为（　　）万元。（2014年真题）

A. 1360　　　　B. 1324　　　　C. 1320　　　　D. 1160

2. 已知年利率12%，每月复利计息一次，则季实际利率为（　　）。

A. 1.003%　　　　　　　　B. 3.00%
C. 3.03%　　　　　　　　D. 4.00%

3. 年名义利率为i，一年内计息周期数为m，则年有效利率为（　　）。

A. $(1+i)^m - 1$　　　　　　B. $(1+i/m)^m - 1$
C. $(1+i)^m - i$　　　　　　D. $(1+i \times m)^m - i$

4. 年名义利率8%，按季计息，则计息期有效利率和年有效利率分别是（　　）。

A. 2.00%，8.00%　　　　　　B. 2.00%，8.24%
C. 2.06%，8.00%　　　　　　D. 2.06%，8.24%

考点2 资金等值计算及应用

资金有时间价值，即使两笔资金金额相同，如果发生在不同时间，其价值就不相同。反之，不同时点、值不相等的资金在时间价值的作用下却可能具有相等的价值。这些不同时期、不同数额但其"价值等效"的资金称为等值，又叫等效值。资金等值计算公式和复利计算公式的形式是相同的。常用的等值计算公式主要有终值和现值计算公式。

一、资金时间价值的概念

资金的价值是随时间的推移，按照一定的比率增长的，增值的这部分资金就是原有资金的时间价值。

利息就是资金时间价值的一种重要表现形式，资金时间价值的换算方法与采用复利计算利息的方法完全相同。

二、影响资金时间价值的因素

影响资金时间价值的因素很多，其中的主要因素见表1-7。

表1-7 影响资金时间价值的因素

序号	影响资金时间价值的因素	该因素对资金时间价值的影响
1	资金的使用时间	i不变时，使用时间越长，则资金的时间价值越大
2	资金数量的多少	在其他条件不变的情况下，资金数量越多，资金的时间价值就越多
3	资金投入和回收的特点	在资金总量一定的情况下，前期投入的资金越多，其负效益就越大；反之，后期投入的资金越多，负效益就越小。而在资金回收总额不变的情况下，离现在越近的时间回收的资金越多，资金的时间价值就越多；反之，离现在越远的时间回收的资金越少，资金的时间价值就越少
4	资金周转的速度	资金周转越快，在一定的时间内等量资金的周转次数越多，资金的时间价值越多

【例4】影响资金等值的因素有（　　）。（2009年真题）

A．资金的数量　　　B．资金发生的时间　　　C．利率（或折现率）的大小

D．现金流量的表达方式　　　E．资金运动的方向

【答案】ABC

三、现金流量图的绘制

现金流量图的绘制说明见表1-8。现金流量图的识别见图1-2。

表1-8 现金流量图的绘制

项目	内容要点
横轴	轴为时间轴，向右延伸表示时间的延续，轴上每一刻度表示一个时间单位，可取年、半年、季或月等；时间轴上的点称为时点，通常表示的是该时间单位末的时点；0表示时间序列的起点。整个横轴又可看成是我们所考察的"技术方案"
竖直箭线	相对于时间坐标的垂直箭线代表不同时点的现金流量情况，现金流量的性质（流入或流出）是对特定的人而言的。对投资人而言，在横轴上方的箭线表示现金流入，即表示收益；在横轴下方的箭线表示现金流出，即表示费用
箭线长短	在现金流量图中，箭线长短与现金流量数值大小本应成比例。但由于技术方案中各时点现金流量常常差额悬殊而无法成比例绘出，故在现金流量图绘制中，箭线长短只要能适当体现各时点现金流量数值的差异，并在各箭线上方（或下方）注明其现金流量的数值即可
三要素	总之，要正确绘制现金流量图，必须把握好现金流量的三要素，即：现金流量的大小（现金流量数额）、方向（现金流入或现金流出）和作用点（现金流量发生的时点） 其中：箭线与时间轴的交点即为现金流量发生的时点

【例5】关于现金流量图绘制的说法，正确的有（　　）。（2011年真题）

A．横轴表示时间轴，向右延伸表示时间的延续

B．垂直箭线代表不同时点的现金流情况

C．对投资人而言，在横轴上方的箭线表示现金流出

D. 箭线长短应能体现现金数值的差异

E. 箭线与时间轴的交点即为现金流量发生的时点

【答案】ABDE

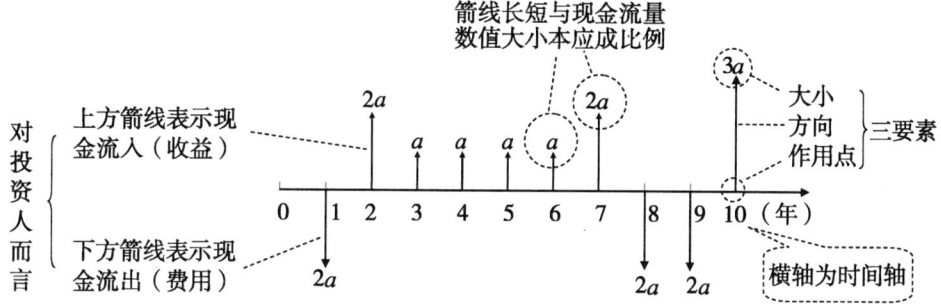

图 1-2 现金流量图的识别

四、资金等值计算六个基本公式的应用

资金等值计算六个基本公式的概念和计算详见表 1-9 或中国建筑工业出版社出版的教材《建设工程经济》相关内容。应掌握以下重要概念：

现值（P）——资金发生在（或折算为）某一时间序列起点时间的价值，或相对于将来值的任何较早时间的价值；

终值（F）——资金发生在（或折算为）某一时间序列终点时间的价值，或相对于现在值的任何较后时间的价值。

现值与终值的关系可简单地看作：

终值＝现值＋复利利息

现值＝终值－复利利息

等额系列现金流（A）——等额、等流向、等时间间隔（三"等"）的一系列连续现金流，称为等额系列现金流，其代号为 A，A 的时间间隔称为 A 的收付周期。当 A 的时间间距为年时，称为年金或等额年金。

（一）对六个基本公式的整体把握

1. 六个基本公式的作用

利用等值计算基本公式，可将任何一组现金流折算成任一（或任一系列）时点的现金流，两者等值，通过折算得到的新时点的现金流在价值上可以替代原现金流。

2. 公式的理解

结合六个公式的相互关系图（见图 1-3）进行理解，其实质是 P、F、A 之间可相互等值地折算。必须注意 P 与 A 或 F 与 A 之间的相对位置关系，牢记"P 的位置应在第一期 A 的前一期，F 与最后一期 A 在同一时点"，A 与 F（或 P）必须满足这种相对位置关系才能套用公式计算。

【巧推公式的方法】

只需记住以下两个基本公式，即可推出其他四个公式。

$$F = P(1+i)^n \tag{1-6}$$

$$F = A\frac{(1+i)^n - 1}{i} \tag{1-7}$$

注：已知现值求终值就是已知本金在复利计息情况下求本利之和，两者的计算公式完全一样，表1-4体现了公式1-6的推导过程。

只需记住公式1-6和公式1-7，将两式联立，即可得到公式1-8。

$$F = P(1+i)^n = A\frac{(1+i)^n - 1}{i} \tag{1-8}$$

利用公式1-8，立即可写出任何一个等值公式。

例如，已知P，求相应的A时，在公式1-8中将A提到等式左边可得：

$$A = P\frac{i(1+i)^n}{(1+i)^n - 1} \tag{1-9}$$

同样，已知F，求相应的A时，将公式1-8中的A提到等式左边可得：

$$A = F\frac{i}{(1+i)^n - 1} \tag{1-10}$$

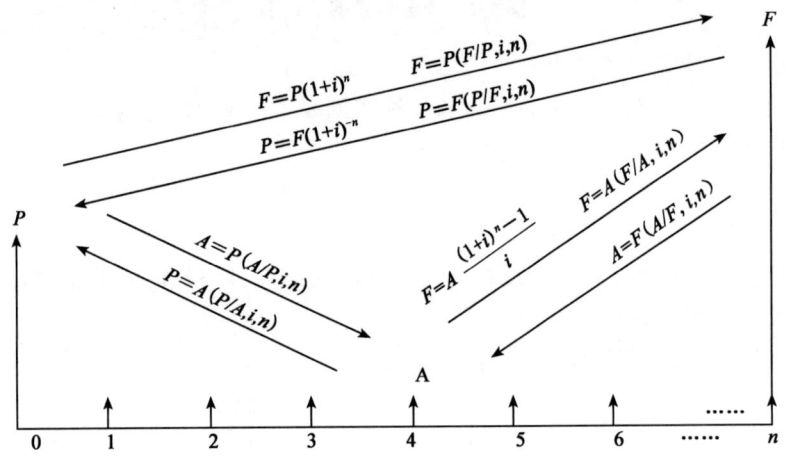

图1-3 六个基本公式的相互关系

除了图1-3中P和A、F和A、P和F的相对位置关系外，还有以下相对位置关系，见图1-4、图1-5。

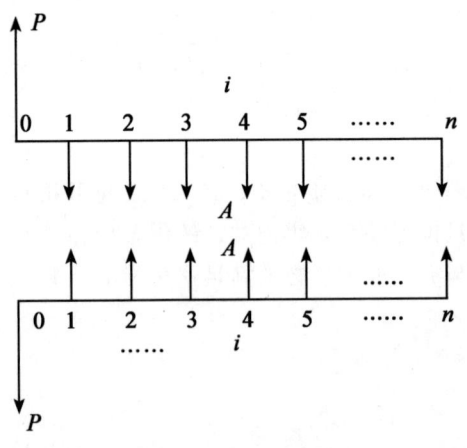

P应在第一期A之前，两者间隔为一个A的周期

图1-4 P和A相对位置关系

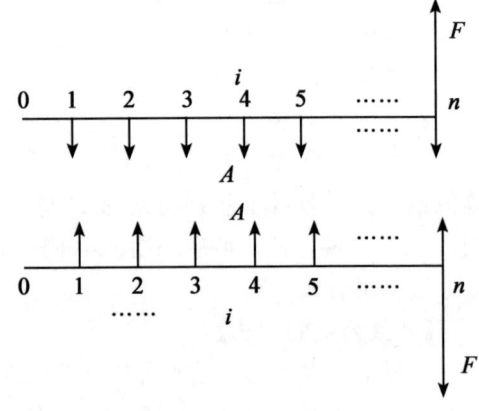

F应与最后一期A发生在同一时点

图1-5 F和A相对位置关系

(二) 等值计算六个基本公式的典型案例及实际运用 (见表1-9)

表1-9 等值计算六个基本公式的运用

序号	案例（以下各列中，均为按月计算复利，月利率均为1%）	运用公式	现金流量图（其中三年累计为36个月）
1	若你向银行贷款100万元，期限为3年，则到期应还银行本利和为多少钱？	$F = P(1+i)^n$	$P=100$，$F=?$，0 1 2 3 …… 36 答案：$F=143.1$
2	若你3年后需从银行取出143.1万元，则你现在应一次性存入多少钱？	$P = F\dfrac{1}{(1+i)^n}$	$P=?$，$F=143.1$，0 1 2 3 …… 36 答案：$P=100$
3	若你计划在3年后花100万元买房子，你按零存整取的方式每月末等额存入银行一笔钱，则你每月末需要存入多少钱？	$A = F\dfrac{i}{(1+i)^n-1}$	$A=?$，$F=100$，0 1 2 3 …… 36 答案：$A=2.32$
4	上例反过来，你按零存整取的方式每月末等额存入银行2.32万元，问三年后你可从银行取出多少钱？	$F = A\dfrac{(1+i)^n-1}{i}$	$A=2.32$，$F=?$，0 1 2 3 …… 36 答案：$F=100$
5	若你的孩子在外地上学，你采用整存零取的方式在当地一次性存入一笔钱，让他在今后的三年内每月末正好能取出0.1万元作为生活费，以防止他乱花钱，问你现在应存入银行多少钱？	$P = A\dfrac{(1+i)^n-1}{i(1+i)^n}$	$P=?$，$A=0.1$，0 1 2 3 …… 36 答案：$P=3.01$
6	上例反过来，你采用整存零取的方式一次性存入银行3.01万元，然后在今后的三年内每月末等额支取，满三年刚好取完，问你每月可取出多少钱？	$A = P\dfrac{i(1+i)^n}{(1+i)^n-1}$	$P=3.01$，$A=?$，0 1 2 3 …… 36 答案：$A=0.1$

【例6】现在的100元和5年以后248元两笔资金在第2年年末价值相等，若利率不变，则这两笔资金在第3年年末的价值（　　）。

A. 前者高于后者　　B. 前者低于后者　　C. 两者相等　　D. 两者不能进行比较

【答案】C

【思考题1】假如有人说：在折现率相同的情况下，如果两组现金流在某一时刻等值，那么它们在任一相同时刻都等值，你认为这种说法对吗？

【解题模板】资金等值计算万能模板

等值计算最多走六步：画图→付息判断→定公式→定i→定n→代入公式计算。具体内容如图1-6所示。

利用万能模板解题（依葫芦画瓢简单又很棒）：

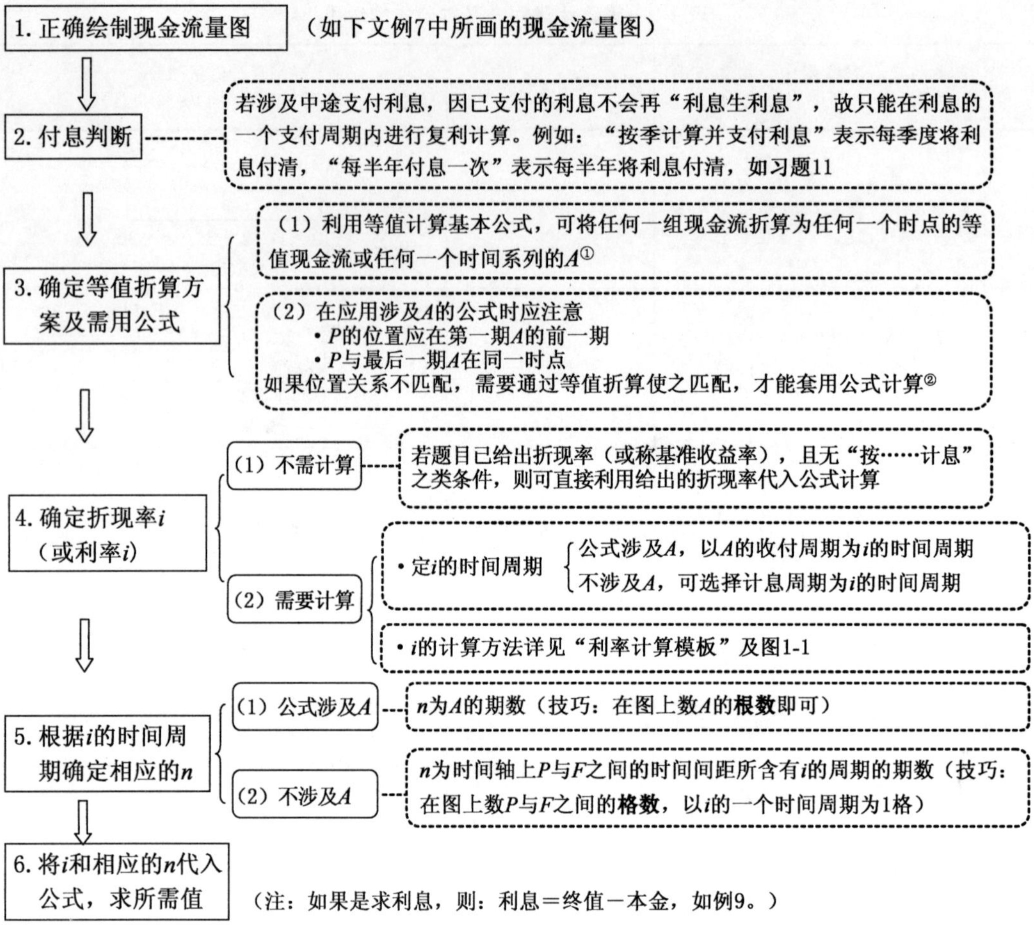

```
┌──────────────────┐
│1. 正确绘制现金流量图│ （如下文例7中所画的现金流量图）
└────────┬─────────┘
         ⇓
┌──────────────────┐    ┌─────────────────────────────────────────────┐
│2. 付息判断        │----│若涉及中途支付利息，因已支付的利息不会再"利息生利息"，故只能在利息的│
└────────┬─────────┘    │一个支付周期内进行复利计算。例如："按季计算并支付利息"表示每季度将利│
         ⇓              │息付清，"每半年付息一次"表示每半年将利息付清，如习题11         │
                        └─────────────────────────────────────────────┘
┌──────────────────┐    ┌─────────────────────────────────────────────┐
│                  │    │(1) 利用等值计算基本公式，可将任何一组现金流折算为任何一个时点的等│
│3. 确定等值折算方   │----│    值现金流或任何一个时间系列的A①                       │
│   案及需用公式    │    ├─────────────────────────────────────────────┤
│                  │    │(2) 在应用涉及A的公式时应注意                             │
└────────┬─────────┘    │    • P的位置应在第一期A的前一期                          │
         ⇓              │    • P与最后一期A在同一时点                              │
                        │如果位置关系不匹配，需要通过等值折算使之匹配，才能套用公式计算②│
                        └─────────────────────────────────────────────┘
┌──────────────────┐    ┌─────────┐  ┌──────────────────────────────┐
│                  │    │(1) 不需计算│──│若题目已给出折现率（或称基准收益率），且无"按……计息"│
│4. 确定折现率i     │----│          │  │之类条件，则可直接利用给出的折现率代入公式计算   │
│   （或利率i）     │    └─────────┘  └──────────────────────────────┘
│                  │    ┌─────────┐  ┌──────────────────────────────┐
└────────┬─────────┘    │(2) 需要计算│──│• 定i的时间周期 ⎰公式涉及A，以A的收付周期为i的时间周期│
         ⇓              │          │  │               ⎱不涉及A，可选择计息周期为i的时间周期 │
                        │          │  ├──────────────────────────────┤
                        │          │  │• i的计算方法详见"利率计算模板"及图1-1           │
                        └─────────┘  └──────────────────────────────┘
┌──────────────────┐    ┌─────────┐  ┌──────────────────────────────┐
│5. 根据i的时间周   │----│(1) 公式涉及A│──│n为A的期数（技巧：在图上数A的根数即可）          │
│   期确定相应的n   │    └─────────┘  └──────────────────────────────┘
│                  │    ┌─────────┐  ┌──────────────────────────────┐
└────────┬─────────┘    │(2) 不涉及A │──│n为时间轴上P与F之间的时间间距所含有i的周期的期数（技巧：│
         ⇓              │          │  │在图上数P与F之间的格数，以i的一个时间周期为1格）      │
                        └─────────┘  └──────────────────────────────┘
┌──────────────────┐
│6. 将i和相应的n代入│
│   公式，求所需值   │ （注：如果是求利息，则：利息＝终值－本金，如例9。）
└──────────────────┘
```

①A——等额系列现金流，详见"四、资金等值计算六个基本公式的应用"。
②不能匹配的例子见图1-27期初年金的计算。

图1-6 资金等值计算万能模板

【例7】每半年末存款2000元，年利率4%，每季复利计息一次，2年末存款本息和应为多少？（2007年真题）

A. 8160.00　　B. 8243.22　　C. 8244.45　　D. 8492.93

【解析】1. 根据题意，绘制现金流量图如下图所示。

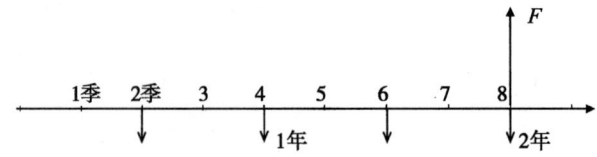

2. 本题不涉及中途支付利息。
3. 确定现金流折算方案及需用公式。

本题涉及等额资金 A，利用 F/A 公式求得第 2 年年末的 F，即为 2 年年末本息和，可满足题意要求，最后一期 A 与 F 在同一时点，满足相对位置的匹配要求。

4. 确定 i。

(1) 确定 i 的时间周期。

∵ 利用含 A 的公式计算时，i 的时间周期与 A 的周期必须一致

又∵ "每半年末存款"意味着 A 的收付周期是半年

∴ 代入 F/A 公式中的 i 应为 $i_{半年}$

(2) 计算 $i_{半年}$

∵ "年利率 4%，每季复利计息一次"意味着 4% 的年利率是名义利率

又∵ "每季复利计息一次"意味着计息周期是 1 个季度，$i_{计} = i_{季}$

∴

$$i_{半年} = (1+i_{季})^{\frac{半年}{1季}} - 1$$
$$= (1+\frac{4\%}{4})^2 - 1$$
$$= 2.01\%$$

5. 确定与 A 或 i 的周期相对应的 n 值

对于带 A 的公式，n 为 A 的期数，在图上数 A 的根数为 4 根，故 $n=4$。

6. 将 i 和相应的 n 代入公式，求得所需的值

$$F = A(F/A, i_{半年}, n) = A\frac{(1+i)^n - 1}{i} = 2000 \times \frac{(1+2.01\%)^4 - 1}{2.01\%} = 8244.45（元）$$

【答案】C

【例 8】某施工企业向银行借款 100 万元，年利率 8%，半年复利计息一次，第 3 年年末还本付息，则到期时企业需偿还银行（　　）万元。(2006 年真题)

　　A. 124.00　　　B. 125.97　　　C. 126.53　　　D. 158.69

【解析】1. 本期现金流较简单，因此图略。

2. 本题不涉及中途支付利息。

3. 依题意，本题为已知 P 求 F 的问题，故用 F/P 公式计算。

4. 确定 i。

∵ 本题不涉及 A，因此可直接用 $i_{计}$ 代入 F/P 公式计算

又∵ "半年复利计息一次"意味着计息周期是半年，已知的年利率 8% 是名义利率

∴ $i_{计} = i_{半年} = r/m = 8\%/2 = 4\%$

5. 确定 n。

三年共包含了 6 个半年，故 $n=6$。

6. 将 i 和相应的 n 代入公式，求得所需的值。

$$F = P(1+i_{计})^n = 100(1+4\%)^6 = 126.5319（万元）$$

【答案】C

【例9】某企业从金融机构借款100万元,月利率1‰,按月复利计息,每季度付息一次,则该企业一年需向金融机构支付利息(   )万元。

A. 12.00　　　B. 12.12　　　C. 12.55　　　D. 12.68

【答案】B

【解析】1. 本期现金流较简单,因此图略。

2. 本题涉及中途支付利息,每季度付息一次,因此只能在每季度之内进行复利计算。

3. 依题意,本题为已知 P 求 F 的问题,故用 F/P 公式计算。

4. 确定 i。

∵本题不涉及 A,因此可直接用 i 计代入 F/P 公式计算

又∵"按月复利计息"意味着计息周期是1个月

∴$i_{计} = i_{月} = 1‰$

5. 确定 n。

根据上述第二步的结论,本题只能在每季度之内进行复利计算,一个季度有3个月,故 $n=3$。

6. 带入公式计算。

$F = P(1+i_{计})^n = 100 \times (1+1‰)^3 = 103.03$（万元）

∴4个季度的利息 $= 4 \times (103.03 - 100) = 12.12$（万元）

＊＊习题＊＊

5. 绘制现金流量图需要把握的现金流量的要素有(   )。(2010年真题)

A. 现金流量的大小　　　B. 时间单位　　　C. 现金流入或流出

D. 绘制比例　　　E. 发生的时点

6. 影响资金等值的因素有(   )。

A. 资金的数量　　　B. 资金发生的时间　　　C. 利率（或折现率）的大小

D. 现金流量的表达方式　　　E. 资金运动的方向

7. 在绘制现金流量图时,应把握的要素有现金流量的(   )。

A. 对象　　　B. 数额　　　C. 累计额　　　D. 流向　　　E. 发生时间

8. 在下列关于现金流量图的表述中,错误的是(   )。

A. 以横轴为时间轴,零表示时间序列的起点

B. 多次支付的箭线与时间轴的交点即为现金流量发生的时间单位

C. 在箭线上下注明现金流量的数值

D. 垂直箭线箭头的方向是对特定的人而言的

9. 某企业计划年初投资200万元购置新设备以增加产量,已知设备可使用6年,每年增加产品销售收入60万元,增加经营成本20万元,设备报废时净残值为10万元,对此项投资活动绘制现金流量图,则第6年年末的现金流量可表示为(   )。

A. 向上的现金流量,数额为50万元　　　B. 向下的现金流量,数额为30万元

C. 向上的现金流量,数额为30万元　　　D. 向下的现金流量,数额为50万元

10. 在其他条件相同的情况下,考虑资金的时间价值时,下列现金流量图中效益最好的是(   )。

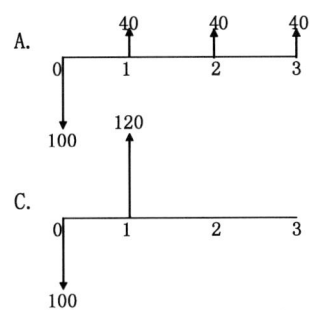 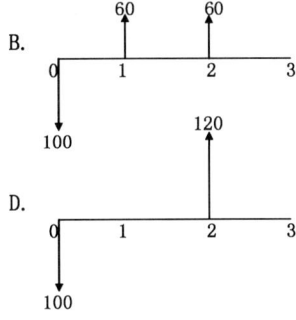

11. 甲施工企业年初向银行贷款流动资金200万元，按季计算并支付利息，季度利率1.5%，则甲施工企业一年应支付的该项流动资金贷款利息为（　　）万元。(2010年真题)

　　A．6.00　　　　B．6.05　　　　C．12.00　　　　D．12.27

12. 某人连续5年每年年末存入银行20万元，银行年利率6%，按年复利计算，第5年年末一次性收回本金和利息，则到期可以回收的金额为（　　）万元。(2010年真题)

　　A．104.80　　　B．106.00　　　C．107.49　　　D．112.74

13. 某施工企业年初向银行贷款流动资金100万元，按季计算并支付利息，季度利率2%，则一年支付的利息总和为（　　）万元。

　　A．8.00　　　　B．8.08　　　　C．8.24　　　　D．8.40

14. 下列关于现值P、终值F、年金A、利率i、计息期数n之间关系的描述中，正确的是（　　）。

　　A．F一定、n相同时，i越高、P越大　　B．P一定、n相同时，i越高、P越小
　　C．i、n相同时，F与P呈同向变化　　　D．i、n相同时，F与P呈反向变化

15. 某施工企业一次性从银行借入一笔资金，按复利计息，在随后的若干后内采用等额本息偿还方式还款，则根据借款总额计算各期应还款数额时，采用的复利系数是（　　）。

　　A．$(P/A,i,n)$　　B．$(A/P,i,n)$　　C．$(F/A,i,n)$　　D．$(A/F,i,n)$

16. 某施工企业现在对外投资200万元，5年后一次性收回本金与利息，若年基准收益率为8%，则总计可以收回资金（　　）万元。

　　已知：$(F/P,8\%,5)=1.4693$　　$(F/A,8\%,5)=5.8666$　　$(A/P,8\%,5)=0.2505$

　　A．234.66　　　B．250.50　　　C．280.00　　　D．293.86

17. 某施工企业拟对外投资，但希望从现在开始的5年内每年年末等额回收本金和利息200万元，若按年复利计算，年利率8%，则企业现在应投资（　　）万元。

　　已知：$(P/F,8\%,5)=0.6806$　　$(P/A,8\%,5)=3.9927$　　$(F/A,8\%,5)=5.8666$

　　A．680.60　　　B．798.54　　　C．1080.00　　　D．1173.32

考点 3 技术方案经济效果评价体系

一、经济效果评价的内容

1. 经济效果评价的内容

经济效果评价的内容应根据技术方案的性质、目标、投资者、财务主体以及方案对经济与社会的影响程度等具体情况确定，一般包括方案盈利能力、偿债能力、财务生存能力等评价内容，如图 1-8 所示。

2. 经济效果的评价方法

方法的分类见图 1-7。

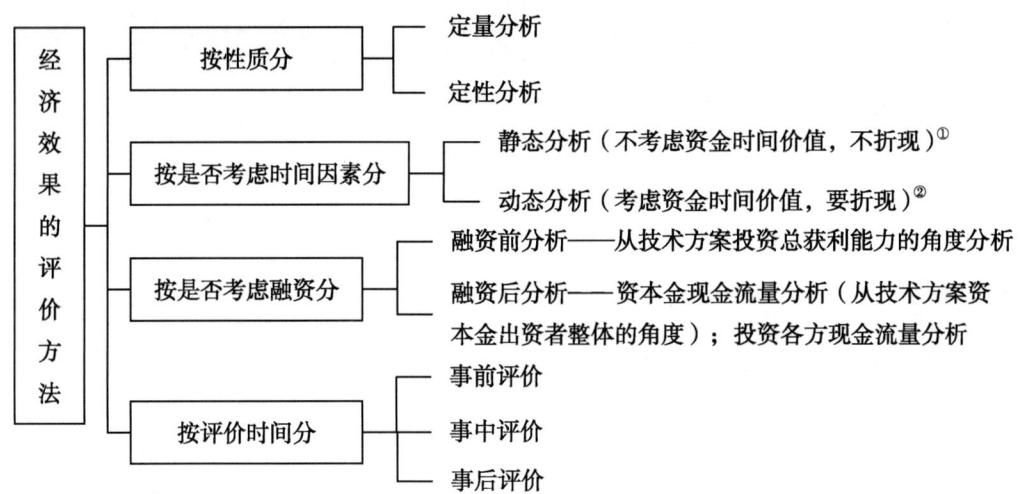

① 静态分析——特点是计算简便，适合粗略评价，所以在对技术方案进行粗略评价，或对短期投资方案进行评价，或对逐年收益大致相等的技术方案进行评价时，静态分析指标还是可采用的。
② 融资前应以动态分析为主，静态分析为辅。

图 1-7 评价方法的分类

3. 经济效果的评价方案和技术方案的计算期

经济效果的评价方案见表 1-10。

表 1-10 经济效果的评价方案

方案		要点
经济效果的评价方案	独立型方案	其实质是对一个方案进行"做"与"不做"的选择。 只需通过对技术方案自身的经济性的检验，即："绝对经济效果检验"，就可判断
	互斥型方案	又叫排他性方案，即在若干备用的、可以相互替换的方案中选择一种。 互斥方案经济评价包含两部分内容：一是考察各个技术方案的经济效果，即进行"绝对经济效果检验"；二是考察哪个技术方案相对经济效果最优，即"相对经济效果检验"（要保证可比）。（既要可行，又要最优）

【思考题 2】你准备回家过年，有乘飞机、火车、汽车、轮船四种方案（均为直达）可选，问这些方案是独立型方案还是互斥方案？回到家中，你家的除夕晚餐有八盘菜，

鸡、鸭、鱼、海参、蔬菜等,你吃每一种菜都好比是选择一个方案,问这些方案是独立型方案还是互斥方案?

二、经济效果评价指标体系

技术方案的经济效果评价,一方面取决于基础数据的完整性和可靠性;另一方面取决于选取的评价指标体系的合理性。常用的经济效果评价指标体系如图1-8所示。

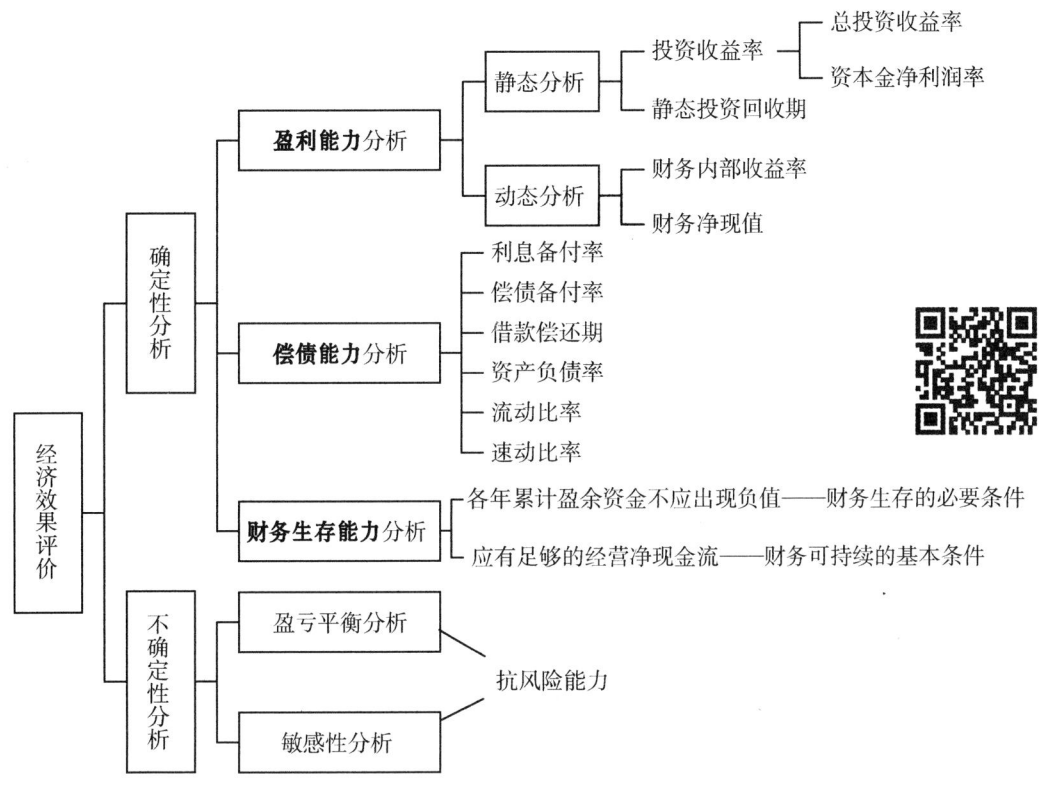

注:图中加粗的字体,即反映了经济效果评价的内容,如例题10所示。

图 1-8　经济效果评价指标体系

【例10】项目投资者通过分析项目有关财务评价指标获取项目的(　　)等信息。

A. 盈利能力　　　　B. 技术创新能力　　　C. 清偿能力

D. 抗风险能力　　　E. 生产效率

【答案】ACD

＊＊**习题**＊＊

18. 下列经济效果评价指标中,属于盈利能力动态分析指标的有(　　)。(2014年真题)

A. 总投资收益率　　　　B. 财务净现值

C. 资本金净利润　　　　D. 财务内部收益率

E. 速动比率

19. 将技术方案经济效果评价分为静态分析和动态分析的依据是(　　)。(2011年

真题)

A. 评价方法是否考虑主观因素 B. 评价指标是否能够量化
C. 评价方法是否考虑时间因素 D. 经济效果评价是否考虑融资的影响

20. 反映技术方案资本金盈利水平的经济效果评价指标是（   ）。（2011年真题）

A. 财务内部收益率 B. 总投资收益率
C. 资本积累率 D. 资本金净利润率

21. 技术方案偿债能力评价指标有（   ）。（2011年真题）

A. 财务内部收益率 B. 生产能力利用率 C. 资产负债率
D. 借款偿还期 E. 流动比率

22. 用于建设项目偿债能力分析的指标是（   ）。

A. 投资回收期 B. 流动比率 C. 资本金净利润率 D. 财务净现值率

23. 投资回收期和借款偿还期两个经济评价指标都是（   ）。

A. 自建设年开始计算 B. 时间性指标
C. 反映偿债能力的指标 D. 动态评价指标

24. 考虑时间因素的项目财务评价指标称为（   ）。

A. 时间性评价指标 B. 比率性评价指标
C. 动态评价指标 D. 静态评价指标

25. 在进行工程经济分析时，下列项目财务评价指标中，属于动态评价指标的是（   ）。

A. 投资收益率 B. 偿债备付率 C. 财务内部收益率 D. 借款偿还期

考点 4 技术方案经济效果评价中的指标

一、投资收益率分析

投资收益率概述见表 1-11，其指标的优缺点和作用见表 1-12。

表 1-11 投资收益率概述

投资收益率（R）	
定义	表明技术方案在正常生产年份中，单位投资每年所创造的年净收益额，公式如下： $$R = \frac{A}{I} \times 100\%$$ 式中：R——投资收益率； A——技术方案年净收益额或年平均净收益额； I——技术方案投资
判别标准	将计算出的投资收益率（R）与所确定的基准投资收益率（R_c）进行比较。若 $R \geq R_c$，则技术方案可以考虑接受；若 $R < R_c$，则技术方案是不可行的

续表

投资收益率（R）

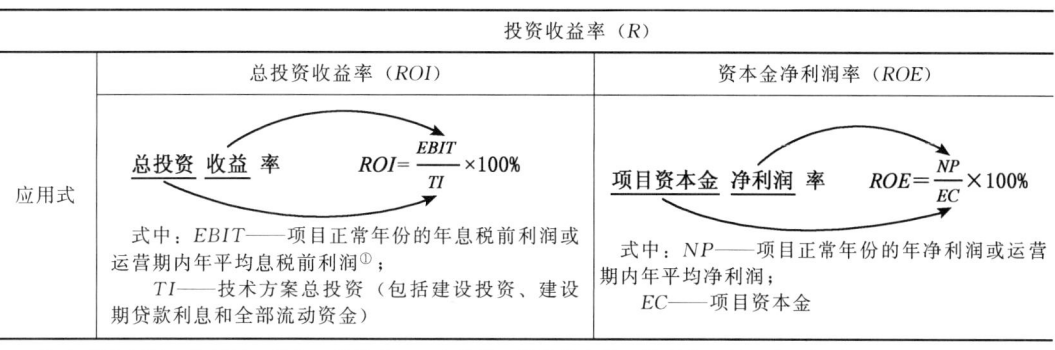

	总投资收益率（ROI）	资本金净利润率（ROE）
应用式	$ROI = \dfrac{EBIT}{TI} \times 100\%$ 式中：EBIT——项目正常年份的年息税前利润或运营期内年平均息税前利润①； TI——技术方案总投资（包括建设投资、建设期贷款利息和全部流动资金）	$ROE = \dfrac{NP}{EC} \times 100\%$ 式中：NP——项目正常年份的年净利润或运营期内年平均净利润； EC——项目资本金

① 息税前利润＝净利润＋利息＋所得税（"息税前"是指付息前、缴税前，所以应包括利息和所得税）。

【原理与记忆】

- 与总投资相对应的收益一定是 EBIT（利息应视为借款部分的收益，而借款包含在总投资之中，因此与总投资相对应的收益应包括利息费用，所得税同理）。
- 与项目资本金相对应的收益一定是净利润（税和借款利息不能分配给资本金的投资者，不能算资本金产生的收益）。

"分子是分母的儿子，分子的钱是分母的钱生出来的，两者要配比"

表1-12　投资收益率（R）指标的优缺点和作用

优点	经济意义明确、直观，计算简便，在一定程度上反映了投资效果的优劣，可适用于各种投资规模
缺点	主观随意性太强；正常生产年份的选择比较困难，其确定带有一定的不确定性和人为因素
作用	总投资收益率或资本金净利润率指标不仅可以用来衡量技术方案的获利能力，还可以作为技术方案筹资决策参考的依据。 **主要用在**技术方案制定的早期阶段或研究过程，且**计算期较短、不具备综合分析所需详细资料**的技术方案，尤其适用于**工艺简单而生产情况变化不大**的技术方案的选择和投资经济效果的评价

【例11】某投资方案建设投资（含建设期利息）为8000万元，流动资金为1000万元，正常生产年份的净收益为1200万元，正常生产年份贷款利息为100万元，则投资方案的总投资收益率为（　　）。

A. 13.33%　　　B. 14.44%　　　C. 15.00%　　　D. 16.25%

【答案】A

【解释】总投资收益率 $ROI = EBIT/TI \times 100\% = 1200/(8000+1000) \times 100\% = 13.33\%$。

二、投资回收期分析（见表1-13）

投资回收期的定义、判别标准、应用式见表1-13。静态投资回收期指标的作用和优缺点见表1-14。

表 1-13 投资回收期

定义	投资回收期也称返本期，是反映技术方案投资回收能力的重要指标，分为静态投资回收期和动态投资回收期，通常只进行技术方案静态投资回收期计算分析。 技术方案静态投资回收期是在不考虑资金时间价值的条件下，以技术方案的净收益回收其总投资（包括建设投资和流动资金）所需要的时间，一般以年为单位。静态投资回收期宜从技术方案建设开始年算起，若从技术方案投产开始年算起，应予以特别注明
判别标准	静态投资回收期 P_t 与基准投资回收期 P_c 之间进行比较： (1) $P_t \leq P_c$ 时，表明技术方案投资能在规定的时间内收回，则技术方案可以考虑接受； (2) $P_t > P_c$ 时，技术方案不可行
应用式	静态投资回收期（P_t） 当技术方案实施后各年净收益相同时： $$P_t = \frac{I}{A}$$ 式中：I——技术方案总投资（包括建设投资和流动资金）； A——技术方案每年净收益（＝技术方案现金流入量－技术方案现金流出量） ｜ 当技术方案实施后各年净收益不同时： $$P_t = T - 1 + \frac{|累计现金流量的最后一个负值|}{首次出现正值年份的当年净现金流量}$$ 式中：T——项目各年累计现金流量首次为正值的年份数

注：项目（静态）投资回收期宜从项目建设开始年起，若从项目投产开始年计算，应予以特别注明。

【原理与记忆】

以例 12 为例说明：第 5 年为累计净现金流量首次为正值的年份；则 $T-1=4$ 为最后一次净现金流量为负的年份。第 5 年全年的净现金流量为 80 万元，使第 4 年年末累计现金流 -20 万元抵消为零的时间为 $\frac{|-20|}{80}$，因此推出上式所示的投资回收期计算表达式。

【例 12】某建设项目的净现金流量如下表所示，则该项目的静态投资回收期为（　　）年。

现金流量表（万元）

时间	第 1 年	第 2 年	第 3 年	第 4 年	第 5 年
净现金流量	-200	80	40	60	80

A．3.33　　　B．4.25　　　C．4.33　　　D．4.75

【答案】B

【解析】计算累计净现金流量，如图 1-9 所示：

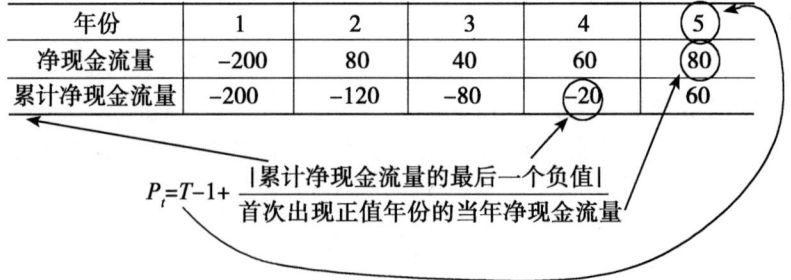

图 1-9 静态投资回收期公式的运用图解

表 1-14 静态投资回收期指标的优缺点和作用

优点和作用	静态投资回收期指标容易理解，计算也比较简便，在一定程度上显示了资本的周转速度。反映技术方案原始投资的补偿速度和技术方案投资风险性。对于那些**技术上更新迅速**的技术方案，或**资金相当短缺**的技术方案，或**未来的情况很难预测而投资者又特别关心资金补偿**的技术方案，采用静态投资回收期评价特别有实用意义
缺点	静态投资回收期没有全面地考虑技术方案整个计算期内现金流量，即只考虑回收之前的效果，不能反映投资回收之后的情况，故无法准确衡量技术方案在整个计算期内的经济效果
结论	静态投资回收期作为技术方案选择和技术方案排队的评价准则是不可靠的，它**只能作为辅助评价指标**，与其他评价指标结合应用

三、财务净现值（FNPV）

财务净现值的定义及计算式见表 1-15。

表 1-15 财务净现值的定义及计算式

定义	财务净现值是指按行业的基准收益率或投资主体设定的折现率，将方案计算期内各年发生的净现金流量折现到**建设期初的现值**之和。它是考察项目盈利能力的绝对指标
公式	$$FNPV = \sum_{t=1}^{n}(CI-CO)_t(1+i_c)^{-t}$$ 式中：i_c——基准收益率或投资主体设定的折现率； n——项目计算期
判别标准	$FNPV \geq 0$，方案可行；$FNPV < 0$，方案应予拒绝

【财务净现值计算通用模板】

第一步：绘制现金流量图。

现金流量图的绘制可参照考点 1 中的相关内容，应注意，即使题目中未给出"0"时点的现金流量，也应将时间轴的左端点（即时间轴的原点，时间轴必须有原点）标为"0"时点，该时点表示第一年年初。

第二步：将各年的现金流量折现到零时点。

（1）一般现金流的折现方法。

应用 P/F 公式，即 $P = F(1+i)^{-n}$，可将各年的现金流量（F）折现成"0"时点的现值（P），如图 1-10 所示。若有多笔不同的现金流，则应逐一折现。式中，i 为折现率（折现率一定是某个时间周期的实际利率，本书将该周期称为折现率的周期），n 为 P 和 F 之间总的时间间距所包含的折现率的周期数（以折现率的一个周期为一格，在时间轴上数两者之间的**格数**即可）。

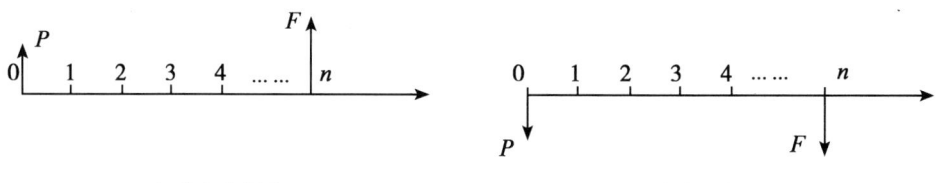

P/F 公式基本图（一）　　　　P/F 公式基本图（二）

图 1-10　P/F 公式基本图

（2）连续等额现金流的折现方法。

当出现连续的等额现金流时，逐一折现较为烦琐，可运用 P/A 公式（见图 1-1）（可由联立等式1-8得出），将连续的n期等额现金流（A）折现到其第一期现金流的前一期时点，若该时点不是"0"时点，再按一般现金流的折现方法，用公式$P=F(1+i)^{-n}$将折算到该时点的现金流再折现到"0"时点，如例题13。

应注意，通过P/A公式折算所得的P，其位置应在第一期A的前一期。公式中，n为A的期数（在图上数A的**根数**即可），折现率i的时间周期一定要和A的时间周期一致。

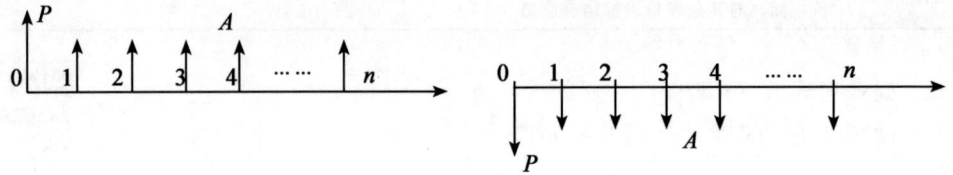

P/A 公式基本图（一）　　　　　　　　P/A 公式基本图（二）

图 1-11　P/A 公式基本图

第三步：求和。

计算零时点所有现金流的代数和即为该方案的财务净现值。

【例13】假定某投资项目的现金流量如下表，基准收益率为10%，则项目的财务净现值为（　　）万元。

时间	第1年	第2年	第3年	第4年	第5年	第6年
净现金流量（万元）	−400	100	150	150	150	150

A．48.14　　　B．76.24　　　C．83.87　　　D．111.97

【答案】D

【解析】应用财务净现值计算通用模板：

第一步：绘制现金流量图（注意标出"0"时点，见图1-12）。

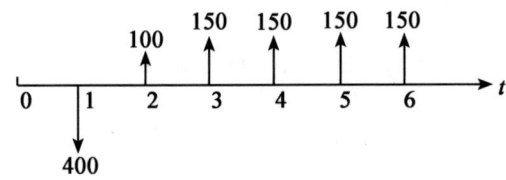

图 1-12　例题 13 现金流量图

第二步：将各年的现金流量折现到零时点，再求和。（此处演示连续等额现金流的折现方法，见图1-13、图1-14。）

①由联立等式1-8可写出公式$P=A\dfrac{(1+i)^n-1}{(1+i)^n i}$，将第三年至第六年每年的净现金流150万元（$A$，其期数$n=4$）折到第二年年末，即为$F'$。

②由将F'折现为零时点的现值。

③将第一年年末的400万元及第二年年末的100万元分别折现为零时点的现值。

④最后将零时点的所有现值相加，即得到该项目的财务净现值。

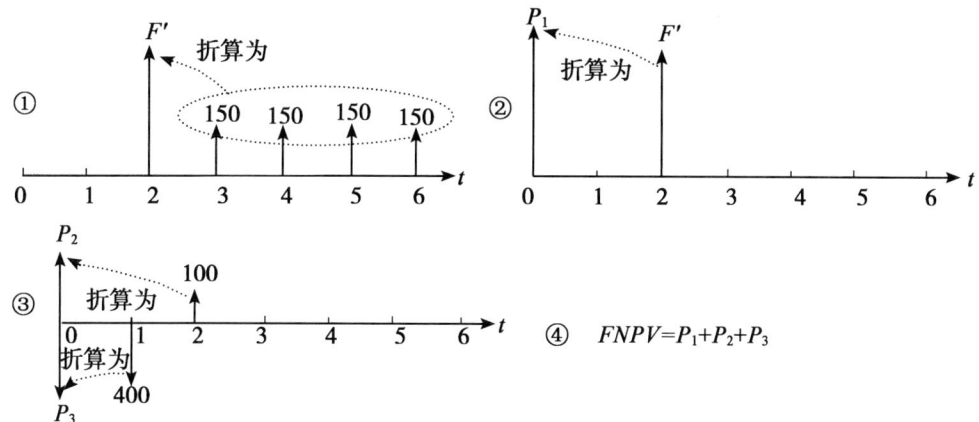

图 1-13 例题 13 现金流量折现图解（一）

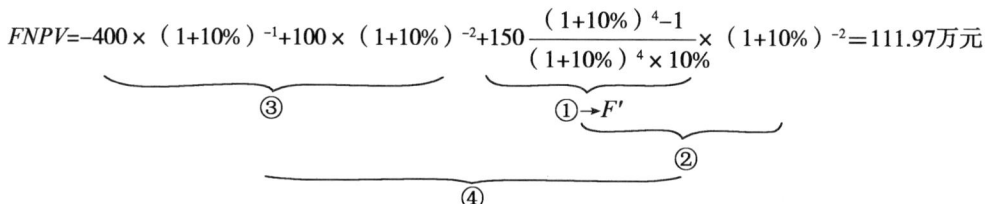

图 1-14 例题 13 现金流量折现图解（二）

四、财务内部收益率（FIRR）

财务内部收益率的相关定义、数字表达式、判别标准等见表 1-16，与财务净现值的比较见表 1-17。

表 1-16 财务内部收益率

定义	财务内部收益率本身是一个折现率，它是指项目在整个计算期内各年净现金流量现值累计等于零时的折现率，是评价项目盈利能力的相对指标
经济含义	在项目寿命期内**项目内部未收回投资每年的净收益率**
数学表达式	$FNPV(FIRR) = \sum_{t=0}^{n}(CI-CO)_t(1+FIRR)^{-t} = 0$
判别标准	$FIRR \geq i_c$，则技术方案在经济上可以接受； $FIRR < i_c$，则技术方案在经济上应予拒绝
FIRR 在函数图中的位置（见图 1-5）	如图，i 增大→净现值减小，当 i 减小到净现值=0 时，此时的 i 值就是财务内部收益率 图 1-15 净现值函数曲线图

表 1-17　财务净现值与财务内部收益率的比较

	财务净现值（FNPV）	财务内部收益率（FIRR）
意义	计算简便，显示出了技术方案现金流量的时间分配，但得不出投资过程收益程度大小，且受外部参数（i_c）的影响	计算较为麻烦（本书未要求），但能反映投资过程的收益程度，而 FIRR 的大小不受外部参数影响，完全取决于投资过程现金流量
判别准则/经济含义	当 FNPV=0 时，说明该技术方案基本能满足基准收益率要求的盈利水平，即技术方案现金流入的现值正好抵偿技术方案现金流出的现值——财务上可行；当 FNPV>0 时，说明该技术方案除了满足基准收益率要求的盈利之外，还能得到超额收益	若 $FIRR \geq i_c$，则技术方案在经济上可以接受；若 $FIRR < i_c$，则技术方案在经济上应予拒绝
优点	（1）考虑了资金的时间价值； （2）全面考虑了技术方案在整个计算期内现金流量的时间分布的状况； （3）经济意义明确直观，能够直接以货币额表示技术方案的盈利水平； （4）判断直观	考虑了资金的时间价值以及技术方案在整个计算期内的经济状况，不仅能反映投资过程的收益程度，而且 FIRR 的大小不受外部参数影响，完全取决于技术方案投资过程现金流量系列的情况。避免了需事先确定基准收益率的难题，而只需知道基准收益率的大致范围即可
缺点	（1）基准收益率的确定往往比较困难； （2）如果互斥方案寿命不等，必须构造一个相同的分析期限，才能比选； （3）不能真正反映技术方案投资中单位投资的使用效率； （4）不能直接说明在技术方案运营期间各年的经营成果； （5）没有给出该投资过程确切的收益大小； （6）不能反映投资的回收速度	计算比较麻烦；对于具有非常规现金流量的技术方案来讲，其财务内部收益率在某些情况下甚至不存在或存在多个内部收益率

对独立常规技术方案的评价，$FNPV \geq 0$，**必有 $FIRR \geq i_c$**，反之亦然。两个指标的评价结论是一致的

【例 14】某项目财务净现值 FNPV 与收益率 i 之间的关系如下图所示，若基准收益率为 6%，该项目的内部收益率和财务净现值分别是（　　）。

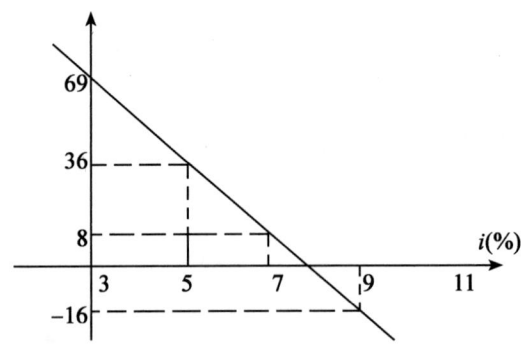

A. 3.0%，21 万元　　　　　　B. 3.0%，69 万元
C. 7.7%，21 万元　　　　　　D. 7.7%，69 万元

【答案】C

【解析】本题看似需要计算，其实不然，只需牢牢把握财务净现值和内部收益率在图中的含义和具体位置即可选出答案。

根据财务净现值的定义知，当 $i=6\%$ 时，FNPV 的值即为财务净现值；从图上看，

$FNPV$ 只可能是 8 万至 36 万元；再看选项，$FNPV$ 只可能是 21 万元，而不可能是 69 万元。

根据内部收益率的定义知，当 $FNPV=0$ 时，i 的值即为内部收益率；从图上看，$FNPV$ 只可能是 7%~9%；再看选项，$FNPV$ 只能取 7.7%。

五、基准收益率的确定

基准收益率的定义、作用与测定见表 1-18，投资者自行测定财务收益率应考虑的因素见表 1-19。

表 1-18 基准收益率

定义	基准收益率也称基准折现率，是企业或行业投资者以动态的观点所确定的、可接受的技术方案最低标准的收益水平
作用	体现了投资决策者对技术方案资金时间价值的判断和对技术方案风险程度的估计，是投资资金应当获得的最低盈利率水平，它是评价和判断技术方案在财务上是否可行和技术方案比选的主要依据
测定	（1）政府投资项目应根据政府的政策导向进行确定； （2）行业财务基准收益率，应分析一定时期内国家和行业发展战略、发展规划、产业政策、市场需求等基础上，结合行业特点、行业资本构成情况等因素综合测定； （3）境外投资项目，应首先考虑国家风险因素； （4）投资者自行测定的情况，除了应考虑上述第 2 条中所涉及的因素外，还应根据自身的发展战略和经营策略、技术方案的特点与投资风险、资金成本、机会成本、通货膨胀等因素综合测定（详见表 1-19）。 【助记】因市场需求大，战略、策略得当，在行业中有技术特点，基（机）金疯涨，快快自行测定基准收益率

表 1-19 投资者自行测定财务收益率应考虑的因素

因素	内容要点
资金成本	资金成本主要**包括筹资费和资金的使用费**（见本书第二章图 2-27）； 基准收益率最低限度不应小于资金成本
机会成本	指投资者将有限的资金用于拟实施技术方案而放弃的其他投资机会所能获得的**最大收益**。 【例】A 公司有 1000 万元资金，存银行一年可获利息 60 万元，如将其投资某项目可获利 100 万元，则将该笔资金存银行的机会成本为 100 万元。 基准收益率应不低于单位资金成本和单位投资的机会成本，这样才能使资金得到最有效的利用。这一要求可用下式表达： 应满足 $i_c \geqslant i_1 = \max${单位资金成本，单位投资机会成本}
投资风险	仅考虑资金成本、机会成本因素是不够的，还应考虑风险因素，通常以一个适当的风险贴补率来提高 i_c 值。换而言之，以一个较高的收益水平补偿投资者所承担的风险，风险越大，贴补率越高
通货膨胀	指由于货币（这里指纸币）的发行量超过商品流通所需要的货币量而引起的货币贬值和物价上涨的现象

【要点】确定基准收益率的基础是资金成本和机会成本（两者中取大值），而投资风险和通货膨胀则是必须考虑的影响因素。

六、偿债能力分析

1. 偿债资金

债务清偿能力分析，重点是分析判断财务主体——企业的偿债能力，而不是"技术方案"的清偿能力，偿债资金来源可用如下公式表示：

偿还贷款的资金来源＝可用于归还借款的利润＋固定资产折旧＋无形资产及其他资产

摊销费＋其他还款资金来源

2. 偿债能力分析指标

偿债能力分析指标的定义、公式、判别准则见表1-20。

表1-20 偿债能力分析指标

	借款偿还期（P_d）	利息备付率（ICR）	偿债备付率（DSCR）
定义	偿还技术方案投资借款本金和利息所需要的时间①	利息备付率是指项目在借款偿还期内，各年可用于支付利息的息税前利润（EBIT）与当期应付利息（PI）费用的比值	偿债备付率是指项目在借款偿还期内，各年可用于还本付息资金（EBITDA−T_{AX}）与当期应还本付息金额的比值
公式	详见注②	$ICR = \dfrac{EBIT}{PI}$（详见图1-16）	$DSCR = \dfrac{EBITDA - T_{AX}}{PD}$（详见图1-16）
判别准则	借款偿还期满足贷款机构的要求期限时，即认为技术方案是有借款偿债能力的	利息备付率应分年计算，它从付息资金来源的充裕性角度反映企业偿付债务利息的能力，表示企业使用息税前利润偿付利息的保证倍率。正常情况下，**利息备付率应当大于1**，否则，表示付息能力保障程度不足	正常情况下，**偿债备付率应当大于1**，否则，表示当年资金来源不足以偿付当期债务，需要通过短期借款偿付已到债务

①借款偿还期不适用于那些预先给定借款偿还期的技术方案。

② $P_d = （借款偿还开始出现盈余年份 - 1）+ \dfrac{盈余当年应偿还借款额}{盈余当年可用于还款的余额}$

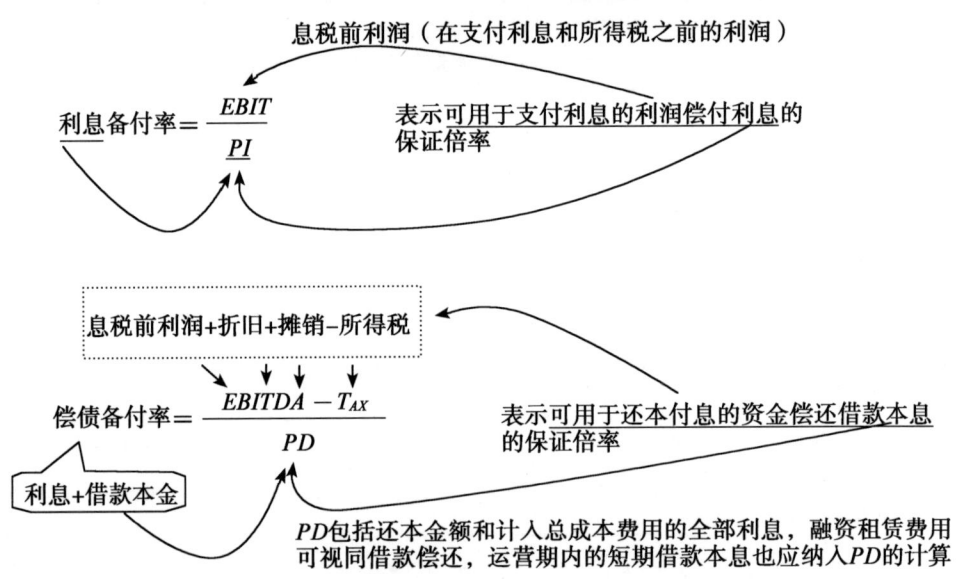

图1-16 利息备付率和偿债备付率公式的推导

【归纳总结】

1. 如何区分静态指标和动态指标

（1）**只做加、减、乘、除运算的指标是静态指标，凡含有乘幂运算的指标均为动态指标**（因为现金流折现需作乘幂运算）。

（2）凡含有"净现值"或"内部收益率"字样的指标均为动态指标，其计算均需要进行现金流折现。

2. 区分绝对指标与相对指标的技巧

带"率"字的指标为相对指标；带"值"字且不带"率"字的指标为绝对指标，如净现值和净年值指标。

3. 如何理解和记忆各种评价指标的计算

（1）充分利用指标的名称对指标的理解和记忆有很大帮助。

如总投资收益率和项目资本金净利润率这两个指标。前者是表示项目总投资的盈利水平，因此在其计算公式中，分母应为项目总投资（即建设投资＋流动资金，其中包括了负债），分子应为与总投资相对应的年收益额，即为年息税前利润（包含应支付的利息和应缴税金）；而后者表示的是项目资本金的盈利水平，因此在其计算公式中，分母应为项目资本金，分子应为与项目资本金相对应的年收益额，即为年净利润（扣除应支付的利息和应缴税金）。

又如利息备付率和偿债备付率这两个指标，其推理和记忆详见图1-16。

（2）理解各项指标的计算方法、经济含义和判别准则是掌握各项指标的关键。

＊＊习题＊＊

26. 投资收益率是指投资方案建成投产并达到设计生产能力后一个正常生产年份的（　　）比率。

A. 年净收益额与方案固定资产投次
B. 年销售收入与方案固定资产投资
C. 年净收益额与方案总投资
D. 年销售收入与方案总投资

27. 关于静态投资回收期特点的说法，正确的是（　　）。（2011年真题）

A. 静态投资回收期只考虑了方案投资回收之前的效果
B. 静态投资回收期可以单独用来评价方案是否可行
C. 若方案静态投资回收期若大于基准投资回收期，则表明该方案可以接受
D. 静态投资回收期越长，表明资本周转速度越快

28. 某项目财务现金流量表的数据见下表，则该项目的静态投资回收期为（　　）年。（2010年真题）

计算期（年）	0	1	2	3	4	5	6	7
净现金流量（万元）	—	－800	－1000	400	600	600	600	600
累计净现金流量（万元）	—	－800	－1800	－1400	－800	－200	400	1000

A. 5.33　　　　B. 5.67　　　　C. 6.33　　　　D. 6.67

29. 某项目建设投资为1000万元，流动资金为200万元，建设当年即投产并达到设计生产能力，年净收益为340万元。则该项目的静态投资回收期为（　　）年。

A. 2.35　　　　B. 2.94　　　　C. 3.53　　　　D. 7.14

30. 某项目净现金流量如下表所示，则项目的静态投资回收期为（　　）年。

计算期（年）转	1	2	3	4	5	6	7	8	9
净现金流量（万元）	−800	−1200	400	600	600	600	600	600	600

A. 5.33　　　　B. 5.67　　　　C. 6.33　　　　D. 6.67

31. 已知某项目的净现金流量如下表。若 $i_c=8\%$，则该项目的财务净现值为（　　）万元。

时间	第1年	第2年	第3年	第4年	第5年	第6年
净现金流量（万元）	−4200	−2700	1500	2500	2500	2500

A. 109.62　　　B. 108.00　　　C. 101.71　　　D. 93.38

32. 某技术方案的净现金流量见下表。若基准收益率大于等于0，则方案的净现值（　　）。（2011年真题）

计算期（年）	0	1	2	3	4	5
净现金流量（万元）	—	−300	−200	200	600	600

A. 等于900万元　　　　　　　　　B. 大于900万元，小于1400万元
C. 小于900万元　　　　　　　　　D. 等于1400万元

33. 在计算财务净现值率过程中，投资现值的计算应采用（　　）。
A. 名义利率　　B. 财务内部收益率　C. 基准收益率　D. 投资收益率

34. 某项目的财务净现值前5年为210万元，第6年为30万元，$i_c=10\%$，则前6年的财务净现值为（　　）万元。
A. 227　　　　B. 237　　　　C. 240　　　　D. 261

35. 可用于评价项目财务盈利能力的绝对指标是（　　）。
A. 价格临界点　B. 财务净现值　C. 总投资收益率　D. 敏感度系数

36. 某技术方案在不同收益率 i 下的净现值为：$i=7\%$ 时，$FNPV=1200$ 万元，$i=8\%$ 时，$FNPV=800$ 万元；$i=9\%$ 时，$FNPV=430$ 万元。则该方案的内部收益率的范围为（　　）。
A. 小于7%　　B. 大于9%　　C. 7%~8%　　D. 8%~9%

37. 某常规投资方案，$FNPV(i_1=14\%)=160$，$FNPV(i_2=16\%)=-90$，则 $FIRR$ 的取值范围为（　　）。
A. <14%　　　B. 14%~15%　　C. 15%~16%　　D. >16%

38. 使投资项目财务净现值为零的折现率称为（　　）。
A. 利息备付率　B. 财务内部收益率　C. 财务净现在率　D. 偿债备付率

39. 对具有常规现金流量的投资方案，其财务净现值是关于折现率的（　　）函数。
A. 递减　　　　　　　　　　　B. 递增
C. 先递增后递减　　　　　　　D. 先递减后递增

40. 对于独立的常规投资项目，下列描述中正确的有（　　）。

A. 财务净现值随折现率的增大而增大
B. 财务内部收益率是财务净现值等于零时的折现率
C. 财务内部收益率与财务净现值的评价结论是一致的
D. 在某些情况下存在多个财务内部收益率
E. 财务内部收益率考虑了项目在整个计算期的经济状况

41. 在项目财务评价中，若某一方案可行，则（　　）。
A. $P_t<P_c$，$FNPV>0$，$FIRR>i_c$　　B. $P_t<P_c$，$FNPV<0$，$FIRR<i_c$
C. $P_t>P_c$，$FNPV>0$，$FIRR<i_c$　　D. $P_t>P_c$，$FNPV<0$，$FIRR<i_c$

42. 企业或行业投资者以动态的观点确定的、可接受的投资方案最低标准的收益水平称为（　　）。
A. 基准收益率　　B. 社会平均收益率　　C. 内部收益率　　D. 社会折现率

43. 对于完全由投资者自有资金投资的项目，确定基准收益率的基础是（　　）。
A. 资金成本　　B. 通货膨胀　　C. 投资机会成本　　D. 投资风险

44. 下列有关基准收益率确定和选用要求的表述中，正确的有（　　）。
A. 基准收益率应由国家统一规定，投资者不得擅自确定
B. 从不同角度编制的现金流量表应选用不同的基准收益率
C. 资金成本和机会成本是确定基准收益率的基础
D. 选用的基准收益率不应考虑通货膨胀的影响
E. 选用的基准收益率应考虑投资风险的影响

45. 项目基准收益率的确定一般应综合考虑（　　）因素。
A. 产出水平　　B. 资金成本　　C. 机会成本　　D. 投资风险
E. 通货膨胀

46. 通货膨胀是指由于货币（这里指纸币）的发行量超过（　　）所需要的货币量而引起的货币贬值和物价上涨的现象。
A. 存量商品　　B. 商品流通　　C. 增量商品　　D. 购买能力

47. 进行项目偿债备付率分析时，可用于还本付息的资金包括（　　）。
A. 折旧费　　B. 福利费　　C. 摊销费　　D. 未付工资
E. 费用中列支的利息

48. 下列关于偿债备付率的表述中，正确的有（　　）。
A. 偿债备付率表示可用于还本付息的资金偿还借款本息的保证倍率
B. 偿债备付率可以分年计算，也可以按整个借款期计算
C. 偿债备付率适用于那些不预先给定借款偿还期的项目
D. 可用于还本付息的资金包括在成本中列支的利息费用
E. 当期应还本付息的金额包括计入成本费用的利息

49. 利息备付率表示使用项目（　　）偿付利息的保证倍率。
A. 支付税金后的利润　　B. 支付税金前且支付利息后的利润
C. 支付利息和税金前的利润　　D. 支付税金和利息后的利润

考点 5　盈亏平衡分析

不确定性分析主要包括盈亏平衡分析（考点 5）和敏感分析（考点 6）。

一、固定成本与可变成本

固定成本与可变成本的内容要点见表 1-21。

表 1-21　固定成本与可变成本

	内容要点
固定成本	指在技术方案一定的产量范围内不受产品产量影响的成本，即不随产品产量的增减发生变化的各项成本费用，如**工资及福利费（计件工资除外）、折旧费、修理费、无形资产及其他资产摊销费、其他费用**等
可变成本	指随技术方案产品产量的增减而成正比例变化的各项成本，如**原材料、燃料、动力费、包装费和计件工资**等
半可变（半固定）成本	指介于固定成本和可变成本之间，随技术方案产量增长而增长，但不成正比例变化的成本，如与生产批量有关的某些消耗性材料费用、工模具费及运输费等，这部分可变成本随产量变动一般是呈阶梯形曲线

二、盈亏平衡分析

【例 15】西施想开豆腐店，经测算，每天的固定成本（房租金、固定的人工费）$C_F=100$ 元，每天最多能做出 300 斤豆腐，每斤豆腐的销售单价 $P=1$ 元（含增值税），每斤豆腐的可变成本（原材料费、燃料费等随产量的增减而成比例增减的成本）$C_u=0.4$ 元，每卖一斤豆腐需缴纳销售税金及附加 $t=0.05$ 元，且需缴纳增值税 $T=0.05$ 元，问：(1) 西施每天需生产并销售出多少斤豆腐才能刚好保本？(2) 刚好保本时的产销量占生产能力产量的百分比是多少？

【解析】用生产能力利用率表示的盈亏平衡点——盈亏平衡点时的产销量占设计生产能力之产量的百分比。

三、盈亏平衡分析的基本方法

【推而广之】由上例可见，只需要将净销售收入与总成本费用的式子分别列出，令二者相等，即可得到盈亏平衡分析的基本公式（图解分析见图 1-17）：

$$(P-t-T) \times Q = C_F + C_u \times Q \tag{1-11}$$

式中，P——单位产品销售价格（单价）；

　　　C_F——固定成本；

　　　C_u——单位产品可变成本；

　　　t——单位产品营业税金及附加；

　　　T——增值税；

　　　Q——销售量或生产量。

以公式 1-11 为基础，可写出计算该式中任何一个变量的公式。

如：计算以产量表示的盈亏平衡点的公式为

$$Q_{BEP} = \frac{C_F}{P-t-T-C_u} \tag{1-12}$$

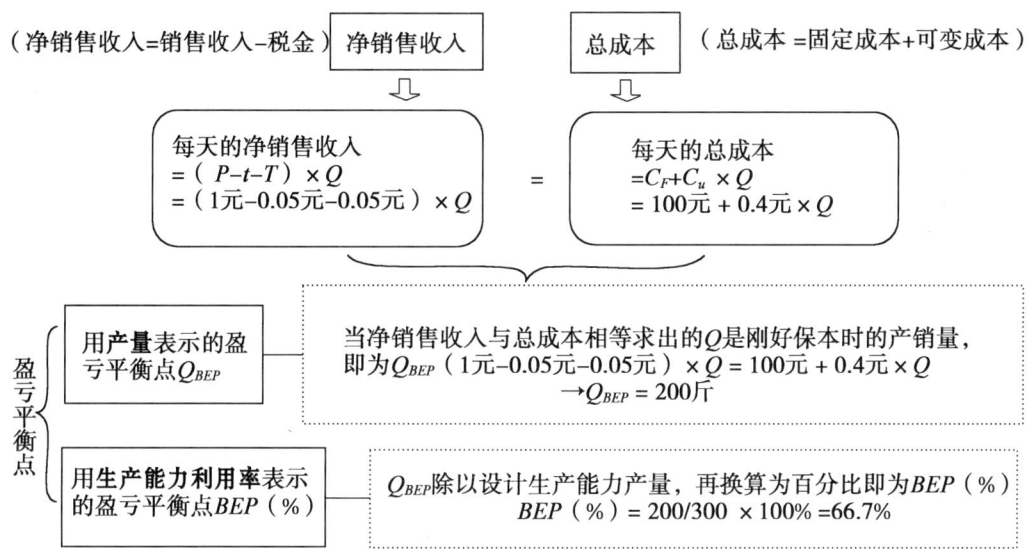

图 1-17 例 15 的图解分析

结合盈亏平衡分析图（图 1-18）更容易理解。

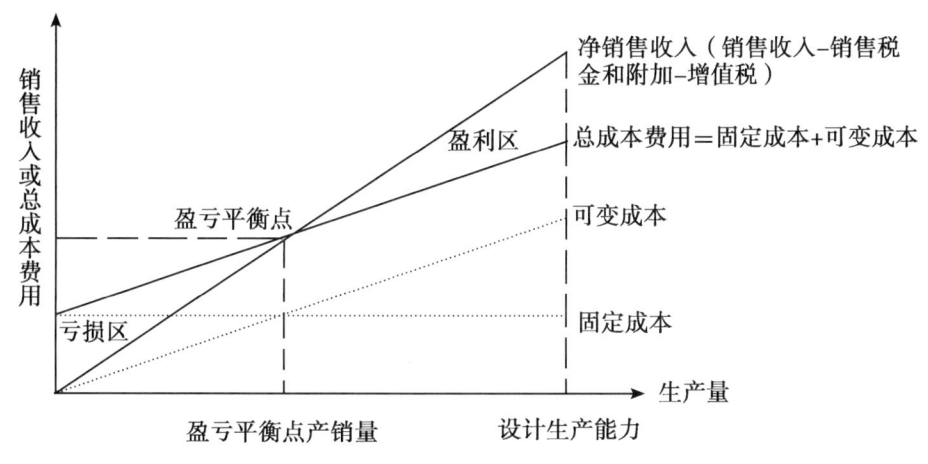

图 1-18 盈亏平衡分析图

从图 1-18 中可以看出，盈亏平衡点就是净销售收入等于总成本费用时的产销量，盈亏平衡点越低，亏损区域的面积就越小，项目亏损的概率和数额就越小，因此适用市场变化的能力就越强，抗风险能力也越强。

四、两种盈亏平衡分析指标

1. 用生产能力利用率表示的盈亏平衡点 BEP（%）

概念：盈亏平衡点还可用生产能力利用率来表示，其意义是盈亏平衡点时的产销量占设计生产能力之产量的百分比。有以下两种计算方法。

方法一：利用以产量表示的盈亏平衡点计算。

由以上概念可知，以盈亏平衡时的产量除以设计生产能力（即设计生产能力的产量）

就得到用生产能力利用率表示的盈亏平衡点 BEP（%）。

$$BEP（\%）= Q_{BEP}/设计生产能力 \times 100\% \qquad (1-13)$$

方法二：用各项金额计算。

将 1-12 式中所有关于单位产品的变量替换为相应的年度金额，即得式 1-14。

$$BEP（\%）= \frac{年固定成本}{年销售收入 - 年销售税金及附加 - 年增值税 - 年可变成本} \qquad (1-14)$$

2. 两者之间的关系

由式 1-13 可推出，以产量表示的盈亏平衡点（Q_{BEP}）和以生产能力利用率表示的盈亏平衡点 BEP（%）之间的关系为：

$$BEP（Q）= BEP（\%）\times 设计生产能力 \qquad (1-15)$$

3. 盈亏平衡分析的注意事项

盈亏平衡点应按项目投产后的正常年份计算，而不能按计算期内的平均值计算。

＊＊习题＊＊

50. 某技术方案年设计生产能力为 20 万吨，年固定成本 2200 万元，产品销售单价为 1200 元/吨，每吨产品的可变成本为 800 元，每吨产品应纳营业税金及附加为 180 元，则该产品不亏不盈的年产销量是（　　）万吨。（2011 年真题）

　　A. 10.00　　　B. 3.55　　　C. 5.50　　　D. 20.00

51. 某化工建设项目设计年生产能力 5 万吨，预计年固定总成本为 800 万元，产品销售价格 1500 元/吨，产品销售税金及附加为销售收入的 10%，产品变动成本 1150 元/吨，则该项目用生产能力利用率表示的盈亏平衡点是（　　）。（2010 年真题）

　　A. 100%　　　B. 40%　　　C. 80%　　　D. 55%

52. 某项目设计年生产能力为 10 万台，年固定成本为 1500 万元，单台产品销售价格为 1200 元，单台产品可变成本 650 元，单台产品营业税金及附加为 150 元。则该项目产销量的盈亏平衡点是（　　）台。

　　A. 12500　　　B. 18750　　　C. 27272　　　D. 37500

53. 某建设项目年设计生产能力 10 万台，单位产品变动成本为单位产品售价的 55%，单位产品销售税金及附加为单位产品售价的 5%，经分析求得产销量盈亏平衡点为年产销量 4.5 万台。若企业要盈利，生产能力要盈利，生产能力利用率至少应保持在（　　）以上。

　　A. 45%　　　B. 50%　　　C. 55%　　　D. 60%

54. 项目盈亏平衡分析时，一般应列入固定成本的是（　　）。

　　A. 生产工人工资　　　　　　　B. 外购原材料费用
　　C. 外购燃料动力费用　　　　　D. 固定资产折旧费

55. 在项目盈亏平衡分析中，可视为变动成本的是（　　）。

　　A. 生产工人工资　　B. 无形资产摊销费　　C. 管理费用　　D. 固定资产折旧费用

56. 项目盈亏平衡产销量越高，表示项目（　　）。

　　A. 投产后盈利越大　　　　　　B. 抗风险能力越弱
　　C. 适应市场变化能力越强　　　D. 投产后风险越小

57. 项目盈亏平衡分析中，若其他条件不变，可以降低盈亏平衡点产量的途径有（　　）。
   A. 提高设计生产能力　　　　　　　B. 降低产品销售价
   C. 提高营业税金及附加率　　　　　D. 降低固定成本
   E. 降低单位产品变动成本

考点 6　敏感性分析

一、敏感性分析的概念

【例 16】西施拟开豆腐店，计划每天产销 150 千克豆腐，其总成本 $C_F=250$ 元，税金为 0.1 元/500 克，销售单价为 $P=1$ 元。由于每天的总成本受材料费影响，销售单价受市场影响。所以总成本合销售单价都在一定范围内变动（变幅在±20%以内），试分析市场波动对西施豆腐店盈利情况的影响（换言之，即西施豆腐店对市场波动的承受能力）。

上述问题实际上就是要求做敏感性分析，预测评价不确定因素的变化对技术方案经济指标的影响。有些因素的变化会对经济指标产生较大的影响，这些因素就是敏感性因素，反之，则是非敏感因素。

二、单因素敏感性分析的步骤

敏感性分析的步骤如图 1-19 所示，下面将通过例 16 具体说明。

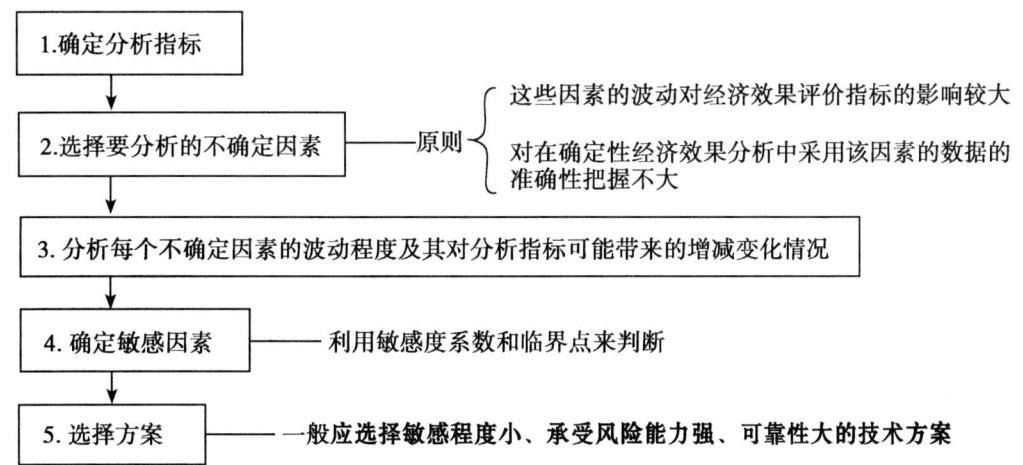

图 1-19　敏感性分析的步骤

【例 16 解析】

1. 确定要进行分析的指标

本题以净利润为分析指标，其计算公式如下：

净利润＝销售收入－总成本－税金＝300×1－250－300×0.1＝20（元）

2. 选择分析的不确定因素

本题中对净利润有影响的因素有四个，即产量、总成本、税金、销售单价。根据题意，其中总成本和销售单价是变动的，不确定性较高，因此选择总成本和销售单价为不确定性因素。

3. 分析每个不确定因素的波动情况对净利润的影响

令总成本、销售单价在初始值的基础上按±20%、±10%的变化幅度变动，其对应的净利润变化情况如表1-22、图1-20所示。

表1-22 单因素敏感性分析表

变化幅度 净利润（元） 项目	－20%	－10%	0	＋10%	＋20%
总成本	70	45	20	－5	－30
销售单价	－40	－10	20	50	80

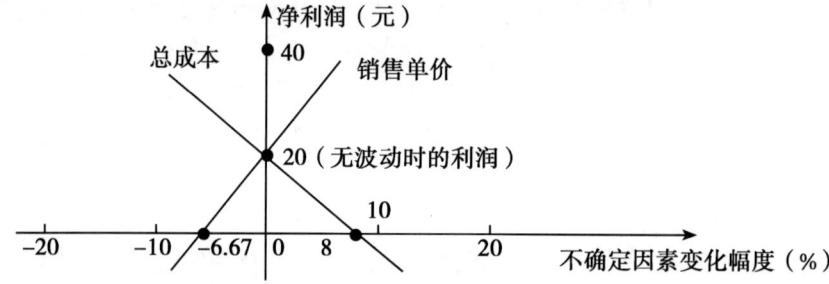

图1-20 单因素敏感性分析图

4. 确定敏感性因素

通过表1-22和图1-20的比较可知，本例中，销售单价的波动比总成本的波动对利润的影响大（具体的比较方法可参见表1-23）。因此利润对销售单价的敏感度更大。

5. 选择方案

本案例中不存在两方案之间比选的情况，若需作方案比选时，应选择敏感程度小的方案。

三、敏感度系数和临界点

敏感度系数和临界点定义及确定、运用方法见表1-23。

表1-23 敏感度系数和临界点

	敏感度系数	临界点
定义	敏感度系数表示技术方案经济效果评价指标对不确定因素的敏感程度	临界点是指技术方案允许不确定因素向不利方向变化的极限值
图中表示	图1-20中直线的斜率	图1-20中直线与 x 轴交点（净利润＝0）
确定方法	$S_{AF} = \dfrac{\Delta A/A}{\Delta F/F}$ 【例】例16中总成本和销售单价的敏感度系数分别为： $S_{总成本} = \dfrac{(-5)-(20)}{10\%-0} = -250$ $S_{单位量售价} = \dfrac{50-20}{10\%-0} = 300$	【例】例16中总成本和销售单价的临界点（如图1-20所示）分别为： 临界点$_{总成本}=8\%$ 临界点$_{销售单价}=-6.67\%$

续表

	敏感度系数	临界点
如何运用	$S_{AF}>0$，表示评价指标与不确定因素同方向变化；$S_{AF}<0$，表示评价指标与不确定因素反方向变化。 ｜S_{AF}｜越大，表明评价指标 A 对于不确定因素 F 越敏感；反之，则不敏感。 【例】｜$S_{总成本}$｜＜｜$S_{销售单价}$｜ ∴销售单价是更敏感的因素	｜临界点$_F$｜越小，表明评价指标对于不确定因素 F 越敏感；反之，则不敏感。 【例】｜临界点$_{总成本}$｜＞｜临界点$_{销售单价}$｜ ∴销售单价是更敏感的因素
总结	低强、高大弱 平衡点低能力强 敏感度大能力弱 斜率越大越敏感 过临界点不可行（如例 16 中，过了临界点则净利润就变为负值）	

四、敏感性分析与盈亏平衡分析对比

盈亏平衡分析与敏感性分析的优缺点见表 1-24。

表 1-24　盈亏平衡分析与敏感性分析的优缺点

分析的方法	特点与优点	局限性
盈亏平衡分析	能够从市场适应性方面说明技术方案风险的大小	不能揭示产生技术方案风险的根源
敏感性分析	在一定程度上对不确定因素的变动对技术方案经济效果的影响作了定量的描述，有助于搞清技术方案对不确定因素的不利变动所能容许的风险程度，有助于鉴别哪些因素是敏感因素	（1）主要依靠分析人员凭借主观经验来分析判断，难免存在片面性； （2）不能说明不确定因素发生变动的可能性是大还是小（需要借助于概率分析等方法）

＊＊习题＊＊

58．单因素敏感分析过程包括：①确定敏感因素；②确定分析指标；③选择需要分析的不确定性因素；④分析每个不确定因素的波动程度及其对分析指标可能带来的增减变化情况。正确的排列顺序是（　　）。（2011 年真题）

A．③②④①　　　　　B．①②③④　　　　　C．②④③①　　　　　D．②③④①

59．建设项目敏感性分析中，确定敏感因素可以通过计算（　　）来判断。（2010 年真题）

A．盈亏平衡点　　　　　　　　　B．评价指标变动率

C．不确定因素变动率　　　　　　D．临界点

E．敏感度系数

60．进行建设项目敏感性分析时，如果主要分析方案状态和参数变化对投资回收快慢与对方案超额净收益的影响，应选取的分析指标为（　　）。

A．财务内部收益率与财务净现值　　B．投资回收期与财务

C．投资回收期与财务净现值　　　　D．建设工期与财务净现值

61．根据对项目不同方案的敏感性分析，投资者应选择（　　）的方案实施。

A．项目盈亏平衡点高，抗风险能力适中

B. 项目盈亏平衡点低，承受风险能力弱
C. 项目敏感程度大，抗风险能力强
D. 项目敏感程度小，抗风险能力强

62. 在敏感性分析中，可以通过计算（　　）来确定敏感因素。
A. 不确定因素变化率和敏感度系数　　B. 指标变化率和敏感度系数
C. 敏感度系数和临界点　　　　　　　D. 指标变化率和临界点

63. 投资项目敏感性分析是通过分析来确定评价指标对主要不确定性因素的敏感程序和（　　）。
A. 项目的盈利能力　　　　　　　　　B. 项目对其变化的承受能力
C. 项目风险的概率　　　　　　　　　D. 项目的偿债能力

考点 7　技术方案现金流量表的分类及构成要素

一、技术方案现金流量表的分类与要点

技术方案现金流量表由现金流入、现金流出和净现金流量等内容构成，主要有投资现金流量表、资本金现金流量表、投资各方现金流量表和财务计划现金流量表（见图1-21）。各种现金流量表的现金流入、流出构成比较见表 1-25。

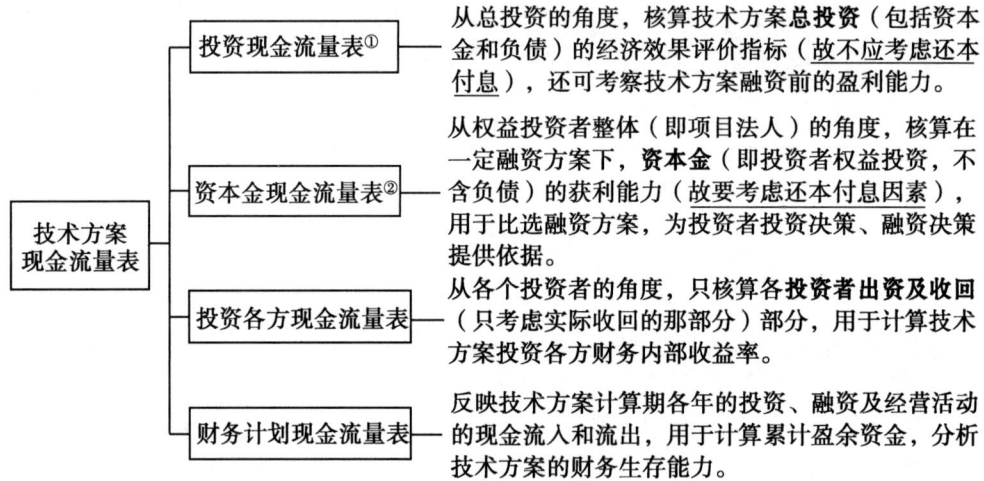

① 投资现金流量表以技术方案建设所需的总投资为计算基础。
② 资本金现金流量表以资本金因素为计算基础。

图 1-21　方案评价现金流量表的分类及要点

表 1-25 各种现金流量表的现金流入、流出构成比较

	投资现金流量表	资本金现金流量表	投资各方现金流量表
编制角度	**总投资**角度的收支	**资本金**角度的收支（投资者整体，或称项目法人）	**各个投资方**角度的收支
现金流出	建设投资 流动资金 调整所得税	**资本金**（只含自有资金投入部分，不含债务资金） 借款本金偿还 借款利息支付 所得税	实缴资本 租赁资产支出 其他现金流出
	经营成本 营业税金及附加 维持运营投资		
现金流入	完全相同： 营业收入 补贴收入 **回收固定资产余值** 回收流动资金		**实分利润** **租赁费收入** **资产处置收益分配** 技术转让或使用收入 其他现金流入

注：1. 企业所得税的税率为 25%，非居民企业取得《企业所得税法》第三条第三款规定的所得，适用税率为 20%。
  2. 投资各方现金流量表中现金流入是指出资方因该技术方案的实施将实际获得的各种收入；现金流出是指出资方因该技术方案的实施将实际投入的各种支出。

- 实分利润是指投资者由技术方案获取的利润。
- 资产处置收益分配是指对有明确的合营期限或合资期限的技术方案，在期满时对资产余值按股比或约定比例的分配。
- 租赁费收入是指出资方将自己的资产租赁给技术方案使用所获得的收入，此时应将资产价值作为现金流出，列为租赁资产支出科目。
- 技术转让或使用收入是指出资方将专利或专有技术转让或允许该技术方案使用所获得的收入。

二、技术方案现金流量表的构成要素

对于一般性技术方案经济效果评价来说，投资、营业收入、经营成本和税金等经济量本身既是经济指标，又是导出其他经济效果评价指标的依据，所以它们是构成技术方案现金流量的基本要素，也是进行工程经济分析最重要的基础数据（见表 1-26）。

表 1-26 技术方案现金流量表构成要素的内容要点

要素		内容要点
投资	建设投资	按拟定建设规模、产品方案、建设内容进行建设所需的投入。在技术方案建成后，建设投资中的各分项将分别形成固定资产、无形资产和其他资产
	建设期利息	采用债务融资的技术方案应估算建设期利息。 （1）**投产前发生**（在建设期内发生）的借款利息应在投产后计入固定资产原值，即利息的资本化 （2）建成**投产后发生**（包括分期建成投产）的借款利息应**计入总成本费用**
	流动资金	流动资金＝流动资产－流动负债 流动资产：一般包括存货、库存现金、应收账款和预付账款 流动负债：一般只考虑应付账款和预收账款
		总投资＝建设投资＋流动资金＋建设期利息

续表

要素		内容要点
经营成本	概念	（1）经营成本作为技术方案现金流量表中运营期现金流出的主体部分，是从技术方案本身考察的，在一定期间（通常为一年）内由于生产和销售产品及提供服务而实际发生的现金支出； （2）**经营成本与融资方案无关**；因此在完成建设投资和营业收入估算后，就可以估算经营成本，为技术方案融资前分析提供数据
	公式	经营成本＝总成本费用①－折旧费－摊销费－利息支出　　　　　　　　（1-16） 　　或：经营成本＝外购原材料、燃料及动力费＋工资及福利费＋ 修理费＋其他费用　　　　　　　　　　　　　　　　　　　　　　（1-17）
	理解	【思考】为何在计算经营成本时，要将折旧费、摊销费和利息支出三项从总成本中扣除呢？ （1）可简单理解为：企业在计提折旧费、摊销费时，实际上并无现金流出，而经营成本是在技术方案经济效果评价中，用于现金流量分析的专用概念，因此有式1-16； （2）贷款利息是使用借贷资金所要付出的代价，对于技术方案来说是实际的现金流出，但是：①在评价技术方案总投资的经济效果时，并不考虑资金来源问题，故在这种情况下也不考虑贷款利息的支出；②在资本金现金流量表中，由于已将利息支出单列，故经营成本中也不包括利息支出
营业收入		营业收入是指技术方案实施后各年销售产品或提供服务所获得的收入，即： 营业收入＝产品销售量（或服务量）×产品单价（或服务单价）
税金	营业税金及附加所包含的具体税种	税金一般属于财务现金流出。 在经济效果分析中，**营业税，消费税、土地增值税、资源税和城市维护建设税、教育费附加**均可包含在营业税金及附加中
	营业税	营业税是价内税，包含在营业收入之内，计算公式为： 应纳营业税额＝营业额×税率　　　　　　　　　　　　　　　　　　　（1－18）
	城市维护建设税和教育费附加	城市维护建设税和教育费附加，**以增值税、营业税和消费税为税基乘以相应的税率**计算

①总成本费用＝外购原材料、燃料及动力费＋工资及福利费＋修理费＋折旧费＋摊销费＋财务费用（利息支出）＋其他费用

②目前我国正在进行营业税改增值税（简称"营改增"）的改革。从2014年1月1日起，铁路运输和邮政服务业已纳入营业税改增值税试点。随着改革的不断深入，营业税里占比较高的行业，如不动产转让、建筑、金融、生活服务业等，也将逐步进入营改增的行业。

③根据资源不同，资源税分别实行从价定率和从量定额的办法计算应纳税额。对原油和天然气采用从价定率的方法征税，税率确定为5％至10％。应纳消费税额＝销售额×比例税率。

＊＊习题＊＊

64．资本金现金流量表是以技术方案资本金作为计算的基础，站在（　　）的角度编制的。（2011年真题）
　　A．项目发起人　　　B．债务人　　　C．项目法人　　　D．债权人

65．项目财务计划现金流量表主要用于分析项目的（　　）。（2010年真题）
　　A．偿债能力　　　B．财务生存能力　　　C．财务盈利能力　　　D．不确定性

66．能够反映项目计算期内各年的投资、融资及经营活动的现金流入和流出，用于计算累计盈余资金，分析项目财务生存能力的现金流量表是（　　）。
　　A．项目资本金现金流量表　　　　　B．投资各方现金流量表
　　C．财务计划现金流量表　　　　　　D．项目投资现金流量表

67．按照评价角度的不同，下列属于财务现金流量表的有（　　）。
　　A．资本金财务现金流量表　　　　　B．项目财务现金流量表

C. 企业现金流量表   D. 项目增值财务现金现金流量表
E. 投资各方财务现金流量表

68. 已知某项目的年总成本费用为2000万元，年销售费用、管理费用合计为总成本费用的15%，年折旧费为200万元，年摊销费为50万元，年利息支出为100万元。则该项目的年经营成本为（　　）万元。
    A. 750   B. 1650   C. 1350   D. 650

69. 属于项目资本现金流量表中现金流出构成的是（　　）。
    A. 建设投资   B. 借款本金偿还 C. 流动资金   D. 调整所得税

70. 某建设项目建设期3年，生产经营期17年，建设投资5500万元，流动资金500万元，建设期一次第1年初贷款2000万元，年利率9%，贷款期限5年，每年复利息一次，到期一次还本付息，该项目的总投资为（　　）万元。
    A. 6000   B. 6540   C. 6590   D. 7077

71. 建设项目财务评价中所涉及的营业税、增殖税、城市维护税和教育费附加，是从（　　）中扣除的。
    A. 销售收入   B. 固定资产   C. 建设投资   D. 总成本费用

72. 建设项目财务现金流量的基本要素包括（　　）。
    A. 税金   B. 维简费、摊销费
    C. 投资   D. 销售收入
    E. 经营成本

73. 某项目投资来源中，项目资本金2000万元，借入银行资金1000万元，建设期借款利息200万元。在编制项目财务现金流量表时，建设期现金流出的投资应为（　　）万元。
    A. 1200   B. 2000   C. 3000   D. 3200

74. 教育费附加应按照企业实际缴纳的（　　）的3%计算征收。
    A. 营业税＋所得税＋增值税   B. 营业税＋增值税＋消费税
    C. 营业税＋所得税＋房产税   D. 营业税＋房产税＋增值税

75. 项目经济评价时，若以总成本费用为基础计算经营成本，则应从总成本费用中扣除的费用项目有（　　）。
    A. 折旧费用   B. 销售费用   C. 管理费用   D. 摊销费用
    E. 利息支出

76. 下列费用中，属于经营成本的是（　　）。
    A. 折旧费   B. 摊销费   C. 利息支出   D. 福利费

77. 在下列各项中，属于资本金财务现金流量表中现金流出的是（　　）。
    A. 折旧费   B. 摊销费   C. 应付账款   D. 所得税

78. 在工程经济分析中，下列各项中属于经营成本的有（　　）。
    A. 外购原材料、燃料费   B. 工资及福利费
    C. 修理费   D. 折旧费
    E. 利息支出

考点 8　设备磨损与补偿

一、设备磨损的类型

设备磨损的类型见图 1-22，助记见图 1-23。

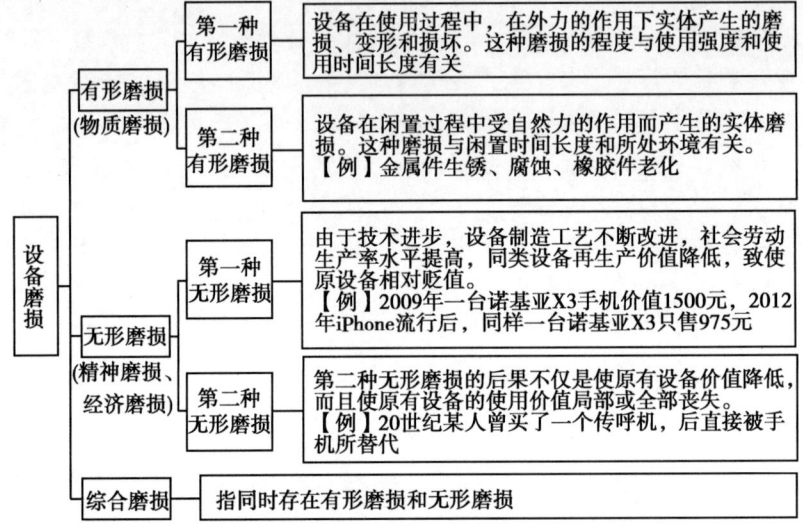

图 1-22　设备磨损

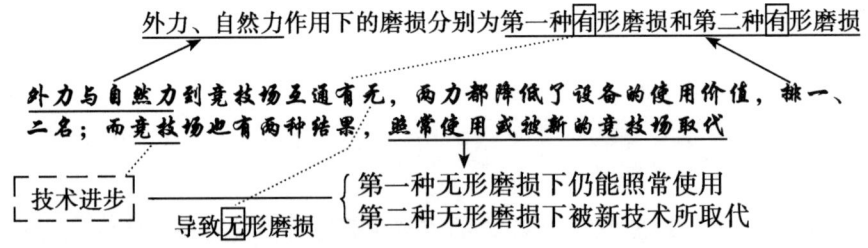

图 1-23　设备磨损类型的助记

二、设备磨损的补偿方式

设备磨损的补偿方式见图 1-24。

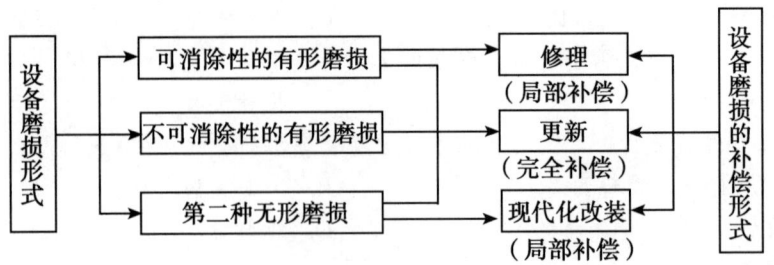

图 1-24　设备磨损的补偿方式

习题

79. 设备的无形磨损是（　　）的结果。(2011年真题)
   A. 错误操作　　　　B. 技术进步　　　　C. 自然力侵蚀　　　　D. 超负荷使用

80. 造成设备无形磨损的原因有（　　）。(2010年真题)
   A. 通货膨胀导致货币贬值
   B. 自然力的作用使设备产生磨损
   C. 技术进步创造出效率更高、能耗更低的设备
   D. 设备使用过程中的磨损、变形
   E. 社会劳动生产率水平提高使同类设备的再生产价值降低

81. 对设备第二种无形磨损进行补偿的方式有（　　）。
   A. 日常保养　　　　B. 大修理　　　　C. 更新　　　　D. 经常性修理
   E. 现代化改装

82. 某设备一年前购入后闲置至今，产生锈蚀。此间由于制造工艺改进，使该种设备制造成本降低，其市场价格也随之下降。那么，该设备遭受了（　　）。
   A. 第一种有形磨损和第二种无形磨损　　　B. 第二种有形磨损和第一种无形磨损
   C. 第一种有形磨损和第一种无形磨损　　　D. 第二种有形磨损和第二种无形磨损

83. 家庭的半自动洗衣机，经过多次维修也无法使用，准备购买全自动的新洗衣机，这一措施属于对（　　）。
   A. 有形磨损的局部补偿　　　　　　　　B. 有形磨损的完全补偿
   C. 无形磨损的局部补偿　　　　　　　　D. 无形磨损的完全补偿

84. 下列关于设备更新作用的描述中，错误的是（　　）。
   A. 设备更新是对设备磨损的局部补偿
   B. 设备更新可以对设备无形磨损进行补偿
   C. 设备更新可以对设备有形磨损进行补偿
   D. 设备更新是对设备在运行中消耗掉的价值的重新补偿

85. 对于设备不可消除性的有形磨损，采用的补偿方式是（　　）。
   A. 保养　　　　B. 大修　　　　C. 更新　　　　D. 现代化改装

86. 可以采用大修理方式进行补偿的设备磨损是（　　）。(2014年真题)
   A. 不可消除性有形磨损　　　　　　　　B. 第一种无心磨损
   C. 可消除性有形磨损　　　　　　　　　D. 第二种无心磨损

考点9　沉没成本的概念与计算

沉没成本的概念与计算公式见考点10的表1-28。

【例17】假如你有一台老式吊车，3年前的原始成本是40万元，已计提折旧费15万元，目前的账面价值是25万元，而市场价值只有16万元，而如果你购买一台新式吊车，价格是50万元，在未来相同时期内，预计老吊车的收入现值为40万元，新吊车的收入现

值为 70 万元。

问：(1) 假如两方案是互斥方案（两者只能选其一），你应该继续出租旧吊车（方案一），还是卖掉旧吊车，购买新吊车出租（方案二）？

(2) 你在进行两方案的比选决策时，是否应考虑旧吊车的减值损失 [25－16＝9（万元）]？

【答案】(1) 方案一的财务净现值高，应选择方案一。

(2) 不应考虑旧吊车的减值损失，因为这是沉没成本，在方案比选时，不应考虑沉没成本。

【解析】旧吊车的减值损失 9 万元是沉没成本，考虑沉没成本与不考虑沉没成本相比，结论截然不同，见表 1-27。

表 1-27　考虑沉没成本与不考虑时的两种方案财务净现值比较

比较项目	不考虑沉没成本	考虑沉没成本
方案一的财务净现值	40－16（市场价值）＝24（万元）	40－25（账面价值）＝15（万元）
方案二的财务净现值	70－50＝20（万元）	
结论	若不考虑沉没成本应选方案一	考虑沉没成本应选方案二

由于沉没成本是已经发生的费用，不管你选择哪个方案，这项费用都不可避免地发生了，现在的决策对它不起作用，因此在进行设备更新方案比选时，不能考虑沉没成本。

＊＊习题＊＊

87．项目经济评价时，若以总成本费用为基础计算经营成本，应从总成本费用中扣除的费用项目有（　　）。

A．折旧费用　　B．销售费用　　C．摊销费用　　D．管理费用　　E．利息支出

考点 10　设备更新方案的比选原则与方法

一、设备更新方案比选应遵循的原则

设备更新方案比选应遵循的原则见表 1-28。

表 1-28　设备更新方案比选应遵循的原则

原则	内容要点
分析立场应客观	设备更新问题的要点是站在客观的立场上，而不是站在旧设备的立场上考虑问题。若要保留旧设备，首先要付出相当于旧设备当前市场价值的投资，才能取得旧设备的使用权
不应考虑沉没成本	沉没成本——既有企业过去投资决策发生的、非现在决策能改变（或不受现在决策影响），已经计入过去投资费用回收计划的费用，是不可避免要发生的费用 沉没成本＝设备账面价值－当前市场价值 或：　　沉没成本＝（设备原值－历年折旧费）－当前市场价值
逐年滚动比较	该原则是指在确定最佳更新时机时，应首先计算比较现有设备的剩余经济寿命和新设备的经济寿命，然后利用逐年滚动计算方法进行比较

二、设备的自然寿命、技术寿命和经济寿命

设备的自然寿命、技术寿命和经济寿命的内容要点见表 1-29。

表 1-29 设备的自然寿命、技术寿命和经济寿命

设备寿命	内容要点
设备的自然寿命	又称物质寿命。它是指设备从投入使用开始,直到因物质磨损严重而不能继续使用、报废为止所经历的全部时间。它主要是由设备的有形磨损所决定的。维修和保养可延长设备的物质寿命
设备的技术寿命	又称有效寿命。它是指由于科学技术迅速发展,使得原有设备虽还能继续使用,但已不能保证产品的精度、质量和技术要求而被淘汰
设备的经济寿命	经济寿命是指设备从投入使用开始,到继续使用在经济上不合理而被更新所经历的时间。它是由设备维护费用的提高和使用价值的降低决定的。设备使用年限越长,所分摊的设备年资产消耗成本越少。但是随着设备使用年限的增加,一方面需要更多的维修费维持原有功能;另一方面设备的操作成本及原材料、能源耗费也会增加,年运行时间、生产效率、质量将下降。因此,年资产消耗成本的降低,会被年度运行成本的增加或收益的下降所抵消。 N_0 为设备从开始使用到其年平均使用成本最小(或年盈利最高)的使用年限,即设备的经济寿命。所以,设备的经济寿命就是从经济观点(即成本观点或收益观点)确定的设备更新的最佳时刻

【例 18】某单位购置一台办公用复印机,使用至 5 年时公司又购置一台新型彩喷复印机,老式复印机由于不能进行彩印,故不再使用。老式复印机由于长期闲置无人维修,至第 7 年时彻底报废。问题:此处的 5 年,7 年各是设备的什么寿命?

【答案】此处 5 年为设备的为技术寿命、7 年为设备的自然寿命。

【例 19】公司购置的复印机,在使用至 5 年时,由于老式的墨盒年年涨价,导致其使用成本很高。而刚上市的新型复印机,价格便宜,成本很低。因此公司决定用新型复印机取代老式复印机。问题:此处的 5 年是老式复印机的经济寿命还是技术寿命?

【答案】技术寿命。

【解析】技术寿命需与新型同类产品进行比较,看其技术上(甚至经济上)是否已经被淘汰(自己与同类设备比);而经济寿命不需与新型同类产品进行比较,它取决于设备自身的年平均使用成本。

三、设备经济寿命的估算

设备经济寿命的估算原则与方法见表 1-30。

表 1-30 设备经济寿命的估算

	内容要点
原则	确定设备经济寿命期的原则是: (1)年平均净收益(纯利润)达到最大; (2)一次性投资和各种经营费总和达到最小(年平均使用成本最小)

续表

内容要点
确定设备经济寿命的方法可以分为静态模式和动态模式两种,下面仅介绍静态模式下设备经济寿命的确定方法。 静态模式下设备经济寿命的确定方法,就是在不考虑资金时间价值的基础上计算设备年平均使用成本 C_N,使 C_N 为最小的 N_0 就是设备的经济寿命。 1. 方法一 **设备的年平均使用成本 = 年平均资产消耗成本 + 年平均运行成本** 式中: $$年平均资产消耗成本 = \frac{设备目前实际价值 - 净残值}{使用年数}$$ 设备目前实际价值——如果是新设备,应包括购置费和安装费;如果是旧设备,应包括旧设备现在的市场价值和继续使用旧设备追加的投资。 计算出设备的年平均使用成本后,观察其中最小的年平均使用成本年份即为设备的经济寿命。 2. 方法二——低劣化数值法 由于设备使用时间越长,设备的有形磨损和无形磨损就越加剧,从而导致设备的维护修理费用增加越多,这种逐年递增的费用 $\triangle C_t$ 称为设备的低劣化。用低劣化数值表示设备损耗的方法称为低劣化数值法。 低劣化数值法是应用年平均使用成本最低的原则简化计算设备经济寿命的一种方法,是一种静态模式的方法(未考虑资金的时间价值)。其公式如下: $$经济寿命 N_0 = \sqrt{\frac{2(设备目前价值 - 第 N 年净残值)}{设备的低劣化值}}$$

方法

【例20】某设备在不同的使用年限(从 1 年到 7 年)下,年资产消耗成本和年运行成本如下表(单位:万元)。则该设备的经济寿命为( )年。(2009年真题)

【答案】B

使用年限(年)	1	2	3	4	5	6	7
年资产消耗成本(万元)	90	50	35	23	20	18	15
年运行成本(万元)	20	25	30	35	40	45	60

A. 3　　　　B. 4　　　　C. 5　　　　D. 6

【解析】第一步:计算设备的年平均使用成本,如下表所示:

使用年限(年)	1	2	3	4	5	6	7
年资产消耗成本(万元)	90	50	35	23	20	18	15
年运行成本(万元)	20	25	30	35	40	45	60
年平均使用成本(万元)	110	75	65	58	60	63	75

第二步:观察年平均使用成本的最小的年份

本题为 58 万元,即第 4 年,因此设备的经济寿命为 4 年。

四、设备更新方案的比选

设备更新方案比选(见表1-31)时,可按如下步骤进行(静态模式):

(1) 计算新、旧设备方案不同使用年限的静态年平均使用成本和经济寿命。

(2) 确定设备更新时机。

即便设备更新在经济上是有利的,也未必应该立即更新,还应该分析更新时机的问题。现有已用过一段时间的旧设备究竟在什么时机更新最经济?

表 1-31 设备的更新

	条 件
不更新	如果旧设备继续使用1年的年平均使用成本低于新设备的年平均使用成本，即：C_N（旧）＜C_N（新）此时，不更新旧设备，继续使用旧设备1年
更新时	C_N（旧）＞C_N（新）此时，应更新现有设备，这即是设备更新的时机

【归纳】设备的经济寿命、设备更新方案的比选的核心思想都是使设备的年平均使用成本最低（或年盈利最高）

＊＊习题＊＊

88. 某设备年度费用曲线见下图所示，依据下图判断，该设备的经济寿命为（ ）年。（2011年真题）

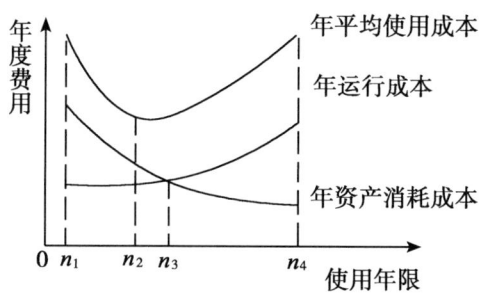

A. n_1　　　B. n_2　　　C. n_3　　　D. n_4

89. 关于设备技术寿命的说法，正确的有（ ）。（2011年真题）

A. 设备的技术寿命是指设备年平均维修费用最低的使用年限
B. 设备的技术寿命一般长于设备的自然寿命
C. 设备的技术寿命受产品质量和精度要求的影响
D. 设备的技术寿命主要是由设备的有形磨损决定的
E. 一般情况下，科学技术进步越快，设备的技术寿命越短

90. 设备经济寿命是指设备从投入使用开始，到（ ）而被更新所经历的时间。（2010年真题）

A. 加工精度下降导致产品质量不合格　　　B. 运行经济效益开始下降
C. 继续使用在经济上不合理　　　D. 因磨损严重而无法正常运行

91. 某设备物理寿命为8年，各年的动态年平均成本（AC）如下表，则其经济寿命为（ ）年。

使用年限（年）	1	2	3	4	5	6	7	8
AC	22800	19301	17547	15890	13143	14239	15562	16747

A. 5　　　B. 6　　　C. 7　　　D. 8

92. 下列关于设备寿命概念的描述中，正确的是（ ）。

A. 设备使用年限越长，设备的经济性越好

B. 设备的经济寿命是由技术进步决定的
C. 搞好设备的维修和保养可避免设备的有形磨损
D. 设备的技术寿命主要是由设备的无形磨损决定的

93. 不能作为设备更新估算依据的是设备的（   ）寿命。
A. 技术　　　　B. 经济　　　　C. 自然　　　　D. 有效

94. 设备使用年限越长，每年所分摊的资产消耗成本（   ）。
A. 越多，运行成本越少　　　　B. 越少，运行成本越少
C. 越多，运行成本越多　　　　D. 越少，运行成本越多

考点 11　租赁设备与购买方案的比选

一、设备租赁的分类

设备租赁分类见图 1-25。

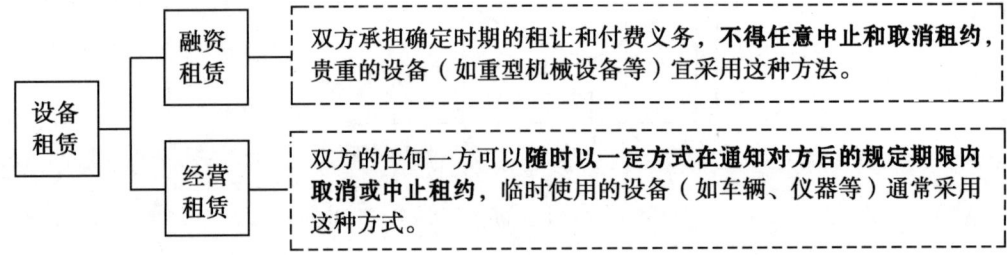

图 1-25　设备租赁分类

二、设备租赁的优缺点

设备租赁的优缺点见表 1-32。

表 1-32　设备租赁的优缺点

缺　点	优　点
(1) 长年支付租金，形成长期负债→债 (2) 承租人对租用设备无所有权，只有使用权；无权随意对设备进行改造，不能处置设备，也不能用于担保、抵押贷款 (3) 长期的总费用高（出租人要有获利空间才肯干）→高租——设备租赁的缺点 (4) 融资租赁合同规定严格，毁约要赔偿损失，罚款较多等——不容（融资租赁）毁约	(1) 以较少资金取得设备（使用权） (2) 可以保持资金的流动状态，防止呆滞，也不会使企业资产负债状况恶化 (3) 可避免通货膨胀和利率波动的冲击，减少投资风险（因为不用负债，不背负利息） (4) 设备租金可在所得税前扣除，能享受税费上的利益 (5) 有利于引进先进设备，加速技术进步 (6) 可获得良好的技术服务
【归纳】债权高筑（租：租赁），不容（融资租赁）毁约	【归纳】资金占用少、流动状态好；风险低，税费优，引进先进技术服务好

三、设备经营租赁与购置方案的经济比选方法

进行设备经营租赁与购置方案的经济比选，必须详细地分析各方案寿命期内各年的现金流量情况，据此分析方案的经济效果，确定以何种方式投资才能获得最佳（见表 1-33）。

表 1-33 租赁设备的费用及影响因素

	内容要点
影响租金的因素	如设备的价格、融资的利息及费用、各种税金、租赁保证金、运费、租赁利差、各种费用的支付时间,以及租金采用的计算公式等
租赁费	租赁费用＝租赁保证金＋租金＋担保费
净现金流量	采用设备经营租赁的方案,租赁费可以直接计入成本,但为与设备购置方案具有可比性,特将租赁费用从经营成本分离出来,任一期净现金流量可表示为: 净现金流量＝营业收入－租赁费用－经营成本－与营业相关的税金－所得税 式中:所得税＝所得税率×(营业收入－租赁费用－经营成本－与营业相关的税金)

对于租金的计算主要有附加率法和年金法,如表 1-34 所示。其中年金法计算的两种情况比较见图 1-27。

表 1-34 附加率法和年金法对比

	附加率法	年金法
概念	附加率法是在租赁资产的设备货价或概算成本上再加上一个特定的比率来计算租金	年金法是将一项租赁资产价值按动态等额分摊到未来各租赁期间内的租金计算方法
原理	将资金时间价值考虑为:按单利计算,并用附加率乘租赁资产价格作补充	按资金等值计算的原理(复利计算)将资产价值折算为系列年金,即为每期的租金
公式	$R = P\dfrac{(1+N\times i)}{N} + P\times r$ (如图 1-26) R——租赁资产价格; N——租赁期数; i——与租赁期数对应的利率; r——附加率	期末:$R_{期末} = P\dfrac{i(1+i)^N}{(1+i)^N-1}$ 期初:$R_{期初} = P\dfrac{i(1+i)^{N-1}}{(1+i)^N-1}$ 两种方式比较见图 1-27

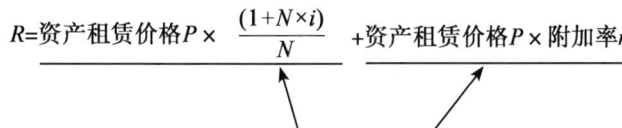

图 1-26 附加率法的公式意义

【例 21】某施工企业拟租赁一台施工机械,已知该施工机械的价格为 72 万元,租期为 7 年,每年年末支付租金,租金按附加率法计算,折现率为 10%,附加率为 4%,则每年应付租金为( )万元。(2010 年真题)

A. 13.44　　　B. 20.37　　　C. 12.27　　　D. 14.79

【答案】B

【解析】根据附加利率的计算公式,其计算过程如下:

$$R = P\dfrac{(1+N\times i)}{N} + P\times r = 72\times\dfrac{1+7\times 10\%}{7} + 72\times 4\% = 20.37$$

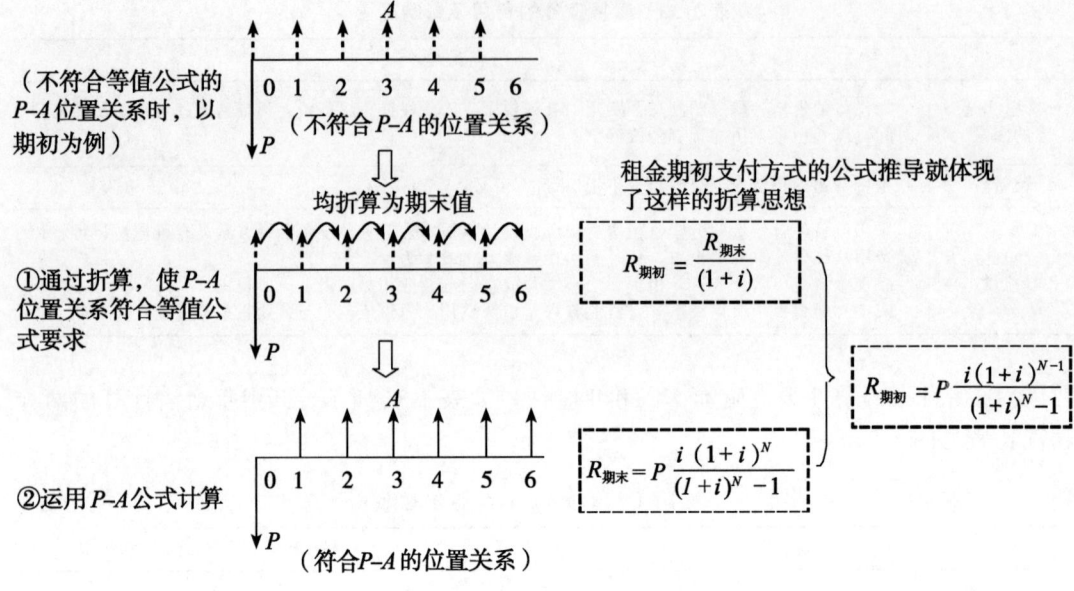

图 1-27 年金法计算的两种情况比较（期末支付租金和期初支付租金）

【例 22】某企业拟新建一项目，有两个备选方案技术均可行。甲方案投资 5000 万元，计算期 15 年，财务净现值为 200 万元；乙方案投资 8000 万元，计算期 20 年，财务净现值为 300 万元。则关于两方案比选的说法正确的是（ ）。（2014 年真题）

A. 甲乙方案必须构造一个相同的分析期限才能比选

B. 甲方案投资少于乙方案，净现值大于零，故甲方案较优

C. 乙方案净现值大于甲方案，且都大于零，故乙方案较优

D. 甲方案计算期短，说明甲方案的投资回收速度快于乙方案

【答案】A

【解析】在工程经济互斥方案分析中，为了简化计算，常常只需比较它们之间的差异部分。本题主要考查的是方案比选的条件。

四、设备租赁与购置方案的经济比选

设备租赁与购置方案的经济比选见图 1-28，工程经济中的互斥方案分析要点见表 1-35。

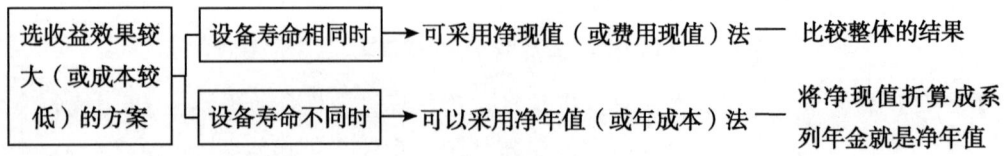

图 1-28 设备租赁与购置方案的经济比选

表 1-35 工程经济中的互斥方案分析要点

原则	内容要点
为了简化计算，常常只需比较它们之间的差异部分	如设备租赁与购置方案经济比选，最简单的方法是在假设所得到设备的营业收入相同的条件下，将租赁方案和购买方案的费用进行比较。根据互斥方案比选的增量原则，只需比较它们之间的差异部分。 设备租赁：所得税率×租赁费－租赁费 设备购置：所得税率×（折旧＋贷款利息）－设备购置费－贷款利息
应充分考虑税收优惠的影响，选择税后收益更大或税后成本更小的方案	由于每个企业都要依利润大小缴纳所得税，按财务制度规定，租赁设备的租金允许计入成本；购买设备每期计提的折旧费也允许计入成本；若用借款购买设备，其每期支付的利息也可以计入成本。在其他费用保持不变的情况下，计入成本越多，则利润总额越少，企业交纳的所得税也越少。因此在充分考虑各种方式的税收优惠影响下，应该选择税后收益更大或税后成本更小的方案

* * 习题 * *

95．将租赁资产价值按动态等额分摊到未来各租赁期间的租金计算方法是（　　）。（2011 年真题）

A．附加率法　　　　B．消耗率法　　　　C．低劣化值法　　　　D．年金法

96．对于承租人来说，经营性租赁设备与购买设备相比的优越性体现在（　　）。（2011 年真题）

A．在资金短缺时可用较少资金获得急需的设备

B．可获得良好的技术服务

C．可减少投资风险

D．在租赁期间可以将设备用于抵押贷款

E．租金可以在税前扣除，能享受税费上的优惠

97．对承包人来说，经营性租赁设备与购买设备相比的优点有（　　）。（2010 年真题）

A．可以避免设备的第一种无形磨损　　　B．可缓解短期内资金不足的困难

C．可以根据需要随时处置设备　　　　　D．可以享受税费上的利益

E．可以用租赁设备进行抵押贷款

98．正常情况下，同一设备寿命期内租赁费、租金和购置原价三者之间的数量关系是（　　）。

A．租赁费＞租金＝购置原价　　　　C．租赁费＜租金＜购置原价

B．租赁费＝租金＞购置原价　　　　D．租赁费＞租金＞购置原价

99．进行购置设备与租赁的方案比选，需要分析设备技术风险、使用维修特点，其中对（　　）的设备，可以考虑租赁设备的方案。

A．技术过时风险小　　B．保养维修简单　　C．保养维修复杂　　D．使用时间长

100．某施工企业拟租赁一施工设备，租金按附加率法计算，每年年末支付。已知设备的价格为 95 万元，租期为 6 年，折现率为 8%，附加率为 5%，则该施工企业每年年末应付租金为（　　）万元。

A．17.89　　　　B．20.58　　　　C．23.43　　　　D．28.18

101．某租出设备价格 50 万元，租期为 5 年，折现率 8%，附加率 4%，采用附加率法计算租金时，则每年租金不能低于（　　）万元。

A. 11.2　　　　B. 12.0　　　　C. 14.0　　　　　　D. 16.0

102. 施工企业经营租赁设备比购买设备的优越性有（　　）。
A. 可以改善自身的投权结构　　　　B. 可获得出租方良好的技术服务
C. 不必承担设备维修和管理的责任　　D. 可避免通货膨胀和利率波动的冲击
E. 可提高自身资金的流动性

103. 租赁设备租金的计算方法主要有附加率法和（　　）。
A. 最小二乘法　　　B. 移动平均法　　　C. 残值法　　　D. 年金法

104. 某施工企业以经营租赁的方式向设备租赁公司租赁了自卸汽车一辆，在租赁期间，施工企业不能将该自卸汽车（　　）。
A. 已经磨损的轮胎进行更换　　　　B. 为防止扬尘的需要进行改装
C. 交由多位驾驶员驾驶使用　　　　D. 用于为另一施工企业的贷款提供担保
E. 用作本企业抵押贷款的担保物

105. 在进行设备购买与设备租赁方案经济比较时，应将购买方案与租赁方案视为（　　）。
A. 独立方案　　　B. 相关方案　　　C. 互斥方案　　　D. 组合方案

106. 对承租人而言，租赁设备的租赁费用主要包括租赁保证金、租金和（　　）。
A. 贷款利息　　　B. 折旧费用　　　C. 运转成本　　　D. 担保费

107. 对于承租人来说，设备租赁相对于设备购买的优越性有（　　）。
A. 可以将承租的设备用于担保、抵押贷款
B. 可用较少的资金获得生产急需的设备
C. 可以自主对设备进行改造
D. 租金可在税前扣除，享受税费上的利益
E. 可避免通货膨胀和利率波动的冲击

考点 12　价值工程的特点及提高价值的途径

一、价值工程的概念及特点

价值工程的定义、应用式及理解见表 1-36。

表 1-36　价值工程的概念

	内容要点
定义	价值工程是**以提高产品（或作业）价值和有效利用资源为目的**，通过有组织的创造性工作，**寻求用最低的寿命周期成本**，可靠地实现使用者所需功能，以获得最佳的综合效益的一种管理技术
应用式	价值工程中所述的"价值"的概念——**既非使用价值，也非交换价值，而是对象的比较价值**，是作为评价事物有效程度的一种尺度。这种尺度可以表示为：$$价值(V) = \frac{功能 F}{成本 C（即寿命周期成本）} \tag{1-19}$$ 其中产品的寿命周期成本由生产成本和使用及维护成本组成
理解	联系实际生活，买东西追求**性价比**要高，即，不是单求"性"高，也不是单求"价"低，而是希望在满足使用功能的条件下，力求性价比最高。这与价值工程的基本原理相似，价值工程的"性"就是产品的功能，"价"是产品的寿命周期成本，不过，价值工程并非追求"性价比"越高越好，而是追求"价"和"性"两者相匹配，即 $V_i=1$

由价值的计算公式可见，价值工程涉及价值、功能、成本三个要素，其特点如表 1-37 所示。

表 1-37 价值工程的特点

项目	内容要点
目标	是以最低的寿命周期成本，使产品具备它所必须具备的功能
核心	是对产品进行功能分析
其他要点	（1）价值工程将产品价值、功能和成本作为一个整体同时来考虑，而不是片面地只考虑其中某个要素； （2）价值工程强调不断改革和创新； （3）价值工程要求将功能定量化； （4）价值工程是以集体的智慧开展的有计划、有组织、有领导的管理活动

二、提高价值的途径

观察公式 1-19，可以从数学角度理解提高价值的 5 种途径，如图 1-29 所示。

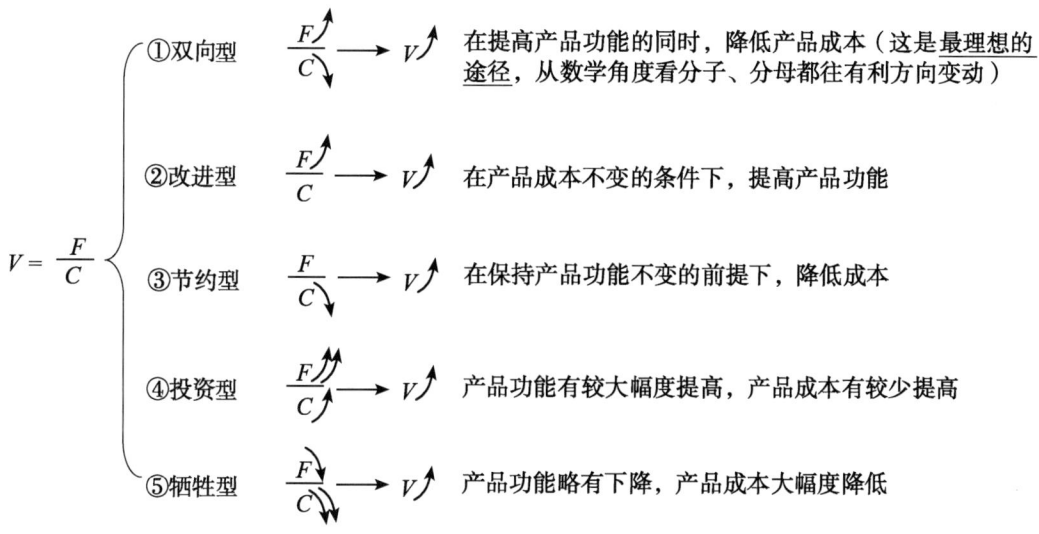

图 1-29 提高价值的五种途径

三、对于建设工程，应用价值工程的重点是在规划和设计阶段

因为规划和设计阶段是提高技术方案经济效果的关键环节。一旦设计完成并施工，建设工程的价值就基本决定了，这时再进行价值工程分析就变得更加复杂，可能会造成很大的浪费。当然，在施工阶段建造师也可开展大量价值工程活动，以寻求技术、经济、管理的突破，获得最佳的综合效果。

【例 23】关于价值工程中功能的价值系数的说法，正确的是（　　）。（2014 年真题）
A. 价值系数越大越好
B. 价值系数大于 1 表示评价对象存在多余功能
C. 价值系数等于 1 表示评价对象的价值为最佳
D. 价值系数小于 1 表示现实成本较低，而功能要求较高
【答案】C

【解析】本题主要考查的是功能的价值系数特点。

** 习题 **

108. 产品的寿命周期成本由产品生产成本和（　　）组成。（2010年真题）
   A. 使用及维护成本　　　　　B. 使用成本
   C. 生产前准备成本　　　　　D. 资金成本

109. 根据价值工程原理，提高产品价值最高理想途径是（　　）。（2009年真题）
   A. 产品功能有较大幅度提高，产品成本有较少提高
   B. 在产品成本不变的条件下，提高产品功能
   C. 在提高产品功能的同时，降低产品成本
   D. 在保持产品功能不变的前提下，降低成本

110. 下列关于价值工程原理的描述中，正确的有（　　）。（2006年真题）
   A. 价值工程中所述的"价值"是指研究对象的使用价值
   B. 运用价值工程的目的是提高研究对象的比较价值
   C. 价值工程的核心是对研究对象进行功能分析
   D. 价值工程是一门分析研究对象效益与费用之间关系的管理技术
   E. 价值工程中所述的"成本"是指研究对象建造/制造阶段的全部费用

111. 价值工程活动的核心工作是对产品进行（　　）。（2005年真题）
   A. 成本分析　　　　　　　　B. 功能分析
   C. 方案创造　　　　　　　　D. 设计方案优化

112. 价值工程中"价值"的含义是（　　）。（2004年真题）
   A. 产品的使用价值　　　　　B. 产品的交换价值
   C. 产品全寿命时间价值　　　D. 产品功能与其全部费用的比较价值

113. 在建设工程中运用价值工程时，提高工程价值的途径有（　　）。（2004年真题）
   A. 通过采用新方案，既提高产品功能，又降低成本
   B. 通过设计优化，在成本不变的前提下，提高产品功能
   C. 施工单位通过严格履行施工合同，提高其社会信誉
   D. 在保证建设工程质量和功能的前提下，通过合理的组织管理措施降低成本
   E. 适量增加成本，大幅度提高项目功能和适用性

考点 13　价值工程的工作程序与实施步骤

价值工程的工作程序见表 1-38 所示，记忆口诀见图 1-30。

表 1-38 价值工程的工作程序

工作阶段	设计程序	基本步骤	详细步骤	对应问题	简例
准备阶段	制订工作计划	确定目标	1. 工作对象选择	1. 价值工程的研究对象是什么	确定对象 A、B，及总体对象 M
			2. 信息资料收集		收集对象 A、B、M 的相关资料
分析阶段	功能评价	功能分析（定性）	3. 功能定义	2. 这是干什么用的	定义对象 A、B、M 的功能
			4. 功能整理		整理对象 A、B、M 功能之间的逻辑关系
		功能评价（定量）	5. 功能成本分析	3. 成本是多少	计算 A、B 的功能现实成本 C_A、C_B。
			6. 功能评价	4. 价值是多少	确定功能评价值 F，通过 $V=F/C$，计算 A、B 的功能价值系数（结果：$V_B=1$，$V_A<1$）
			7. 确定改进范围		应改进对象为 A
创新阶段	初步设计	制订创新方案	8. 方案创造	5. 有无其他方法实现同样功能	就对象 A 提出改进方案
	评价各设计方案，改进、优化方案		9. 概略评价	6. 新方案成本是多少	针对对象 A 的改进方案进行评价
			10. 调整完善		
			11. 详细评价		
	方案书面化		12. 提出方案	7. 新方案能满足功能的要求吗	确定对象 A 的改进方案进行评价
实施阶段	检查实施情况并评价活动成果	方案实施与成果评价	13. 方案审批	8. 偏离目标了吗	实施对象 A 的改进方案并就成果进行评价
			14. 方案实施与检查		
			15. 成果评价		

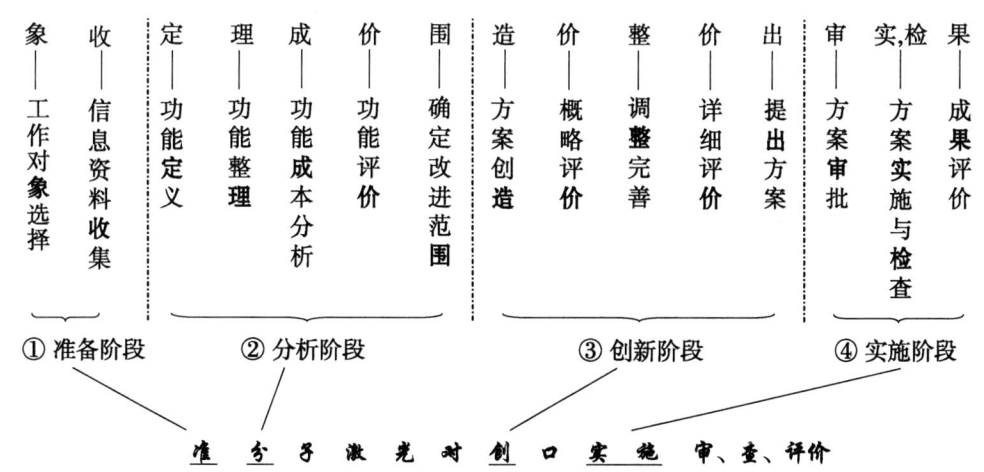

图 1-30 价值工程的工作步骤记忆口诀图

一、价值工程准备阶段

价值工程的对象选择一般来说从以下四个方面来考虑（见表 1-39）。

表 1-39 价值工程的对象选择考虑

选择方面	内容要点
从设计方面看	对产品结构复杂、性能和技术指标差、体积和重量大的产品进行价值工程活动，可使产品结构、性能、技术水平得到优化，从而提高产品价值
从施工生产方面看	对量大面广、工序烦琐、工艺复杂、原材料和能源消耗高、质量难于保证的工程产品，进行价值工程活动可以最低的寿命周期成本可靠地实现必要功能
从市场方面看	选择用户意见多和竞争力差的产品进行价值工程活动，以赢得消费者的认同，占领更大的市场份额
从成本方面看	选择成本高或成本比重大的产品，进行价值工程活动可降低产品成本

二、价值工程分析阶段

（一）功能定义

1. 功能的分类（见图 1-31）

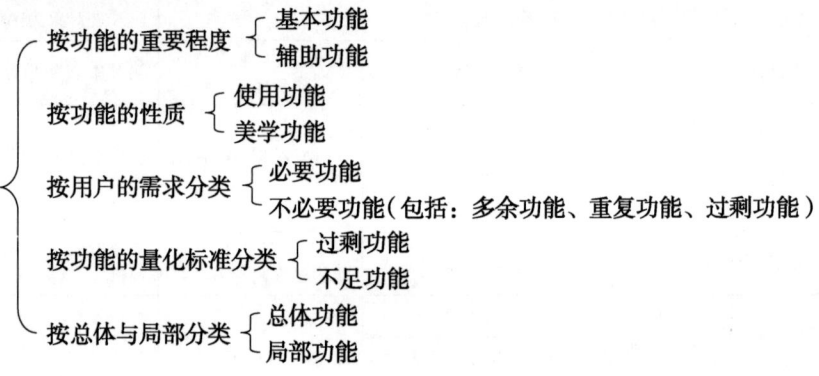

图 1-31 功能的分类

2. 功能定义

功能定义就是"透过现象找本质"，找出其效用或功用的本质东西，并逐项加以区分和规定，以简洁的语言描述出来。

（二）功能整理

功能整理就是将已经定义了的功能系统化，找出各局部功能之间的逻辑关系。

（三）功能评价

顾名思义，功能评价就是评定功能的价值，功能价值（V）的计算方法可分为两大类，即功能成本法与功能指数法（教材仅介绍了功能成本法。）

价值工程的成本有两种，一种是现实成本，是指目前的实际成本；另一种是目标成本。

功能评价就是找出实现功能的最低费用作为功能的目标成本，以功能目标成本为基准，通过与功能现实成本的比较，求出两者的比值（功能价值）和两者的差异值（改善期望值），然后选择功能价值低、改善期望值大的功能作为价值工程活动的重点对象。

价值（或价值系数）的计算就是算功能与成本之比（见图 1-32、表 1-40）。

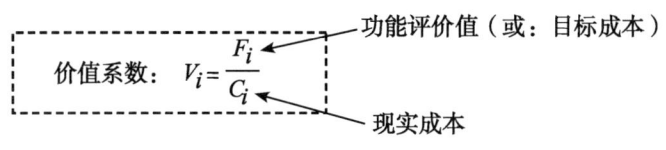

图 1-32 价值系数的计算

表 1-40 对价值系数计算结果的分析情况

价值系数的计算结果		分析结果
$V_i=1$	$F=C$ 功能评价价值＝现实成本	对象的功能现实成本与实现功能所必需的最低成本大致相当，说明评价对象的价值为最佳，一般无须改进
$V_i<1$	$F<C$ 功能评价价值＜现实成本	对象的现实成本偏高，而功能要求不高，这时可能存在过剩功能或功能虽无过剩，但实现功能的条件或方法不佳
$V_i>1$	$F>C$ 功能评价价值＞现实成本	该部件功能比较重要，但分配的成本较少，即功能现实成本低于功能评价价值。应具体分析，可能功能与成本分配已较理想，或者有不必要的功能，或者应提高成本
$V=0$	$F=0$ 或 $C=\infty$	不应出现的情况，需进一步分析，若是不必要的功能，该部件则取消；但如果是最不重要的必要功能，根据实际情况处理

通过以上分析可以看出，对产品进行价值分析，就是使产品每个构配件的价值系数尽可能趋近 1。为此，<u>应选择的改进对象是</u>：

（1）F/C 值低的功能——$V_i<1$ 的功能区域，基本上都应进行改进。（"比值低"）

（2）成本降低期望值 $\triangle C=(C-F)$ 值大的功能。（"差值大"）

（3）复杂、问题多、改进余地大的功能对象。

三、创新与实施阶段

（一）方案创造

方案创造的方法有很多种，如图 1-33 所示。

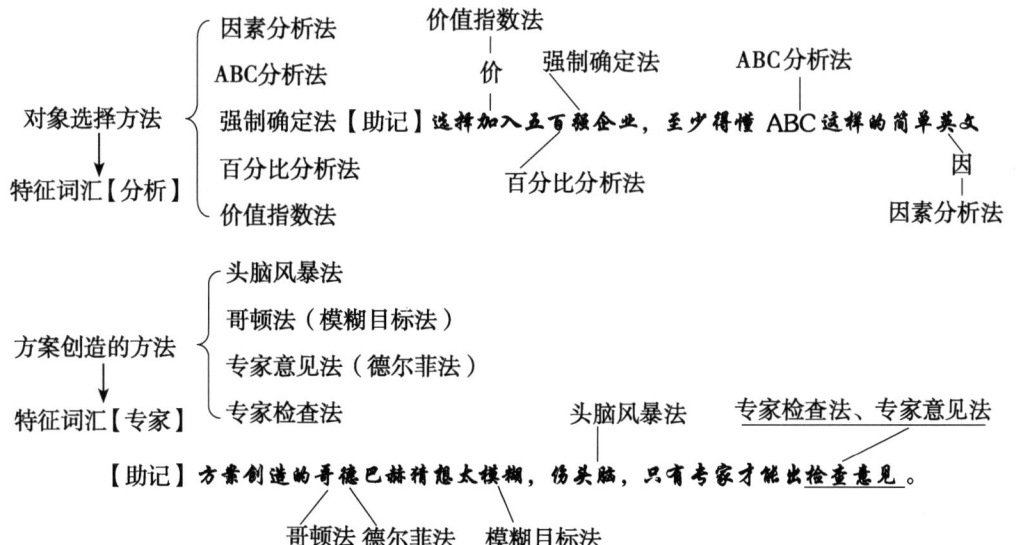

图 1-33 对象选择和方案创造的方法

（二）方案评价

方案评价是在方案创造的基础上对新构思方案的技术、经济、社会和环境效果等方面进行评估，以便于选择最佳方案。

【例 24】价值工程中，不符合用户要求的功能称为不必要功能，包括（　　）。（2014年真题）

A. 辅助功能　　　　　　　　B. 多余功能
C. 重复功能　　　　　　　　D. 次要功能
E. 过剩功能

【答案】BCE

【解析】不必要功能是指不符合用户要求的功能。不必要的功能包括三类：一是多余功能，二是重复功能，三是过剩功能。

＊＊习题＊＊

114. 某分项工程施工采用方案 A 的成本为 5 万元，在相同条件下，采用其他方案的合理成本为 4.5 万元。对方案实施价值工程，可以认为方案 A 的价值系数为（　　）。（2011年真题）

A. 0.90　　　B. 0.10　　　C. 0.53　　　D. 1.11

115. 某工程由六个分部工程组成，采用价值工程分析得到各分部工程功能指数和成本指数如下表所示，则首先应进行价值工程改进的是（　　）。

分部工程	分部一	分部二	分部三	分部四	分部五	分部六
功能指数	0.20	0.30	0.20	0.15	0.10	0.05
成本指数	0.21	0.29	0.19	0.17	0.10	0.04

A. 分部二　　　B. 分部四　　　C. 分部五　　　D. 分部六

116. 价值工程分析阶段的工作步骤是（　　）。

A. 功能整理→功能定义→功能成本分析→功能评价→确定改进范围
B. 功能定义→功能评价→功能整理→功能成本分析→确定改进范围
C. 功能整理→功能定义→功能评价→功能成本分析→确定改进范围
D. 功能定义→功能整理→功能成本分析→功能评价→确定改进范围

117. 在价值工程活动中，计算功能评价值前应完成的工作有（　　）。

A. 功能现实成本计算　　　B. 方案创造　　　C. 方案评价
D. 功能整理　　　　　　　E. 功能定义

118. 在价值工程活动中，进行功能评价以前应完成的工作有（　　）。

A. 方案创造　　　　　　　B. 方案评价　　　C. 对象选择
D. 功能定义　　　　　　　E. 功能整理

考点 14 新技术、新工艺和新材料应用方案的技术分析

一、新技术、新工艺和新材料应用方案的选择原则
新技术、新工艺和新材料应用方案的选择原则见图 1-34。

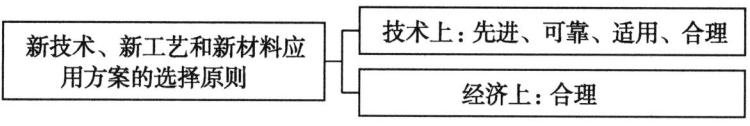

图 1-34 新技术、新工艺和新材料应用方案的选择原则

二、新技术应用方案的经济分析方法分类
新技术应用方案的经济分析方法的分类见图 1-35。

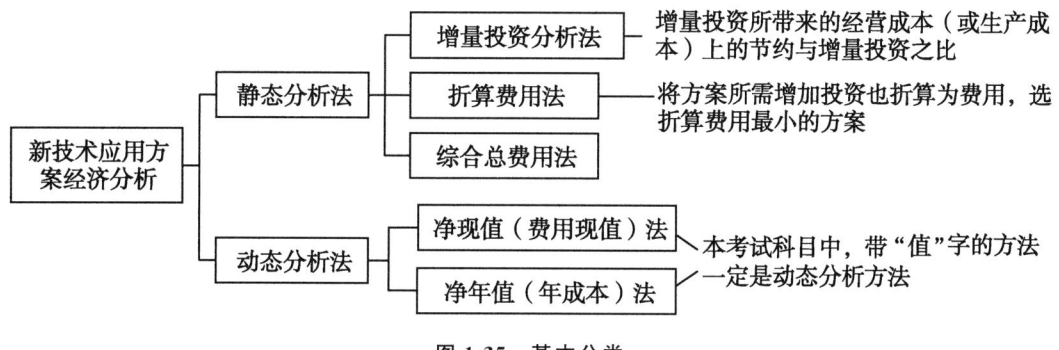

图 1-35 基本分类

三、静态分析方法介绍
1. 不需要增加投资时的折算费用法

【例 25】某工程施工中有两种方案，方案 1 是旧方案，固定成本为 100 万元，单位产量可变成本为 50 元。方案 2 为新方案，固定成本为 120 元，单位产量可变成本为 20 元。试问当产量为 3 万个单位时，应选择哪种方案？（当不需要增加投资时）

【解析】根据考点 5 所述知识，成本＝固定成本＋可变成本。只需将两种方案的成本计算式列出，比较计算结果即可。

$C_1 = C_{F1} + C_{U1} \times Q = 100 + 50 \times 3 = 250$（万元）

$C_2 = C_{F2} + C_{U2} \times Q = 120 + 20 \times 3 = 180$（万元）

式中：C——方案生产成本

C_F——方案固定成本

C_U——方案单位产量可变成本

Q——生产数量

∵ $C_2 < C_1$

∴ 新方案是可行的

如图 1-36 所示，$C_1 = C_2$ 时，对应的 Q_0 为临界产量，说明当产量 $Q > Q_0$ 时，方案 2 优；当产量 $Q < Q_0$ 时，方案 1 优。

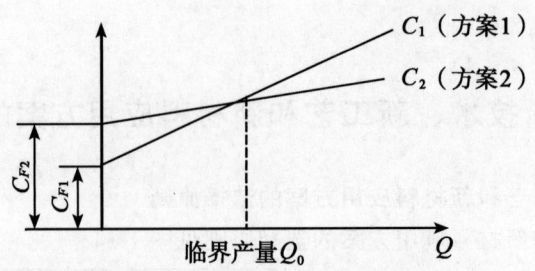

图 1-36　生产成本与产量的关系

2. 需要增加投资时的折算费用法

【例 25 续】如果为使方案 1 运行需投资 1000 万元,方案 2 需投资 1200 万元,基准收益率为 8%,其他数据仍与例 25 相同,则此时应选何种方案。

【解析】当需要增加投资时,则需考虑投资的成本(按"投资额×基准收益率"计算),具体计算如下:

$Z_1 = C_1 + P_1 \times R_c = 250 + 1000 \times 8\% = 330$(万元)

$Z_2 = C_2 + P_2 \times R_2 = 180 + 1200 \times 8\% = 276$(万元)

式中:Z——方案折算成本

C——方案生产成本

P——方案投资额

R——基准收益率

$\because Z_2 < Z_1$

$\therefore$ 新方案是可行的

3. 增量投资收益率法

【例 25 续】如前所述,数据仍与例 25 相同,试问其增量投资收益率为多少。

增量投资收益率 R 的计算公式如下:

$$R_{(2-1)} = \frac{C_1 - C_2}{P_2 - P_1} \times 100\%$$

【解析】增量投资收益率 $R_{2-1} = \frac{C_1 - C_2}{P_2 - P_1} = \frac{250 - 180}{1200 - 1000} \times 100\% = 35\%$

$\because$ 增量投资收益率 $R_{2-1} = 35\% >$ 基准收益率 $= 8\%$

$\therefore$ 方案是可行的

【例 26】在资本金现金流量表中,列出现金流出项目的是(　　)。(2011 年真题)

A. 政府补贴　　　　　　　　B. 借款本金偿还

C. 回收固定资产余值　　　　D. 增值税销项税额

【答案】B

【解析】本题考查的是资本金现金流量表。资本金现金流量表是从技术方案权益投资者整体(即项目法人)角度出发,以技术方案资本金作为计算的基础,把借款本金偿还和利息支付作为现金流出。

习题

119. 某工程有甲、乙、丙、丁四个实施方案可供选择。四个方案的投资额依次是 60

万元、80万元、100万元、120万元。年运行成本依次是16万元、13万元、10万元和6万元，各方案应用环境相同。设基准投资率为10%，则采用折算费用法选择的最优方案为（　　）。(2011年真题)

A. 丁　　　B. 甲　　　C. 乙　　　D. 丙

120. 某工艺设备原方案的投资额为10万元，经营成本为4.5万元，新方案的投资额为14万元，经营成本为3万元，则增量投资收益率为（　　）。(2010年真题)

A. 26.1%　　　B. 26.7%　　　C. 37.5%　　　D. 23.6%

121. 在工程建设中，对不同的新技术、新工艺和新材料应用方案进行经济分析可采用的静态分析方法有（　　）。

A. 增量投资分析法、净年值法、综合总费用法
B. 增量投资分析法、年折算费用法、综合总费用法
C. 净年值法、净现值法、年折算费用法
D. 年折算费用法、综合总费用法、净年值法

122. 建设工程项目在选择新工艺和新材料时，应遵循的原则有（　　）。

A. 先进　　B. 合理　　C. 超前　　D. 可靠　　E. 适用

123. 建筑新技术、新工艺和新材料应用方案经济分析常用的静态分析方法有（　　）。

A. 增量投资内部收益率法　　　　B. 增量投资收益率法
C. 净年值法　　　　　　　　　　D. 折算费用法
E. 综合总费用法

124. 已知某新技术应用方案的投资额为100万元，年工程成本为20万元，基准投资收益率为12%，则该方案的折算费用为（　　）万元。

A. 32.00　　　B. 102.40　　　C. 266.67　　　D. 853.33

125. 在选择施工新工艺时，除应遵循技术上可靠、适用的原则，还应遵循的主要原则是（　　）。

A. 功能完善　　B. 经济合理　　C. 质量合格　　D. 进度合理

第二章 工程财务

考点 15 财务基础

概述：财务会计基础部分可归纳为——两大职能、四个假设、两个公式、六大要素（见表 2-1，图 2-1、图 2-2）。

表 2-1 财务基础知识

项目	内容要点
财务会计的职能	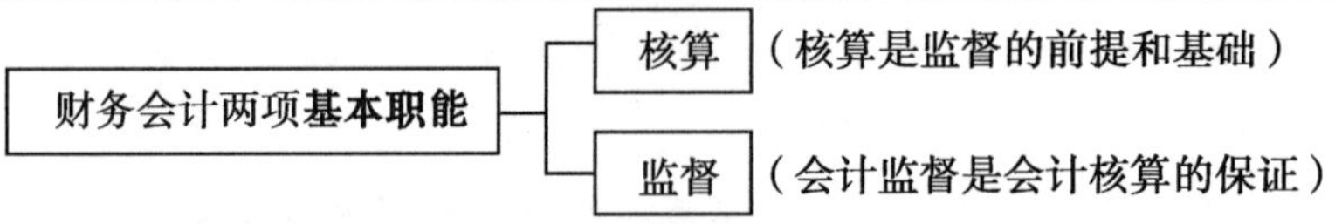 财务会计两项**基本职能**：核算（核算是监督的前提和基础）；监督（会计监督是会计核算的保证） 图 2-1 财务会计的基本职能 此外，现代会计的职能还包括预测、决策、评价等职能
会计核算的原则	企业在对会计要素进行计量时，**一般应当采用历史成本**，采用重置成本、可变现净值、现值、公允价值计量的，应当保证所确定的会计要素金额**能够取得**并可靠计量
会计信息的质量要求	1. 企业应当按照交易或者事项的**经济实质**进行会计确认、计量和报告，不应仅以交易或者事项的法律形式为依据 2. 企业提供的会计信息应当具有可比性 同一企业不同时期发生的相同或者相似的交易或者事项，应当采用一致的会计政策。确需变更的，应当在附注中说明。确保会计信息口径一致、相互可比 3. 谨慎原则 企业对交易或者事项进行会计确认、计量和报告应当保持应有的谨慎，既不应高估资产或者收益，也不应低估负债或者费用 【归纳】以经济实质为准，及时、如实反映会计信息，保持应有的谨慎，口径一致、具有可比性
会计核算的基本假设	1. 会计核算的基本假设 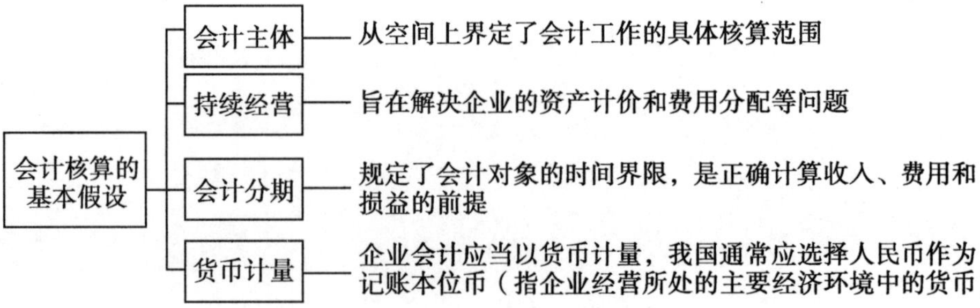 **会计核算的基本假设**： - 会计主体——从空间上界定了会计工作的具体核算范围 - 持续经营——旨在解决企业的资产计价和费用分配等问题 - 会计分期——规定了会计对象的时间界限，是正确计算收入、费用和损益的前提 - 货币计量——企业会计应当以货币计量，我国通常应选择人民币作为记账本位币（指企业经营所处的主要经济环境中的货币） 图 2-2 会计核算的基本假设 2. 会计核算的基础 会计核算的处理分为**收付实现制**和**权责发生制**

＊＊习题＊＊

1. 对会计核算的范围从空间上加以界定是通过（　　）实现的。(2011年真题)
   A. 持续经营假设　　B. 会计主体假设　　C. 会计分期假设　　D. 货币计量假设

2. 我国现行《企业会计准则》规定，企业应当以权责发生制为基础进行会计确认，实行权责发生制的前提是（　　）。(2011年真题)
   A. 会计分期与收付实现制　　　　　B. 会计分期与持续经营
   C. 持续经营与公允价值　　　　　　D. 历史成本与公允价值

3. 会计的基本职能是会计核算与会计（　　）。
   A. 分析　　　　　B. 管理　　　　　C. 监督　　　　　D. 控制

考点16　企业财务报表

一、进入案例情景

下面这个案例将使你身临其境，通过简单的、你熟悉的事例，让你体会到财务的精要，并对财务知识建立起较全面系统的印象，识得庐山真面目就能使你在后面各个知识点的学习中胸有成竹。如果有些问题暂时明白不了，别着急，带着这些问题在具体知识点的学习中寻找答案吧，这会使你的学习效率倍增。

【例1】你的发家致富之路。

假如你有机会承接一系列工程，于是与朋友张三、李四一起于2009年年末合伙出资100万元创办一家施工企业，2010年年初，你公司承接了一项合同总价为1 000万元的工程。工期一年零两个月，你公司向银行贷款100万元，按年计息并支付利息，年利率8%。至第一年年末，工程完成进度为80%，第一年年中你公司的开支与营收情况如下：

（一）开支情况

1. 购买混凝土搅拌机等大中型机械设备，价值20万元。
2. 购买一项非专利技术，花费10万元，预计使用寿命为5年。
3. 因预计材料将大幅涨价，购买了：(1) 该项工程使用的全部建筑材料，价值400万元；(2) 供销售的建筑材料，价值200万元。所有材料均已收货，并支付供货商共计360万元。
4. 施工机具租用费20万元。
5. 签订的劳务分包合同总价为160万元，按已完工程量足额支付了130万元。
6. 本年度项目部管理费40万元，已全部支付。
7. 本年度公司行政部门管理费30万元，已全部支付。
8. 因安全方面违规被罚款1万元。
9. 支付银行利息8万元。
10. 缴纳营业税金及附加60万元。

（二）营收情况

11. 共收到工程款500万元。

12. 以 250 万元的合同价售出了一批建筑材料,其进货价为 200 万元,已收到部分货款 150 万元。

13. 本年度应缴纳所得税 57 万元,已缴纳 47 万元。

问题:

1. 你公司创业第一年赚了多少钱?什么财务报表反映了这一年的经营成果?

2. 年末你公司账上还剩余多少现金?现金流量表有什么作用?请列出现金流量表。

3. 2010 年年末你公司的资产与负债是何状况?资产负债表有什么作用?请列出公司 2010 年 12 月 31 日的资产负债表。

4. 分析上述第 3 项和第 12 项发生的事件对利润表、现金流量表和资产负债表的影响。

二、案例解析

1. 对本案例问题 1 的解答

(1) 针对问题 1,首先对本年度的收入与费用作分类统计,见表 2-2。

表 2-2 收入与费用分类统计表①

类别		业务或事项	应确认收入	应确认费用
营业收入	主营业务	建造(施工)业务	1000×80%=800(万元)	材料费 400×80% 人工费 130 万元 机械折旧费 2 万元② 机具租用费 20 万元 项目部管理费 40 万元
	附营业务	销售材料等	售出价 250 万元	进货价 200 万元
		合计	1050 万元	712 万元
期间费用③				公司行政部门管理费 30 万元 无形资产摊销 2 万元② 利息费用 8 万元(属财务费用)
营业外收支		罚款等		1 万元(属支出,不属费用)

① 此表不是财务报表,仅作本例的辅助分析之用。
② 本例中第 1、2 项开支是为了今后多年都受益,因此应在受益期内分摊这部分支出,机械设备按 10 年折旧,每年计提折旧费 20/10=2 万元,无形资产按 5 年摊销,每年计提摊销费 2 万元。
③ 期间费用的概念详见考点 23。

【思考】为何只收到工程款 500 万元,却要确认 800 万元的工程款收入?

【分析】怎样理解权责发生制?通俗地说,就是公司在本期财务报表上确认的收入多少取决于本期内所尽到的合同责任及相应的应享有的权利,而非取决于实际收到钱款的多少。以本例为例,在当期内完成工程 80% 的情况下,无论是否收到以及收到多少工程款,都应该且只应该将当期收入确认为合同总额的 80%(本例上期完成进度为 0,否则应扣除上期完成部分)。(注:若预计不能收到相应款项的,则不能确认收入,详见考点 21 中收入的确认)

(2) 在表 2-2 的基础上,编制利润表(见表 2-3)。

表 2-3 利润表

编制单位：A 公司　　　　　　　　（2010 年度）　　　　　　　　单位：万元

	项　　目		本期金额	上期金额
	营业收入		1050	
	营业成本（主营业务＋附营业务）		712	
	营业税金及附加（6%）		60	
－	期间费用	管理费用	30＋2	
		销售费用		
		财务费用	8	
	资产减值损失			
＋	公允价值变动损益（损失为减）			
	投资损益（损失为减）			
＝	营业利润		238	
＋	营业外收入			
－	营业外支出		1	
＝	利润总额		237	
－	所得税费用		57	
＝	净利润		180	

注：1. 本表的编制基础是动态会计等式：收入－费用＝利润。

　　2. 为了便于读者从表 2-3 中查找数据的来源，本书有时会根据需要将本应合并的数据按来源分开写，如本表中的管理费用。

（3）关于问题 1 的回答。

【答案】利润表（或称损益表）反映了你公司第一年的经营成果，见表 2-4。你公司第一年的营业利润是 238 万元，净利润是 180 万元。

【知识点介绍】利润的计算

有了表 2-3 中利润计算的鲜活实例，就不难理解表 2-4 所述利润的三个层次指标的计算区别了。

表 2-4　利润的三个层次指标的计算公式

三层次指标	计算公式
营业利润	＝营业收入－营业成本（或营业费用）－营业税金及附加 　－期间费用①－资产减值损失②＋公允价值变动收益③（损失为负） 　＋投资收益（损失为负）
利润总额	＝营业利润＋营业外收入－营业外支出④
净利润	＝利润总额－所得税费用

2. 对本案例问题 2 的解答

【分析】要回答本例问题 2 "年末你公司账上还剩余多少现金"，就应借助于现金流量表。现金流量表是以收付实现制为基础编制的。

（1）怎样理解收付实现制？——收付实现制是与权责发生制截然不同的会计核算处理方式，是以收到或支付的现金数额作为确认收入和费用等的依据。我国《企业会计准则》规

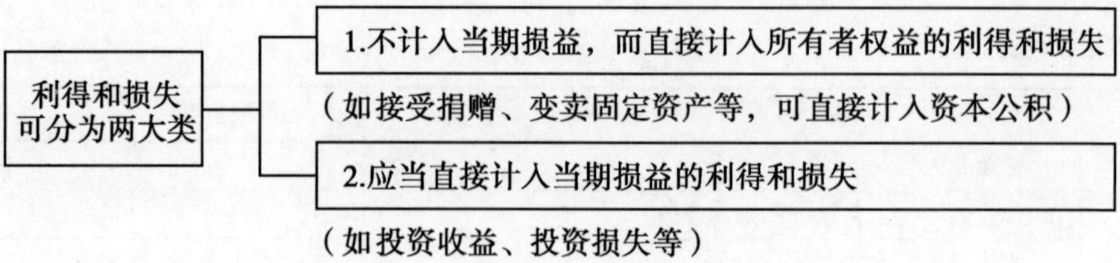

```
                    ┌─ 1.不计入当期损益,而直接计入所有者权益的利得和损失
利得和损失          │   (如接受捐赠、变卖固定资产等,可直接计入资本公积)
可分为两大类 ──────┤
                    └─ 2.应当直接计入当期损益的利得和损失
                        (如投资收益、投资损失等)
```

注：上述两类利得和损失都会导致所有者权益发生增减变动。

图 2-3 利得和损失的两大分类

定,企业应当以权责发生制为基础进行会计确认、计量和报告,但现金流量表例外,仍然以收付实现制为基础,比如本例,销售建筑材料事项已经完成,总额为 250 万元,但当期只收到 150 万元,因此在现金流量表中只反映销售建材现金流入 150 万元。该项收入在利润表中确认收入为 250 万元,两者之间的差值 100 万元反映在资产负债表中的应收账款中。

(2) 表 2-5 是公司 2010 年度的现金流量表。

表 2-5 现金流量表

编制单位：A 公司　　　　　　　　　　(2010 年度)　　　　　　　　　　单位：万元

	项　　目	本期金额	上期金额
	一、经营活动产生的现金流量		
流入	承包工程收到的现金	500	
	销售商品、提供劳务、出租设备收到的现金	150	
	收到的税费返还		
流出	购买商品、接受劳务支付的现金	—(360+130)	
	支付工资及其他管理费	—(40+30+1)	
	经营性租赁	—20	
	支付的各项税费	—(60+47)	
	经营活动产生的现金流量净额	—38	
	二、投资活动产生的现金流量		
流入	收回投资收到的现金		
	取得投资收益收到的现金		
	处置固定资产、无形资产和其他资产收回的现金净额		
	处置子公司及其他营业单位收到的现金净额		
流出	购建固定资产、无形资产和其他资产支付的现金净额	—(20+10)	
	投资支付的现金		
	投资活动产生的现金流量净额	—30	
	三、筹资活动产生的现金流量		
流入	吸收投资收到的现金		100
	取得借款收到的现金		100
流出	偿还债务支付的现金		
	分配股利、利润或偿付利息支付的现金	—8	

续表

项　目	本期金额	上期金额
筹资活动产生的现金流量净额	-8	
四、汇率变动对现金及现金等价物的影响		
五、现金及现金等价物净增加额	-76	200
加：期初现金及现金等价物余额	200	
六、期末现金及现金等价物余额	124	

注：区分某一现金流量是经营活动、投资活动还是筹资活动产生的，这是历年的考试重点内容，详细内容见本表，表2-6对此作了简要归纳。

（3）关于本例中"现金流量表有什么作用"的问题，其答案详见考点16中财务报表的构成和作用。

【知识点介绍】

①现金流量的分类（考试重点，见表2-6）。

表2-6　关于现金流量分类的归纳简表

类别	简要归纳（详细内容见表2-5）
经营活动产生的现金流量	**税费的支、返**；劳务的供、受；买卖商品；支付工资、租金等
投资活动产生的现金流量	**购建、处置资产/子公司**；关于投资的现金收支；**收到子公司支付的现金**
筹资活动产生的现金流量	**吸收投资**收到的现金；借款、偿债、付息、分配股利、利润

②现金流量表的编制基础。

现金流量表是以现金为基础编制的，这里的现金包括库存现金、可以随时用于支付的存款、其他货币资金以及现金等价物，如图2-4所示。

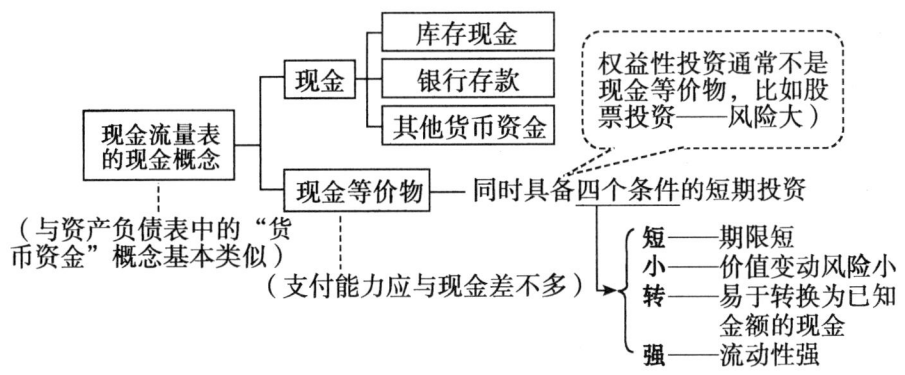

注：权益类投资——通俗地解释，即投资取得的是股权，而非债权。

图2-4　现金流量表的现金概念

（4）你公司本年度赚了净利润180万元，但本年度经营性现金流量却为净流出38万元，不但没有增加，反而减少了，这是怎么回事呢？表2-7为你揭示了其中的奥妙。

表 2-7　将净利润调节为经营活动现金流量

			净利润			180
+			本年度折旧费			2
+			本年度摊销费			2
+			应付款项增加额			240+10
−			应收款项增加额			300+100
−			存货增加额			80
+			投资损失			
+			筹资费用（含财务费用等）			8
			经营活动产生的现金流量净额			−38

注：1. 本表中，净利润、折旧费、摊销费、财务费用的数值来源于利润表（见表 2-2、表 2-3）。

2. 折旧费和摊销费导致当期净利润减少，但并未造成经营活动现金的实际流出，因此在将净利润换算为经营活动产生的现金流量净额时，应加上当期的折旧费和摊销费。本表中的其他加项和减项同理。

3. 存货增加额数据来源于资产负债表（见表 2-8），期末存货 80 万元，期初存货为 0，净增加 80 万元。

3. 对本例中问题 3 的解答

【分析】要回答本案例问题 3 "年末你公司的资产与负债是何状况"，资产负债表可为你提供满意的"服务"（见表 2-8）。

【知识点介绍】

（1）源于权责发生制与收付实现制之间的差异，产生了"应收"、"应付"、"预收"、"预付"等项目（见图 2-5）。

（2）本期费用与跨期费用在处理上的差别：本期费用是与本期收入相配比的费用（配比原则），有本期发生的，也有上期发生的，还有以后再支付的；跨期费用是本期发生（支付）但应由以后或以前期间负担的费用，如待摊费用、预提费用，其支付与负担时间不一致，根源在于权责发生制。

如果费用的经济效益有望在若干个会计期间发生，并且只能大致和间接地确定其与收益的联系，该项费用就应当按照合理的分配程序，在利润表中确认为一项费用。如表 2-2 中关于固定资产折旧和无形资产摊销的处理，都属于这一情况。通常这类费用称为折旧费或摊销费。

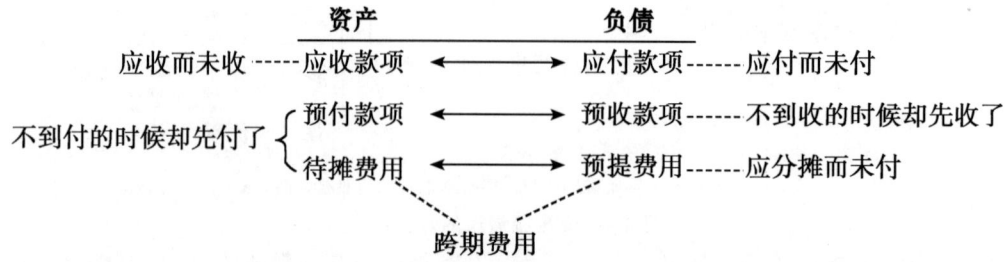

图 2-5　"应收"、"应付"、"预收"、"预付"、"待摊"、"预提"款项的性质

【技巧】区分资产和负债的技巧：应辨别是你欠别人，还是别人欠你？无论是财物上还是责任上的"欠"，你欠别人就应记为你的负债，别人欠你就应记为你的资产，你收了

业主的工程预付款,因此欠了业主建造工程的责任,因此预收款项是你的负债。这里所指"别人",也包括后续期间。比如待摊费用,是后续期间欠了你,所以要摊给它,因此是你公司的资产,反之,比如预提费用,是你受益在前而未支付,计划累积到后续期间再支付,你"欠了"后续期间,所以要为它预提,因而是你公司的负债。如企业预提的固定资产维修费用就是这种情况。

4. 对本例中问题 4 的解答

【分析】现回答问题 4:"分析本例第 3 项、第 12 项发生的事件对利润表、现金流量表和资产负债表的影响"。

(1) 在本例中,你公司以 600 万元的价格购买了一批建筑材料,到年末为止已支付供货商 360 万元,反映在资产负债表(见表 2-8)中,有以下影响:①存货增加 600 万元;②银行存款减少 360 万元;③应付账款增加 240 万元。反映在现金流量表中:经营性现金流出 360 万元。对利润表无影响。

(2) 然后你公司以 250 万元的合同价售出了一部分建筑材料,该部分材料进货价为 200 万元,到年末为止已收到部分货款 150 万元。该事件对各表有以下影响:

对利润表的影响:确认收入 250 万元,确认相应的成本 200 万元,扣除应缴的营业税金及附加 15 万元后,实现毛利润 35 万元。(毛利润=销售收入-营业税金及附加-销售成本)

对现金流量表的影响:经营性现金流入 150 万元。

对资产负债表的影响:存货减少 200 万元,银行存款增加 150 万元,应收账款增加 100 万元,应付税金增加;所有者权益增加,其增加额为销售净利润。

应满足以下平衡关系:资产增加额=负债增加额(应付税金)+所有者权益增加额(注:为简化起见,此处关于应付税金增加额的计算从略。)

其余事项均按上述原理核算,不难得出你公司 2010 年 12 月 31 日资产负债表,见表 2-8。该表反映的是你公司在 2010 年 12 月 31 日所拥有的"家底"(财务状况)。

表 2-8 资产负债表

编制单位:A 公司　　　　　　　　　(2010 年 12 月 31 日)　　　　　　　　　单位:万元

资产			负债	
流动资产			流动负债	
货币资金	现金		短期借款	
	银行存款	124	应付账款	240
	其他货币资金		应付票据	
应收款项	应收账款	300+100	应付工资、福利费	
	应收票据		应付股利	
	其他应收款		应交税金	10
预付款项	预付账款		其他暂收应付款项	
	待摊费用		**预收账款**	
存货	存货	80	预提费用	

续表

资产			负债	
短期投资			一年内到期的长期借款	
一年内到期的非流动资产				
流动资产合计		604	**非流动负债**	
非流动资产			长期借款	100
	固定资产	18	应付债券	
	长期股权投资		长期应付款	
	投资性房地产		专项应付款	
	生产性生物资产		**负债合计**	350
	无形资产	8		
	递延资产		**所有者权益**	
	递延所得税资产		实收资本	100
	长期待摊费用		资本公积	
	临时设施		盈余公积	18
	其他长期资产		未分配利润	162
非流动资产合计		26	**所有者权益合计**	280
资产总计		630	**负债和所有者权益总计**	630

注：1. 编制资产负债表的重要依据是静态会计等式：资产＝负债＋所有者权益。

2. 将本年度180万元净利润提取10％（即18万元）作为法定盈余公积金，剩余162万元计为未分配利润。

3. 需要特别注意的是，应付债券属于长期负债（或称非流动负债），这是常考的知识点，也经常被用来设置干扰选项。

4. 存货的计算：400－400×80％＝80（万元）（如表2-2所示，400万元材料中有80％已确认为成本，所以应予扣除）。

＊＊习题＊＊

4. 关于现金等价物特点的说法，正确的是（　　）。（2011年真题）

   A. 持有的期限较长　　　　B. 易于转换为现金，但是转换的金额不能确定

   C. 价值变动风险较大　　　D. 流动性强

5. 根据我国现行《企业会计准则》，应计入经营活动产生的现金流量是（　　）。（2011年真题）

   A. 取得投资收益收到的现金　　B. 偿还债务支付的现金

   C. 吸收投资收到的现金　　　　D. 收到的税费返还

6. 施工总承包企业为扩大生产购买大型塔式起重机产生的现金流量属于（　　）。

   A. 投资活动产生的现金流量　　B. 筹资活动产生的现金流量

   C. 经营活动产生的现金流量　　D. 生产活动产生的现金流量

7. 在下列企业财务活动中，属于投资活动的是（　　）。

   A. 发行股票　　B. 可转换债券转作资本　　C. 赊购材料　　D. 购买政府公债

8. 投资活动生产的现金流量有（　　）。

   A. 资本溢价　　B. 实收资本　　C. 处置固定回收的现金净额

   D. 收回投资所收到的现金　　E. 取得投资收益所收到的现金

9. 下述现金流量中,属于筹资活动流出的是( )。
A. 偿还债务所支付的现金　　　B. 投资所支付的现金
C. 购建长期资产所支付的现金　D. 支付的各项税费
10. 企业下列活动中,属于经营活动产生的现金流量有( )。
A. 承包工程收到的现金　　　B. 处置固定资产收回的现金
C. 投资支付的现金　　　　　D. 收到的税费返还
E. 发包工程支付的现金
11. 下列活动中属于企业投资活动的有( )。
A. 购买政府公债　B. 购置设备　C. 融资租赁设备　D. 赊购材料
E. 发行股票
12. 企业购买某大酒店的股份,属于( )。
A. 筹资活动　　　B. 生产活动　　　C. 投资活动　　　D. 分配活动

考点17　财务分析方法

财务分析方法主要包括趋势分析法、比率分析法和因素分析法(见图2-6、表2-9)。

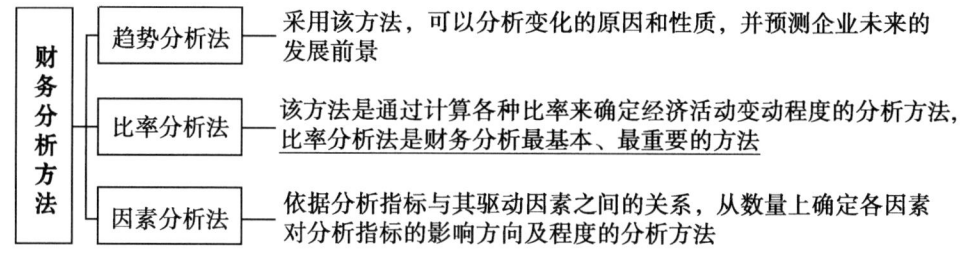

图2-6　财务分析的三种方法

【例2】在企业分析时,对比两期或连续数期报告中相同指标,确定其变化方向、数额和幅度的分析方法,属于( )。(2011年真题)
A. 差额分析法　　B. 趋势分析法　　C. 结构分析法　　D. 因素分析法
【答案】B
【解析】本题的题干也是趋势分析法的定义。

表2-9　财务分析方法

分析方法	细分方法	要点
趋势分析法 (水平分析法)	定基指数	定基指数是各个时期的指数都是以某一固定时期为基期来计算 $\left(\dfrac{\text{分析期数额}}{\text{固定基期数额}}\right) \times 100\%$
	环比指数	环比指数是各个时期的指数以前一期为基期来计算 $\left(\dfrac{\text{分析期数额}}{\text{前一期数额}}\right) \times 100\%$

续表

分析方法	细分方法	要点
比率分析法	构成比率	反映部分与总体的关系,如流动资产占资产总额的比率
	效率比率	反映投入与产出的关系,如净资产收益率
	相关比率	反映有关经济活动的相互关系,如流动比率
因素分析法	连环替代法	顺次用各因素的比较值(通常为实际值)替代基准值(通常为标准值或计划值),据以测定各因素对指标的影响(有关其计算过程可详见本套丛书之项目管理分册)
	差额计算法	差额计算法是连环替代法的一种简化形式,它是利用各因素的实际数与基准值之间的差额,计算各因素对分析指标的影响

* * 习题 * *

13. 会计分析过程中,对会计报表进行比较的方法有( )。
A. 水平分析法 B. 趋势分析法 C. 交叉分析法 D. 垂直分析法
E. 因素分析法

考点 18　财务比率的计算和分析

一、基本财务比率

基本的财务比率及内容要点见图 2-7、表 2-10。

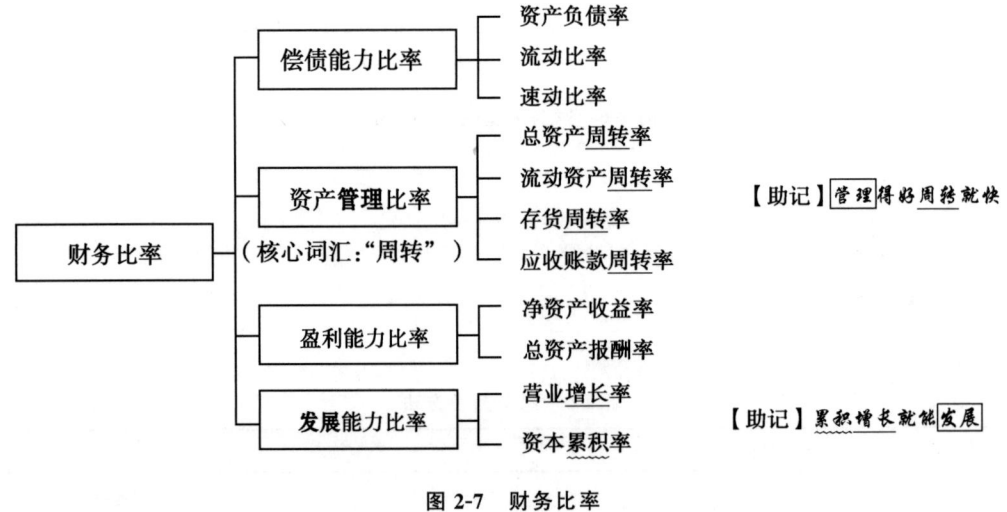

图 2-7　财务比率

表 2-10 财务比率的内容要点

财务比率		内容要点
偿债能力比率	资产负债率	既能反映企业利用债权人提供资金进行经营活动的能力，也能反映企业经营风险的程度，是综合反映企业偿债能力的重要指标。 从企业债权人角度看，资产负债率越低，说明企业偿债能力越强，债权人的权益就越有保障。从企业所有者和经营者角度看，通常希望该指标高些，有利于利用财务杠杆增加所有者获利能力，一般为50%比较合适 $$资产负债率=\frac{总负债}{总资产}\times 100\%$$
	流动比率	如果流动比率过高，则要检查其原因，是否是资产结构不合理造成的，或者是由于募集的长期资金没有尽快投入使用，或者是其他原因。如果流动比率过低，企业近期可能会有财务方面的困难 $$流动比率=\frac{流动资产}{流动负债}$$
	速动比率	反映企业对短期债务偿付能力的指标。 $$速动比率=\frac{速动资产}{流动负债}$$ 其中，速动资产是指能够迅速变现为货币资金的各类流动资产，通常有两种计算方法： （1）速冻资产＝流动资产－存货； （2）速冻资产＝货币资金＋交易性金融资产＋应收票据＋应收账款＋其他应收款
资产管理比率	总资产周转率	总资产周转率表明一年中总资产周转的次数，或者说明每1元总资产支持的主营业务收入。周转率越高，反映企业销售能力越强 $$总资产周转率（次）=\frac{主营业务收入}{资产总额}$$
	流动资产周转率	流动资产周转次数表明1年中流动资产周转的次数，或说明1元流动资产支持的营业收入。流动资产周转天数表明流动资产周转1次需要的时间，也是将流动资产转换成现金平均需要的时间 $$流动资产周转次数=\frac{流动资产周转额}{流动资产}$$ $$流动资产周转天数=\frac{365}{流动资产周转次数}$$
	存货周转率	一般情况下，存货周转率越高、周转天数越短，说明该指标越好，它表明企业存货周转速度快，经营效率高，库存存货适度 $$存货周转次数=\frac{营业成本}{存货}$$ $$存货周转天数=\frac{计算期天数}{存货周转次数}$$
	应收账款周转率	应收账款周转率通常用来测定企业在某一特定时期内收赊销账款的能力，它既可以反映企业应收账款的变现速度，又可以反映企业的管理效率。一般认为应收账款周转率越高、周转天数越短越好 $$应收账款周转率（周转次数）=\frac{营业收入}{应收账款}$$ $$应收账款天数=\frac{365}{应收账款周转次数}$$

续表

财务比率		内容要点
盈利能力比率	净资产收益率	它是指企业本期净利润和净资产的比率，是反映企业盈利能力的核心指标。该指标越高，净利润越多，说明企业盈利能力越好 $$净资产收益率=\frac{净利润}{净资产}\times100\%$$
	总资产报酬率	该指标反映公司资产的利用效率，是个综合性很强的指标。该指标越高，表明企业资产的利用效率越高，同时也意味着企业资产的盈利能力越强，该指标越高越好。其中：息税前利润＝利润总额＋利息支出 $$总资产报酬率=\frac{息税前利润}{资产总额}\times100\%$$
发展能力比率	营业增长率	该指标若大于零，表明企业本期营业收入有所增长，指标值越高，表明增长速度越快，企业市场前景越好，反之则说明企业市场萎缩 $$营业增长率=\frac{本期营业收入增加额}{上期营业收入总额}\times100\%$$
	资本累积率	该指标是企业当年所有者权益总的增长率，反映了企业所有者权益在当年的变动水平。该指标体现了企业资本的积累能力。资本积累率反映了投资者投入企业资本的保全性和增长性，该指标越高，表明企业的资本积累越多，企业资本保全性越强，应付风险、持续发展的能力越大 $$资本积累率=\frac{本年所有者权益增长额}{年初所有者权益}\times100\%$$

注：总资产周转率、流动资产周转率、存货周转率、应收账款周转率、净资产、资产总额一般取期末和期初的平均值，如例1。

【思考题1】 请你根据例1中你的公司第1年度财务报表，计算各项财务比率。

【例3】 某企业在一个会计期间的营业收入为600万元，期初应收账款为70万元，期末应收账款为130万元，则该企业应收账款周转率为（　　）。（2011年真题）

A. 4.62　　　B. 8.57　　　C. 10.00　　　D. 6.00

【答案】 D

【解析】 应收账款＝（70＋130）/2＝100（万元）；企业应收款周转率＝600/100＝6（万元）。

二、财务指标综合分析——杜邦财务分析体系

杜邦分析是利用各主要财务比率指标之间的内在联系对企业财务状况和经营成果进行综合系统评价的方法。该体系是以净资产收益率为核心指标，以总资产净利率和权益乘数为两个方面，重点揭示：①企业获利能力；②权益乘数对净资产收益率的影响；③各相关指标之间的相互作用关系。

杜邦财务分析体系是一个多层次的财务比率分解体系，如图2-8所示。

＊＊习题＊＊

14. 关于企业净资产收益率指标的说法，正确的有（　　）。（2010年真题）

A. 该指标反映了企业偿付到期债务的能力

B. 指标值越高，说明企业盈利能力越好

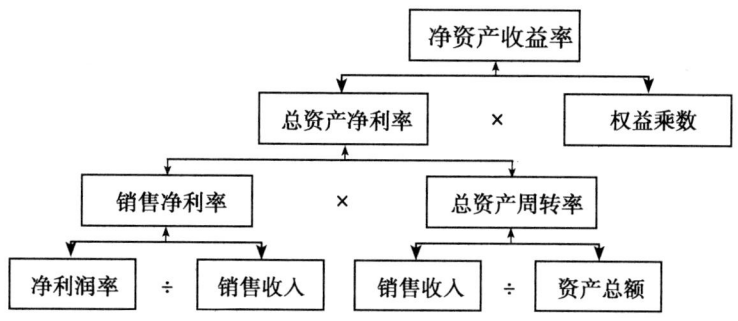

注：权益乘数＝总资产/所有者权益

权益乘数是指总资产相当于所有者权益的倍数。权益乘数越大，表示企业的负债程度越高，财务杠杆率就越高，风险也就越大，当然，在企业盈利时，权益乘数能放大净资产收益率。

图 2-8　杜邦财务分析体系

C. 指标值越高，表明资产的利用效率越高

D. 该指标是企业本期利润总额和净资产的比率

E. 该指标反映企业全部资产运用的总成果

15. 某企业资产总额年末数为 1163150 元，流动负债年末数为 168150 元，长期负债年末数为 205000 元，则该企业年末的资产负债率为（　　）。
  A. 14.46%　　　B. 17.62%　　　C. 20.60%　　　D. 32.08%

16. 在下列指标中，属于反映企业资产管理能力的指标有（　　）。
  A. 总资产周转率　　B. 流动资产周转率　C. 速动比率　　D. 资本积累率
  E. 存货周转率

17. 资产管理能力分析指标包括（　　）。
  A. 总资产报酬率　　B. 应收账款周转率　C. 无担保借款　D. 应付银行承兑汇票

18. 在下列比率指标中，属于反映企业盈利能力的指标有（　　）。
  A. 资本积累率　　B. 净资产收益率　　C. 销售增长率　　D. 总资产报酬率
  E. 资产负债率

19. 反映企业盈利能力的核心指标是（　　）。
  A. 净资产收益率　B. 总资产周转率　C. 销售增长率　D. 资本积累率

20. 某施工企业当期主营业务成本为 9000 万元，期初存货为 4000 万元，期末存货为 2000 万元，则存货周转次数为（　　）。
  A. 1.50　　　　B. 2.25　　　　C. 3.00　　　　D. 4.50

21. 速动比率是指企业的速动资产与流动负债之间的关系。其中，速动资产＝（　　）。
  A. 货币资金＋短期投资＋应收账款＋其他应收款
  B. 货币资金＋应收账款＋应收票据＋其他应收款
  C. 短期投资＋应收票据＋应收账款＋其他应收款
  D. 流动资产－存货

22. 杜邦财务分析体系中的核心指标是（　　）。（2010 年真题）
  A. 销售净利率　B. 净资产收益率　C. 总资产报酬率　D. 总资产周转率

考点 19　财务报表的构成和作用

一、财务报表的构成

根据现行会计准则的规定，财务报表至少应当包括资产负债表、利润表、现金流量表、所有者权益（或股东权益）变动表和附注。（财务报表五要件）

二、财务报表的作用（考试重点）

财务报表的作用见表 2-11。

表 2-11　财务报表的作用

财务报表类型	作　　用
资产负债表	资产负债表是反映企业在某一特定日期财务状况的报表。 （1）反映企业在某一特定日期所拥有的各种资源总量及其分布情况； （2）反映企业的偿债能力，可以提供某一日期的负债总额及其结构，表明企业未来需要用多少资产或劳务清偿债务以及清偿时间； （3）反映企业在某一特定日期企业所有者权益的构成情况，可以**判断资本保值**、**增值的情况**以及对负债的保障程度
所有者权益变动表	全面反映了企业的所有者权益在年度内的变化情况，便于会计信息使用者深入分析企业所有者权益的增减变化情况，并进而对企业的资本保值增值情况作出正确判断，从而提供对决策有用的信息
利润表	利润表是反映企业在一定会计期间的经营成果的财务报表 （1）利润表能反映企业在一定期间的收入和费用情况以及获得利润或发生亏损的数额，表明企业投入与产出之间的关系； （2）通过利润表提供的不同时期的比较数字，可以分析判断企业损益发展变化的趋势，预测企业未来的盈利能力； （3）通过利润表可以考核企业的经营成果以及利润计划的执行情况，分析企业利润增减变化原因
现金流量表	（1）现金流量表有助于使用者对企业整体财务状况作出客观评价，可大致判断企业经营周转是否顺畅；了解净利润的质量，为分析和预测企业的经营前景提供信息； （2）现金流量表有助于评价企业的**支付能力**，偿债能力和周转能力； （3）现金流量表有助于使用者**预测企业未来的发展情况**

注：在掌握考点 18 中财务比率的计算和分析之后，本表的内容就容易理解了。

【思考题 2】

1. 能直接反映企业偿债能力的有哪些财务报表？
2. 能直接反映企业的资本保值增值情况的有哪些财务报表？
3. 反映企业在某一特定日期企业所有者权益的构成情况的是什么财务报表？
4. 反映企业的所有者权益在年度内的变化情况的是什么财务报表？
5. 有助于了解净利润的质量，有助于对企业整体财务状况作出客观评价的财务报表是什么表？

＊＊习题＊＊

23. 反映企业在一定会计期间经营成果的报表是（　　）。（2011 年真题）
　　A. 资产负债表　　B. 现金流量表　　C. 所有者权益变动表　　D. 利润表

24. 关于资产负债表作用的说法，正确的有（　　）。(2011年真题)
A. 能够反映构成净利润的各种要素
B. 能够反映企业在一定会计期间现金和现金等价物流入和流出的情况
C. 能够反映企业在某一特定日期所拥有的各种资源总量及其分布情况
D. 能够反映企业的偿债能力
E. 能够反映企业在某一特定日期企业所有者权益的构成情况

25. 项目财务计划现金流量表主要用于分析项目的（　　）。(2010年真题)
A. 偿债能力　　B. 财务生存能力　　C. 财务盈利能力　　D. 不确定性

26. 资产负债表是反映企业的某一特定日期（　　）的报表。
A. 财务状况　　B. 现金流量　　C. 经营成果　　D. 利润分配

27. 根据现行会计制度，反映企业财务状况的报表包括（　　）。
A. 利润表　　B. 现金流量表　　C. 资产负债表　　D. 利润分配表

28. 利润表是反映企业在一定会计期间的（　　）的会计报表。
A. 财务状况　　　　B. 所有者权益增减变动情况
C. 经营成果　　　　D. 现金和现金等价物流入和流出

29. 在会计核算中，编制现金流量表时应遵循（　　）。
A. 权责发生制原则　　B. 实际成本原则
C. 及时性原则　　　　D. 收付实现制原则

考点 20　会计要素的组成和会计等式的应用

一、概述

会计有两大等式和六大要素，六大会计要素包括资产、负债、所有者权益（此三项为静态会计要素，揭示了某一特定时点企业的财务状态）；收入、费用和利润（此三项为动态会计要素，揭示了某一特定时点企业的运营状况）。

二、会计的两大等式

会计的两大等式见图 2-9。

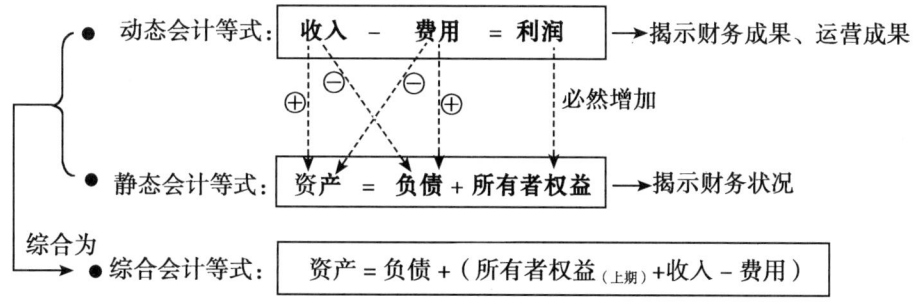

注：1. ⊕表示有可能使箭头所指之项增加。
　　2. ⊖表示有可能使箭头所指之项减少。

图 2-9　会计等式图

三、会计的六大要素

有关收入、费用、利润这三个要素将在后文中作详细介绍，此处重点介绍资产、负债、所有者权益这三个要素，这三个要素之间的平衡关系如图 2-10 所示。

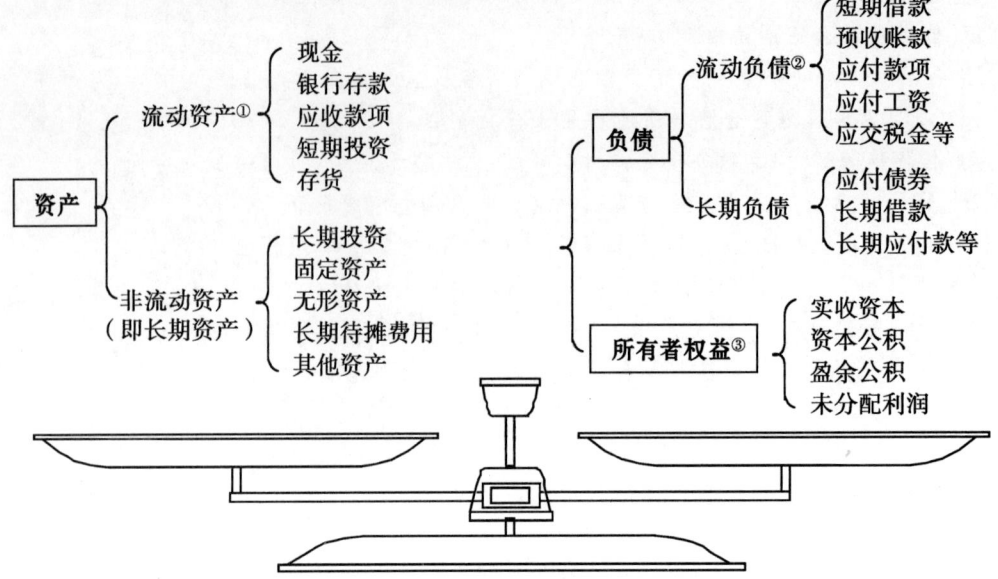

① 流动资产——可以在一年内或超过一年的一个营业周期内变现、耗用的资产。一年以上为长期资产。
② 流动负债——在一年内或超过一年的一个营业周期内偿还的债务。一年以上为长期负债。
③ 所有者权益的内容可详见图 2-11。
注：本图的内容是考试的重点内容，应认真掌握。

图 2-10 "资产＝负债＋所有者权益" 平衡图

【例 4】固定资产的特点有（　　）。
A. 具有不可移动性　　　　　　　B. 使用期限长
C. 单位价值较高　　　　　　　　D. 使用过程中价值量基本不变
E. 使用过程中保持原有实物形态不变
【答案】BCE
【解析】固定资产为使用期限较长，单位价值较高，并且在使用过程中保持原有实物形态的资产。如房屋建筑物、机器设备等。

【例 5】下列企业资产中，属于无形资产的有（　　）。
A. 非专利技术　　　　　　　　B. 低值易耗品
C. 出让的土地使用权　　　　　D. 专利权
E. 著作权
【答案】ACDE
【解析】无形资产是指企业为生产商品或者提供劳务、出租给他人，或为管理目的而持有的、没有实物形态的非货币性长期资产，如专利权、商标权、土地使用权、非专利技术和商誉等。

【例 6】财务会计的基本职能是（　　）。（2014 年真题）

A. 核算和预测 B. 预算和决算
C. 监督和决策 D. 核算和监督

【答案】D
【解析】财务会计的内涵决定了财务会计具有核算和监督两项基本职能。

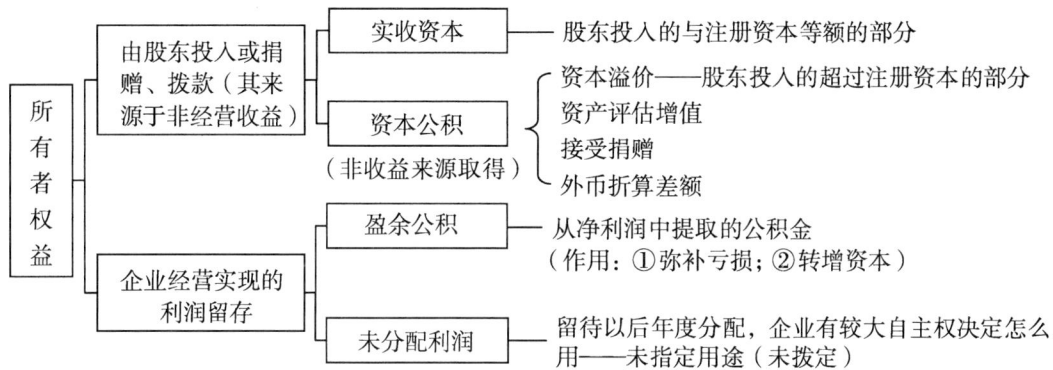

说明：资产负债表中的所有者权益类至少应当单独列示反映下列信息的项目：实收资本（或股本）；资本公积；盈余公积和未分配利润。由于企业的资产、负债和所有者权益存在如下关系：资产＝负债＋所有者权益，所有者权益受企业资产影响，如果企业资产出现损失，例如应收账款没有收回，作为呆账被注销，而债务不变，则所有者权益将减少。

图 2-11 所有者权益构成及释义图

＊＊习题＊＊

30. 反映企业一定经营期间经营成果的会计等式是（ ）。（2010年真题）
A. 资产＝收入＋所有者权益 B. 收入－费用＝利润（或亏损）
C. 资产＝负债＋所有者权益 D. 收入－负债＝利润（或亏损）

31. 企业的应收账款增加将导致企业（ ）。（2010年真题）
A. 时段净资产减少 B. 流动资产减少 C. 总资产减少 D. 坏账的风险增加

32. 反映企业财务状况的会计要素有（ ）。（2010年真题）
A. 收入 B. 所有者权益 C. 资产 D. 费用 E. 负债

33. 动态会计等式是由（ ）等会计要素构成的。
A. 负债 B. 收入 C. 费用 D. 利润 E. 资产

34. 在下列各项中，反映企业经营成果的会计要素有（ ）。
A. 资产 B. 负债 C. 所有者权益 D. 费用

35. 某企业固定资产评估增值2000万元，该增值部分应计入企业的（ ）。（2011年真题）
A. 资本公积 B. 实收资本 C. 盈余公积 D. 未分配利润

36. 下列会计要素中，属于流动负债的是（ ）。（2010年真题）
A. 短期投资 B. 预付账款 C. 应付账款 D. 应付债券

37. 某施工企业以1000万元买入一块土地的使用权，准备建设自用办公大楼，该块土地使用权应作为企业的（ ）核算。（2010年真题）
A. 其他资产 B. 流动资产 C. 投资性资产 D. 无形资产

38. 企业收到某机构的捐赠款 50 万元，该捐赠款应计入企业的（　　）。（2010 年真题）
  A. 实收资本　　　B. 营业外收入　　　C. 资本公积　　　D. 留存收益
39. 股份有限公司溢价发行股票筹集的资金超过股票面值的溢价收入应（　　）。
  A. 计入资本公积　　B. 计入盈余公积　　C. 增加为注册资本　　D. 作为利得
40. 资本溢价是指企业在筹集资金的过程中，企业投资者投入的资金（　　）的数额。
  A. 高于其评估价值　　　　　　　　B. 高于其账面价值
  C. 超出企业其他投资人投入的资金　　D. 超出其在企业注册资本中所占份额
41. 下列所有者权益中，属于所有者直接投入形成的权益有（　　）。
  A. 实收资本　　B. 盈余公积　　C. 资本公积　　D. 未分配利润　　E. 利得
42. 企业的非流动负债包括（　　）。
  A. 应付票据　　　B. 应付债券　　　C. 应付工资　　　D. 应付股利
43. 下列各项中，属于企业所有者权益内容的有（　　）。
  A. 实收资本　　B. 应交住房公积金　　C. 资本公积　　D. 未分配利润
  E. 盈余公积

考点 21　收入、费用的分类与确认

一、收入与费用的组成及分类

1. 收入与支出的分类

广义的收入与企业支出的分类见图 2-12。

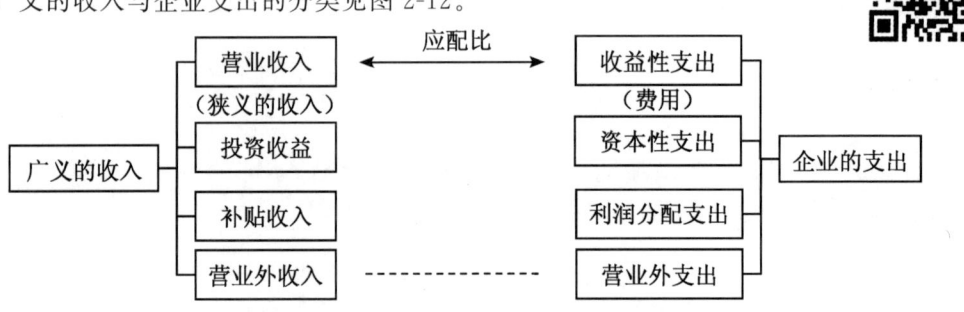

图 2-12　收入（广义的）与支出归纳图

2. 收入的组成

收入的组成见图 2-13。

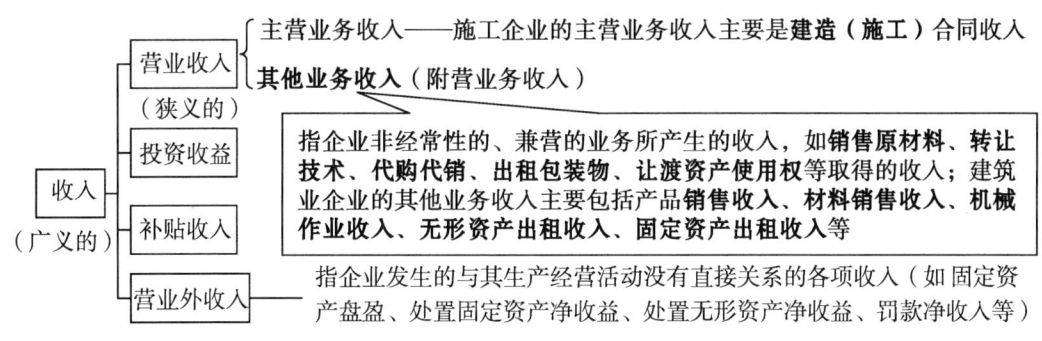

图 2-13 收入的组成

【例7】下列款项中,应作为企业广义上的收入有( )。(2011年真题)
A. 企业销售货物的价款　　B. 货物运杂费　　C. 企业对外投资的收益
D. 增值税　　　　　　　　E. 政府对企业的补贴
【答案】ACE
【解析】选项 A 为营业收入;选项 C 为投资收益;选项 E 为补贴收入。

3. 支出的组成

企业支出的组成见图 2-14。

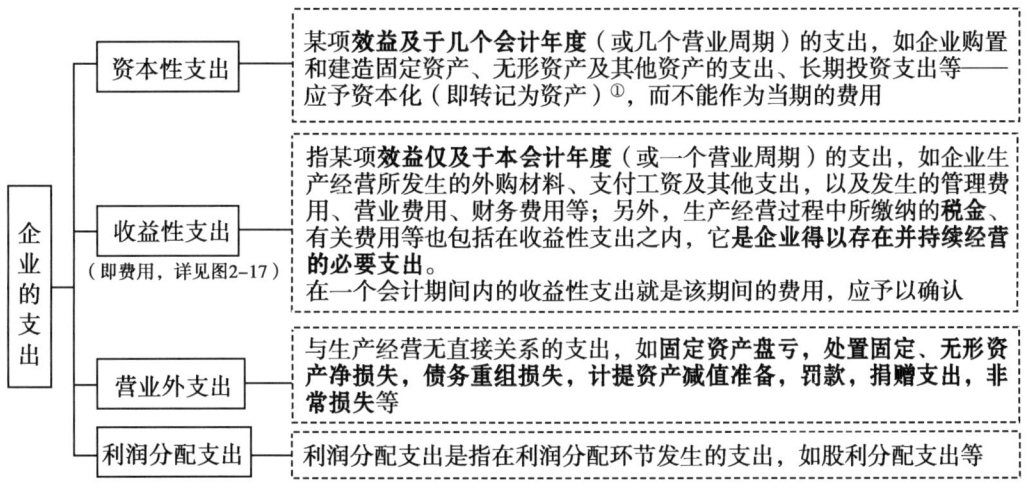

① 如例1中,你公司购买施工机械设备和无形资产的支出不作为当期费用,而是转记为资产,进行折旧和摊销,当期的折旧费和摊销费才是当期费用。

图 2-14 关于企业支出的归纳

【例8】根据会计的有关规定,下列支出中,属于费用的是( )。(2011年真题)
A. 购置固定资产的支出　　　　　B. 向所有者分红支出
C. 支付未按期纳税的滞纳金　　　D. 支付购置原材料的价款
【答案】D
【解析】选项 A 为资本性支出;选项 B 为利润分配支出;选项 C 为营业外支出。

二、收入与费用的概念和特点

收入与费用的概念、特点对比见表 2-12。

表 2-12 收入与费用的概念、特点对比

项目	收 入	费 用
概念/具体例子	• 偶然发生的、非日常活动产生的收入（广义的）则不能作为企业的收入（狭义的收入，指营业收入）。如出售固定资产、接受捐赠等不是收入，可直接计入资本公积 • 让渡资产使用权的所得是收入。如企业让渡无形资产使用权而取得的收入，包括使用费收入、利息收入等；金融企业发放贷款取得的收入	• 在财务会计中，费用是指企业在生产和销售商品、提供劳务等日常经济活动中所发生的，会导致所有者权益减少的，与向所有者分配利润无关的经济利益的总流出 • 偶发的，非日常活动发生的经济利益的流出不是费用，称为损失（营业外支出）
对资产或负债的影响	收入可能表现为企业资产的增加，也可能表现为企业负债的减少，或二者兼而有之	费用可能表现为资产的减少，或负债的增加，或者兼而有之。费用本质上是一种企业资源的流出，是资产的耗费，其目的是为了取得收入
对所有者权益的影响/具体例子	• 收入能导致企业所有者权益的增加 • 所有者的投入不是收入 • 代收的款项不是收入，如代国家收取的增值税，旅行社代客户收取门票、机票等均不是收入	• 费用将引起所有者权益的减少，但企业向所有者分配利润的支出不是费用 • 代付款项或代偿债务的支出不是费用

【例 1 续】在本章之例 1 的各项开支中，哪些不属于费用？

【答案】（1）购买混凝土搅拌机等大中型机械设备不属于费用，属于资本性支出，应记为固定资产，再计提折旧费。

（2）购买无形资产（如非专利技术等）不属于费用，属于资本性支出，应记为无形资产，再计提摊销费。

（3）罚款支出不属于费用，属于营业外支出，直接计入当期损益。

三、建造（施工）合同收入的内容

1. 合同规定的初始收入

合同规定的初始收入是指建造承包商与客户在双方签订的合同中最初商定的合同总金额，它构成了合同收入的基本内容。

2. 因合同变更、索赔、奖励等形成的收入

四、建造（施工）合同收入的确认

1. 举例说明

【例 9】某公司于 2011 年 11 月承接一高层建筑施工项目，工期 15 个月，合同额 1 亿元，无预付款，到 2011 年 12 月 31 日，工程完成 20%，共发生成本 1600 万元，问你公司会计在做账中应怎样确认 2011 年度该项目的收入和成本？

【分析】应分情况而定，具体如图 2-15 所示。

情况 1：合同结果能可靠估计时——本年度收入=1 亿元×20%；成本=1600 万元（按实际确认）

情况 2：合同结果不能可靠地估计
 情况 2-1：成本能收回 { 成本=1600 万元（确认为当期费用）； 收入 = 成本
 情况 2-2：成本不能收回 { 工程成本发生时立即确认为当期费用； 不确认收入（=0）

图 2-15 收入与成本的确认原则示例

2. 收入的确认原则

(1) 合同结果能够可靠估计时合同收入的确认：

当合同结果能够可靠估计时，按完工百分比法确认建造（施工）合同收入，公式如下：

当期确认的合同收入＝合同总收入×完工进度－以前会计期间累计已确认的收入

（注：合同结果能够可靠估计的标准见表 2-14）

(2) 合同结果不能可靠地估计时合同收入的确认：

当不能可靠地估计建造（施工）合同的结果时，则不能根据完工百分比法确认合同收入，应分以下两种情况进行处理：

①合同成本能够收回的，合同收入根据能够收回的实际合同成本来确认，合同成本在其发生的当期确认为费用。

②合同成本不能收回的，应在发生时立即确认为费用，不确认收入。

(3) 当使建造合同结果不能可靠估计的不确定因素不复存在时，应按规定确认与建造合同有关的收入。合同预计总成本超过合同总收入的，应当将预计损失确认为当期费用。

(4) 同理，建筑业企业的附营业务（销售商品、提供劳务、让渡资产使用权等）收入的确认原则见表 2-13。

表 2-13　建筑业企业的附营业务收入的确认原则

类别	确认收入的原则（或应同时满足的条件）
提供劳务	按提供劳务**交易结果能否可靠估计**分为两种情况，其收入的确认原则与上述"建造（施工）合同收入的确认原则"基本相同，即——企业在资产负债表日提供劳务交易结果不能够可靠估计的，应当分别按下列情况处理： (1) 已经发生的劳务成本预计能够得到补偿的，按照已经发生的劳务成本金额确认提供劳务收入，并按相同金额结转劳务成本； (2) 已经发生的劳务成本预计不能够得到补偿的，应当将已经发生的劳务成本计入当期损益，不确认提供劳务收入
销售商品	(1) 企业已将商品所有权上的主要风险和报酬转移给购货方； (2) 企业既没有保留通常与所有权相联系的继续管理权，也没有对已售出的商品实施有效控制； (3) 收入的金额能够可靠地计量； (4) 相关的经济利益很可能流入企业； (5) 相关的已发生或将发生的成本能够可靠地计量
让渡资产使用权	(1) 相关的经济利益很可能流入企业； (2) 收入的金额能够可靠地计量 （注：让渡资产使用权收入包括利息收入、使用费收入等）

【归纳】
(1) 建造合同收入与提供劳务收入的确认原则有两个关键：
　①结果是否能可靠估计；②成本是否能收回（或得到补偿）
(2) 销售商品收入的确认原则：已转移、收入和成本能可靠计量、利益很可能流入；
(3) 因合同变更、索赔、奖励等形成的收入的确认原则：客户认可变更；预计能同意索赔、能可靠地计量

表 2-14 合同结果能够可靠估计的标准

类别	合同结果能够可靠估计的标准（需同时具备以下条件）
固定造价合同	(1) 合同总收入能够可靠地计量； (2) 与合同相关的经济利益**很可能**流入企业； (3) 实际发生的合同成本能够清楚地区分和可靠地计量； (4) 合同完工进度和为完成合同尚需发生的成本能够可靠地确定
成本加成合同	(1) 与合同相关的经济利益很可能流入企业； (2) 实际发生的合同成本能够清楚地区分和可靠地计量
提供劳务的交易	(1) 收入的金额能够可靠地计量； (2) 相关的经济利益很可能流入企业； (3) 交易的完工进度能够可靠地确定； (4) 交易中已发生和将发生的成本能够可靠地计量

【归纳】——共性条件
(1) 收入、成本都要能可靠计量；(2) 经济利益**很可能**流入

【例 10】某公司承建一幢大楼，合同总造价 5000 万元，预算成本为 4200 万元，2007 年 8 月开工，2007 年年底已确认合同收入 800 万元，至 2008 年 12 月 31 日工程完成 80%，实收工程款共计 2800 元，问该大楼 2008 年度应确认收入和成本各是多少？

【答案】2008 年度应确认收入为：$5000×80\%-800=3200$（万元）

应确认成本：$3200×(4200/5000)=2688$（万元）

【例 11】如果至 2008 年 12 月 31 日该公司还完成了一些变更项目，其造价共计 500 万元（成本为 400 万元），但经监理和业主办完签认手续的只有其中 300 万元（尚未付款），问，2008 年度应确认工程变更收入和费用各为多少？

【答案】应确认工程变更收入：300 万元；费用：400 万元。

【例 12】如果业主方某工程师个人要求增建一附属设施，该公司满足了其要求，花费了 20 万元，但事后业主单位不予认可，此情况下，该部分的收入和费用应如何确认？

【答案】不应确认收入。应确认费用 20 万元。

【例 12 续】若后来经协调，业主于 2009 年 5 月才同意为上述附属设施补偿乙方成本费 20 万元，但要 2010 年 3 月才能付款，如何确认 2009 年度该部分收入和费用？

【答案】应确认收入 20 万元，应确认费用 20 万元。

【例 13】如果现在预计竣工时总成本将超过总收入 50 万元，该预计的损失如何确认？

【答案】应当将预计损失 50 万元确认为当期费用。

【例 14】企业销售需要安装的商品时，若安装属于商品销售合同约定的卖方责任，则确认商品销售收入的时间应是（　　）。(2009 年真题)

A. 购货方首次付款时　　　　　B. 收到最后一笔销售货款时
C. 商品运到并开始安装时　　　D. 商品安装完毕并检验合格时

【答案】D

【解析】本题中"安装"也属于销售合同中约定的卖方责任，故合同标的物的主要风险责任转移应以安装完成为标志，此时也是确认商品销售收入的时间。

3. 收入的确认方法

(1) 根据累计实际发生的合同成本占合同预计总成本的比例确定。

该方法是一种投入衡量法，是确定合同完工进度常用的方法（确认合同完工进度的三

种方法见图 2-16），其计算公式如下：

$$合同完工进度 = \frac{累计实际发生的合同成本}{合同预计总成本} \times 100\%$$

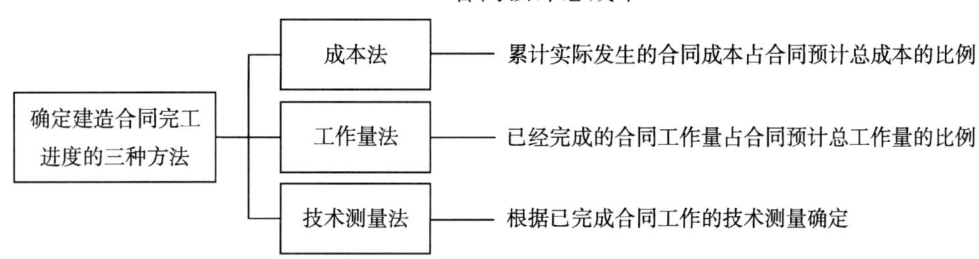

图 2-16 确定建造合同完工进度的三种方法

【例 15】你公司与某业主签订了一项合同总造价为 6 亿元的建造（施工）合同，合同约定建设期为 3 年。第 1 年年末，实际发生合同成本 3 亿元，预计为完成合同尚需发生成本 2 亿元；第 2 年年末，实际发生合同成本 2 亿元，预计为完成合同尚需发生成本 0.5 亿元。则：

第 1 年合同完工进度 = 3÷（3+2）×100% = 60%

第 2 年合同完工进度 = （3+2）÷（3+2+0.5）×100% = 90.9%

（2）根据已经完成的合同工作量占合同预计总工作量的比例确定。

该方法是一种产出衡量法，适用于合同工作量容易确定的建造（施工）合同，如道路工程、土石方工程等，其计算公式如下：

$$合同完工进度 = \frac{已经完成的合同工程量}{合同预计总工程量} \times 100\%$$

【例 16】你公司与某地公路局签订修建一条 100 公里公路的施工合同，合同总价为 1 亿元，建设期为 3 年。第 1 年修建了 25 公里，收到包括预付款在内的工程款 3000 万元，第 2 年修建了 55 里。共收到工程款 7000 万元（假定该工程每公里公路的造价相同），问：第 1 年、第 2 年应分别确认多少收入？

【答案】第 1 年合同完工进度 = 25÷100×100% = 25%

第 1 年应确认收入：1 亿元×25% = 0.25 亿元

第 2 年合同完工进度 = （25+55）÷100×100% = 80%

第 2 年应确认收入：1 亿元×80% - 0.25 亿元 = 0.55 亿元

【例 17】你公司与 B 公司签订了一项总造价为 600 万元的建造合同，建设期为 2 年。第 1 年实际发生工程成本 250 万元，双方均能履行合同规定的义务，但在年末，建筑公司对该项工程的完工进度无法可靠估计。问应如果确认当年的收入和成本？如何确认当年的合同毛利？

【分析】在本例情况下，该建筑业企业不能采用完工百分比法来确认收入，但由于 B 公司能够履行合同，估计当年发生的成本均能收回，所以该建筑业企业可将当年发生的工程成本金额同时确认为合同收入和合同费用，但当年不能确认合同毛利。

【例 18】假定上例中该建筑业企业与 B 公司只办理工程价款结算 100 万元，由于 B 公司因突发事件而面临破产清算，导致其余款项可能难以收回。

【答案】在这种情况下，该建筑公司只能将 100 万元确认为当年的收入（250 万元应确认为当年的费用）。

习题

44. 某企业因排放的污水超出当地市政污水排放标准而缴纳罚款 200 万元，财务上该笔罚款应计入企业的（　　）。(2011 年真题)

　　A. 营业外支出　　B. 销售费用　　C. 管理费用　　D. 营业费用

45. 施工企业其他业务收入包括（　　）。(2010 年真题)

　　A. 产品销售收入　　B. 建造合同收入　　C. 材料销售收入　　D. 固定资产盘盈收入

　　E. 固定资产出租收入

46. 企业处置无形资产净损失计入当期的（　　）。

　　A. 营业外支出　　B. 期间费用　　C. 财务费用　　D. 管理费用

47. 列入企业营业外支出项目的有（　　）。

　　A. 捐赠支出　　B. 固定资产盘亏　　C. 非常损失　　D. 所得税支出

　　E. 资产减值损失

48. 某施工企业处理一台提前报废的固定资产时，发生净损失 5000 元。这笔费用在会计处理上应（　　）。

　　A. 补提折旧　　B. 列入管理费用　　C. 列入财务费用　　D. 列入营业外支出

49. 企业本月购入小汽车一辆，按照现行企业财务制度及相关规定，该汽车的购置费用属于企业的（　　）支出。

　　A. 投资性　　B. 资本性　　C. 期间费用　　D. 营业外

50. 根据我国现行《企业会计准则》，企业在资产负债表日提供劳务交易的结果不能够可靠估计，但是已经发生的劳务成本预计能得到补偿的交易，正确的会计处理方式是（　　）。(2011 年真题)

　　A. 将已经发生的劳务成本计入当期损益，不确认提供劳务收入

　　B. 将已经发生的劳务成本计入当期损益，并按相同金额结转劳务成本

　　C. 按照已经发生的劳务成本金额确认提供劳务收入，并按相同金额结转劳务成本

　　D. 按照已经发生的劳务成本金额确认提供劳务收入，不确认提供劳务收入

51. 某承包公司与业主签订了一份修筑公路的合同，公路总长度为 15 公里，总造价 45 亿元，第 1 年完成了 4 公里，第 2 年完成了 8 公里，则第 2 年合同完工进度是（　　）。(2011 年真题)

　　A. 80%　　B. 20%　　C. 26.67%　　D. 53.33%

52. 对于合同结果不能可靠地估计，合同成本能够确认的施工合同，其合同收入应按照（　　）确认。(2010 年真题)

　　A. 合同初始收入　　B. 实际合同成本＋合理利润

　　C. 已经发生的全部成本　　D. 得到确认的实际合同成本

53. 某承包商于 2007 年 11 月 1 日签订了一项施工承包合同，合同工期为 18 个月，合同结果能可靠地估计，合同总造价 5000 万元，2007 年年底已确认合同收入 300 万元，2008 年 12 月 31 日工程完成程度为 80%，2008 年累计收到工程款 3300 万元，则 2008 年应确认合同收入（　　）万元。

　　A. 4700　　B. 4000　　C. 3700　　D. 3300

54. 某跨年度工程，施工合同总收入为 10000 万元，合同预计总成本为 8500 万元，以前年度累计已确定的毛利为 600 万元，当期期末累计完工进度为 80%，当期确认的合同毛利为（　　）万元。

A. 600　　　　B. 900　　　　C. 1200　　　　D. 1500

55. 企业在资产负债表日，如果不能可靠估计所提供劳务的交易成果，已经发生的劳务成本聚集全部不能得到补偿，应（　　）。

A. 确认预计收入，结转已发生成本，不确认当期损失或利润

B. 确认预计收入，结转已发生成本，将差额确认为当期损失或利润

C. 不确认收入，将已经发生的劳务成本确认当期损失

D. 按已发生的劳务成本金额确认收入，并按相同金额结转成本，暂不确认利润或损失

56. 某跨年度项目的合同总收入 10000 万元，预计合同总成本 8500 万元，资产负债表日，以前会计年度累计已确认的收入为 6000 万元，该工程现已完成工程进度的 80%，则当期应确认的合同收入为（　　）万元。

A. 1500　　　　B. 2000　　　　C. 3200　　　　D. 4000

57. 企业在资产负债表日，不能可靠地估计所提供劳务的交易成本，已经发生的劳务成本预计只能部分得到补偿，此时（　　）。

A. 应按已经发生的劳务成本金额确认收入，并按相同金额结转成本，不确认利润或损失

B. 应按预计确认收入，结转已发生的成本，暂不确认利润或损失

C. 应按能够得到补偿的劳务成本金额确认收入，并按已经发生的劳务成本结转成本，将差额确认为损失

D. 不应确认收入，结转已发生的成本，暂不确认当期利润或损失

58. 某工程合同总收入 8000 万元，本期末止累计完成工程进度 80%，上年完成工程进度 30%，本期实际收到工程款 3000 万元，按完工百分比法计算当期的合同收入是（　　）。

A. 2400 万元　　B. 3000 万元　　C. 4000 万元　　D. 8000 万元

59. 利润表示反映企业（　　）的财务报表。（2014 年真题）

A. 一定会计期间资产盈利能力　　B. 一定会计期间经验成果

C. 某一会计时点财务状况　　　　D. 一定会计期间财务状况

考点 22　费用与成本

一、费用的概念及特点

1. 费用的概念及特点

费用的概念及特点见考点 21 中表 2-12。

2. 费用与支出的关系

支出是企业的一切开支及耗费，支出所涵盖的范围比费用大，见图2-14。

二、费用（或成本）与收入的配比

企业为取得本期收益而在本期内发生的各项支出，应全部作为本期的成本或费用（配比原则）。只有这样才能保证在一定时期内不会虚增或少记成本或费用。至于企业的营业外支出，是与企业施工生产经营无关的支出，所以不能构成工程成本，如误将营业外收支作为营业收支处理，就会虚增或少记企业营业（工程）成本或费用。

确认收入的同时，也要确认与该笔收入相对应的费用。

三、费用和成本的联系与区别

费用和成本的联系与区别见表2-15。

表2-15 费用和成本的联系与区别

费用和成本的联系	(1) 成本和费用都是企业除偿债性支出和分配性支出以外的支出的构成部分； (2) 成本和费用都是企业经济资源的耗费； (3) 生产费用经对象化后进入生产成本，但期末应将当期已销产品的成本结转进入当期的费用（损益核算时）
费用和成本的区别	(1) 成本是针对一定的对象而言的，是对象化（按对象归集）的费用； (2) 费用则是针对一定的期间而言的

说明：如果有人说：公司本年度的成本是1000万元，某项工程的费用是800万元。听起来会觉得很别扭，此说法不妥；但反过来说"公司本年度的费用是1000万元，该工程的成本是800万元"就没有问题。

【例19】关于施工企业确定工程量成本核算对象的说法，正确的是（ ）。（2014年真题）

A. 通常以单项建造合同作为施工工程成本核算的对象

B. 工程成本核算对象宜在开工前确定，也可以开工后确定

C. 不能按分立合同来确定工程成本核算对象

D. 不能按合并合同来确定工程成本核算对象

【答案】A

【解析】工程成本核算对象的确定方法主要有以单项建造（施工）合同作为施工工程成本核算对象。

四、生产费用与产品成本之间的关系

生产费用与产品成本之间的关系见表2-16。

表2-16 生产费用与产品成本之间的关系

比较的角度 \ 需对比的概念	生产费用	产品成本
针对对象	针对一定时期而言	针对一定种类和数量的产品而言，而不论发生在哪一时期，一种完工产品的生产成本可能包括几个时期的生产费用
一定期间的生产费用不一定等于一定期间的产品成本，这是因为（某个时期）一种产品成本可能包括几个时期的费用；一个时期的费用可能分配给几个时期完工的产品		

费用和成本的关系如图2-17和图2-18所示。

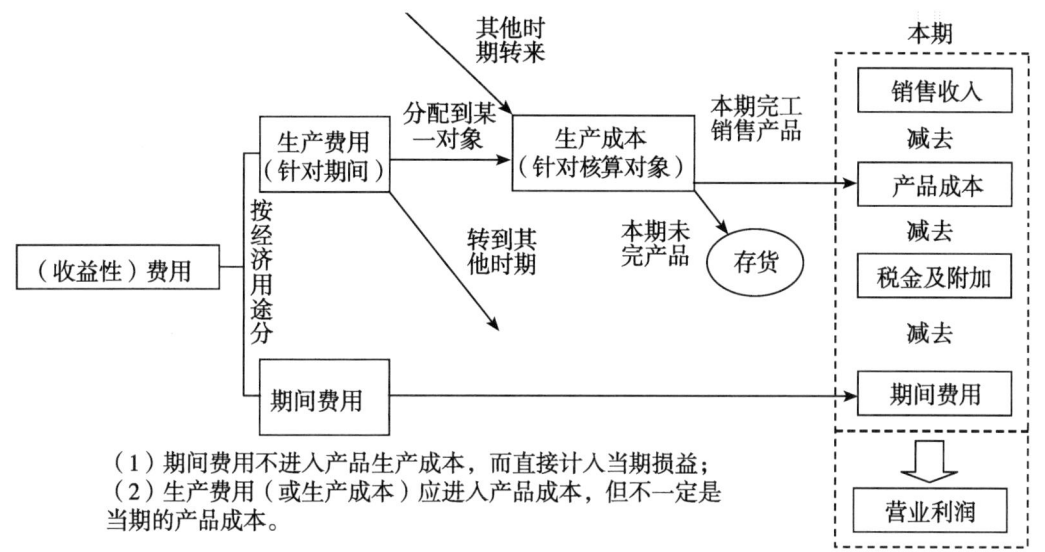

图 2-17 费用与成本的关系

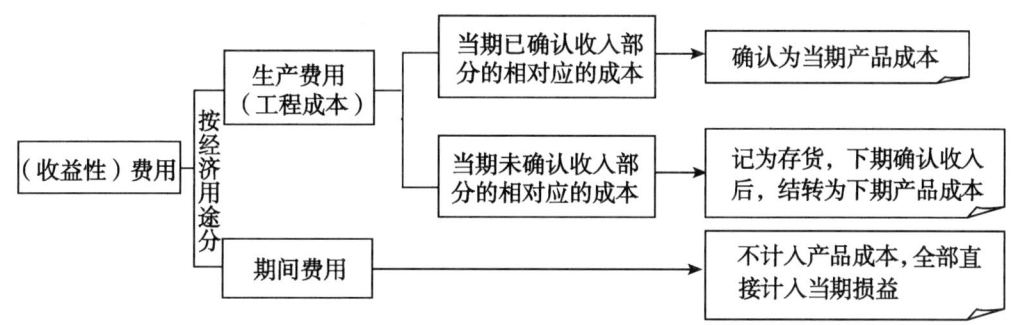

图 2-18 费用与成本的关系（图 2-17 的简化）

五、生产成本与销售成本之间的关系

生产成本是生产费用中构成产品成本的部分，在产品未售前表现在存货中；产品出售后，即表现为销售成本，与营业收入配比。我国《企业会计准则》规定："企业为生产产品、提供劳务等发生的可归属于产品成本、劳务成本等的费用，应当在确认产品销售收入、劳务收入等时，将已销售产品、已提供劳务的成本等计入当期损益。"凡是与本期收入有直接因果关系的耗费，就应当确认为该期间的费用。

例如，企业因当期销售商品产生了当期的营业收入，该批当期售出商品的成本也就应计入该期的费用。

六、生产费用与期间费用之间的关系

构成产品成本的生产费用直接计入产品成本，期间费用直接计入当期损益。两者都要从收入中得到补偿，但时间不同，期间费用直接从当期收入中补偿，构成产品成本的生产费用要待产品销售后补偿。

∗ ∗ 习题 ∗ ∗

60. 费用按经济用途可分为生产成本和期间费用，下列费用中，属于生产成本的是

( )。

A. 财务费 B. 材料费 C. 管理费 D. 营业费

61. 在会计核算中,期间费用是指企业当期发生的( )的费用。

A. 应由几项工程共同负担,分配计入工程成本核算对象
B. 可直接计入工程成本核算对象
C. 应当直接计入当期损益
D. 应当通过分配计入当期损益

62. 下列关于成本和费用的表述中正确的是( )。

A. 费用是针对一定的期间而言的
B. 费用是针对一定的成本核算对象而言的
C. 费用是指不能计入成本而应当直接计入当期损益的耗费
D. 成本是针对一定的期间而言的

考点 23 期间费用

一、期间费用的概念

期间费用是指企业本期发生的、不能直接或间接归入营业成本,而是直接计入当期损益的各项费用。期间费用的特点见图 2-19。

期间费用的特点 {
①本期发生,不影响其他会计期间;
②不能直接或间接归入营业成本,而是直接计入当期损益的销售费用、管理费用和财务费用等;
③与施工生产经营没有直接联系,费用的发生基本不受业务量增减所影响。
}

图 2-19 期间费用的特点

二、期间费用的构成

期间费用的主要构成见图 2-20。

期间费用的主要构成 {
管理费用
财务费用
销售费用
}

图 2-20 期间费用的主要构成

1. 施工企业的期间费用主要包括管理费用和财务费用

(1) 管理费用是指建筑安装企业行政管理部门为管理和组织经营活动而发生的各项费用。

(2) 财务费用是指企业为施工生产筹集资金或提供预付款担保、履约担保、职工工资支付担保等所发生的费用,包括应当作为期间费用的利息支出(减利息收入)、汇兑损失(减汇兑收益)、相关的手续费以及企业发生的现金折扣或收到的现金折扣等内容。

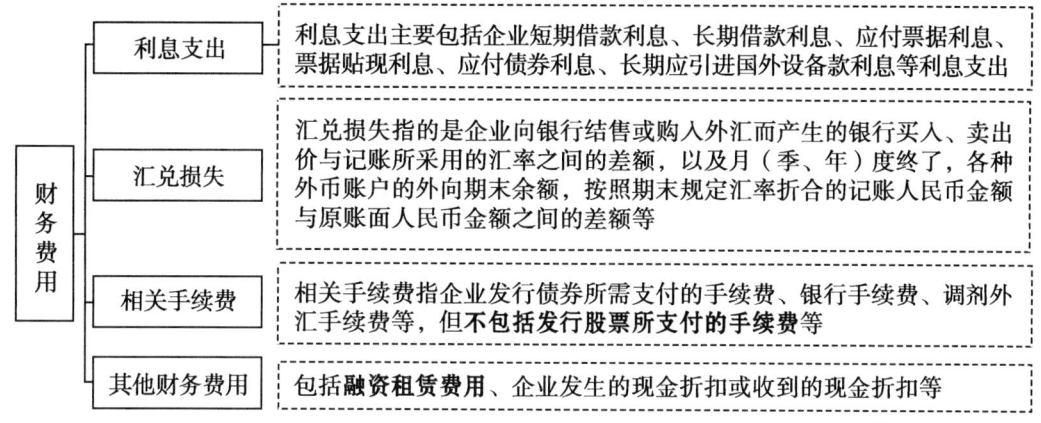

图 2-21 财务费用的组成

2. 对期间费用的理解

我国《企业会计准则》规定，企业发生的支出不产生经济利益的，或者即使能够产生经济利益但不符合或者不再符合资产确认条件的，应当在发生时确认为费用，计入当期损益。企业的有些支出不能提供明确的未来经济利益，如果加以分摊也没有意义，对这类费用就应直接作为当期费用予以确认。例如，固定资产日常修理费等。这些费用虽然与跨期收入有联系，但由于不确定性因素，往往不能肯定地预计其收益所涉及的期间，因而就直接列作当期的费用。财务费用的组成见图 2-21。

【例20】你公司 2011 年共有十多个在建工程，本年度公司行政部门的管理费用 200 万元、财务费用（包括）30 万元，应作为生产费用还是期间费用？

【分析】若将公司的财务费用、行政部门的管理费用分摊到各个工程项目，又烦琐又没有必要，因此在财务上将此类费用作为期间费用处理，不进入工程成本，直接计入企业当期损益（见图 2-17、图 2-18）。

【例21】固定资产日常修理费（如施工企业日常修理混凝土拌机的费用）应处理为生产费用还是期间费用？

【分析】虽然可能会惠及几个期间，但往往不能肯定地预计其收益所涉及的期间，加以分摊没有意义，因而就直接列作当期的费用。

注意：有一些事项会导致企业负债增加，但不增加资产。这一类费用也应作为当期费用予以确认。我国《企业会计准则》规定，"企业发生的交易或者事项导致其承担了一项负债而又不确认为一项资产的，应当在发生时确认为费用，计入当期损益"。

【归纳】下列费用均应属期间费用（考试重点）：

（1）公司行政部门的管理费用；
（2）施工企业在签订合同时发生的差旅费以及投标费用；
（3）固定资产日常修理费；
（4）企业在联系业务的过程中发生了 10000 元的应酬费（即业务招待费）。

习题

63. 费用本质上是企业资源的流出，是资产的耗费，其目的是为了（　　）。

A. 取得收入　　　　B. 降低成本　　　　C. 增加权益　　　　D. 减少负债

64. 施工企业发生的下列费用，应当计入财务费用的有（　　）。（2010年真题）

A. 财会人员的工资　　　　B. 短期借款的利息　　　　C. 财务部门的办公费

D. 应付票据的利息　　　　E. 汇兑损失

65. 某施工企业在联系业务的过程中发生了10000元的应酬费，即业务招待费，该项费用应当计入（　　）。

A. 财务费用　　　　B. 营业费用　　　　C. 管理费用　　　　D. 工程成本

66. 下列各项中，属于财务费用的是（　　）。

A. 应付债券　　　　B. 储备基金　　　　C. 盈余公积　　　　D. 利息支出

67. 在会计核算中，管理费用（　　）。

A. 可直接计入当期成本　　　　B. 可通过分配计入当期成本

C. 可按其逐月摊入成本　　　　D. 不应在成本中列支

68. 会计核算中，企业支付的借款利息属于（　　）。

A. 资本性支出　　　　B. 投资性支出　　　　C. 期间费用支出　　　　D. 营业外支出

考点 24　工程成本的确认和计算方法

一、成本费用的确认

只有在同时满足以下两条基本标准时才能将费用予以确认：

（1）经济利益很可能流出从而导致企业资产减少或者负债增加；

（2）经济利益的流出额能够可靠计量。

二、成本费用的计量

有些资产将会使几个会计期间受益，这样，在计量通过系统、合理的分摊而形成的费用时，是以其资产取得成本的实际数进行计量的。例如，固定资产的折旧，要按固定资产原始价值和规定使用年限来计算。无形资产的摊销、长期待摊费用的摊销，也都属于这种情况。

三、固定资产折旧

1. 固定资产折旧的对象

企业应当对所有固定资产计提折旧。但是，已提足折旧仍继续使用的固定资产和单独计价入账的土地除外。

2. 固定资产折旧方法

企业应当根据与固定资产有关的经济利益的预期实现方式，合理选择固定资产折旧方法。可选用的折旧方法包括年限平均法、工作量法、双倍余额递减法和年数总和法等（见表2-17，算法见图2-22）。

表2-17　固定资产折旧方法

折旧方法	要点	折旧基数	折旧率变化	折旧额变化	归类
年限平均法	将固定资产按预计使用年限平均计算折旧均衡地分摊到各期	不变	不变	不变	属直线法（平摊）
工作量法	按工作量平均分摊，不考虑减值准备				

续表

折旧方法	要点	折旧基数	折旧率变化	折旧额变化	归类
双倍余额递减法	不考虑固定资产预计净残值的情况下，根据每年**年初固定资产净值**（逐年减少）和**双倍的直线法折旧率**计算固定资产	逐年减少	不变	逐年减少	属加速折旧法（折旧额前多后少，逐年减少）
年数总和法	折旧基数不变，详见图2-22	不变	逐年减少		

注：折旧基数也称应计折旧额。
折旧基数＝固定资产原价－净残值－已计提的固定资产减值准备累计金额（若有）

【例22】某企业购买一新型设备，价格为50万元，预计能使用4年，4年后预计还能变卖18万元，请分析本设备的年折旧率。

【分析】本案例中50万为设备固定资产原价，18万元即为设备的净残值，则32万元为这4年的总共的折旧费用（即折旧额、折旧基数）。设备平均每年折旧即为32/4＝8万元/年。以上就是平均年限法的推导原理。设备的年折旧率为8/50＝16%。

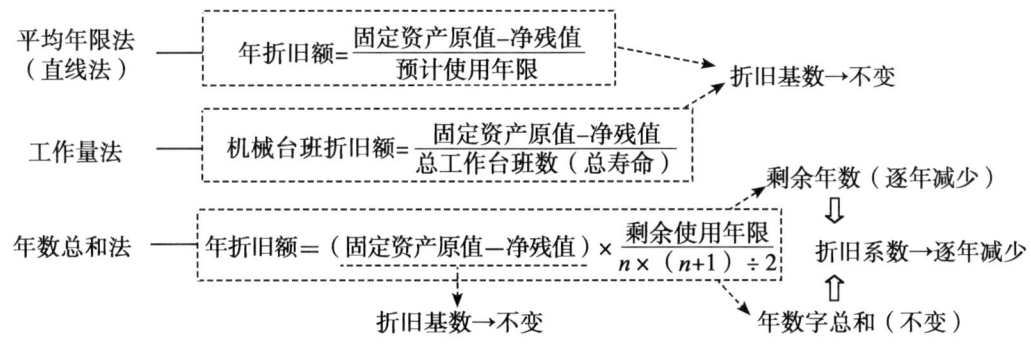

图2-22 固定资产折旧的算法

3. 无形资产摊销

无形资产摊销有直线法和生产总量法等，对于使用寿命不确定的无形资产则不需要摊销，但每年应进行减值测试。使用寿命有限的无形资产，其残值应当视为零。

＊＊＊习题＊＊＊

69. 某施工企业购买一台新型挖土机械，价格为50万元，预计使用寿命为2000台班，预计净残值为购买价格的3%，若按工作量法折旧，该机械每工作台班折旧费应为（　　）元。（2011年真题）

A. 242.50　　　　B. 237.50　　　　C. 250.00　　　　D. 257.70

70. 某施工企业购入一台施工机械，原价60000元，预计残值率3%，使用年限8年，按平均年限法计提折旧，该设备每年应计提的折旧额为（　　）元。

A. 5820　　　　B. 7275　　　　C. 6000　　　　D. 7500

71. 某施工机械预算价格为40万元，估计残值率为3%，折旧年限为10年，年工作台班数为250台班，则该机械的台班折旧费为（　　）元。

A. 195.9　　　　B. 155.20　　　　C. 160.00　　　　D. 164.80

72. 折旧率随着使用年限的变化而变化的固定资产折旧计算方法是（　　）。

A. 平均年限法　　B. 双倍余额递减法　　C. 年数总和法　　D. 工作量法

73. 折旧基数随着使用年限变化而变化的折旧方法是（　　）。
A. 平均年限法　　　B. 工作量法　　　C. 双倍余额递减法　　D. 年数总和法

74. 某施工机械预算价格为 100 万元，折旧年限为 10 年，年平均工作 225 个台班，残值率为 4%，则该机械台班折旧费为（　　）元。
A. 426.67　　　B. 444.44　　　C. 4266.67　　　D. 4444.44

75. 在下列固定资产折旧方法中，折旧基数随着使用年限的变化而不断变化的是（　　）。
A. 年数总和法　　B. 工作量法　　C. 平均年限法　　D. 双倍余额递减法

76. 某固定资产原价为 400 万元，使用寿命为 10 年，预计净残值 50 万元，则该固定资产的应计折旧额为（　　）万元。
A. 40　　　B. 90　　　C. 135　　　D. 350

考点 25　工程成本的核算

一、工程成本核算的对象

确定成本核算对象是工程成本核算的第一步，这是由费用和成本的关系决定的。

《企业会计准则》规定：企业通常应当按照单项建造合同进行会计处理。但在某些情况下，为了反映一项或一组合同的实质，需要将单项合同进行分立或将数项合同进行合并。

二、工程成本核算的内容

工程成本与间接费用的定义见表 2-18，施工企业的成本与费用见图 2-23。

表 2-18　工程成本与期间费用

	定　义
工程成本	生产成本是指构成产品实体、计入产品成本的那部分费用。施工企业的生产成本即工程成本，是施工企业为生产产品、提供劳务而发生的各种施工生产费用。
间接费用	期间费用是指企业当期发生的、与具体产品或工程没有直接联系，必须从当期收入中得到补偿的费用。由于期间费用的发生仅与当期实现的收入相关，因而应当直接计入当期损益。期间费用主要包括管理费用、财务费用和营业费用。施工企业的期间费用则主要包括管理费用和财务费用。

三、施工项目成本核算应注意的问题

1. 成本核算"三同步"

成本核算应做到形象进度、产值统计、实际成本归集三同步，即三者的取值范围应是一致的。形象进度表达的工程量、统计施工产值的工程量和实际成本归集所依据的工程量均应是相同的数值。

2. 计算年度合同费用

《企业会计准则》推行按"完工百分比法"确认工程收入和结转成本费用。

采用累计实际发生的合同成本占合同预计总成本的比例确定合同完工进度的，累计实际发生的合同成本不包括下列内容：

(1) 施工中尚未安装或使用的材料成本等与合同未来活动相关的合同成本；
(2) 在分包工程的工作量完成之前预付给分包单位的款项。

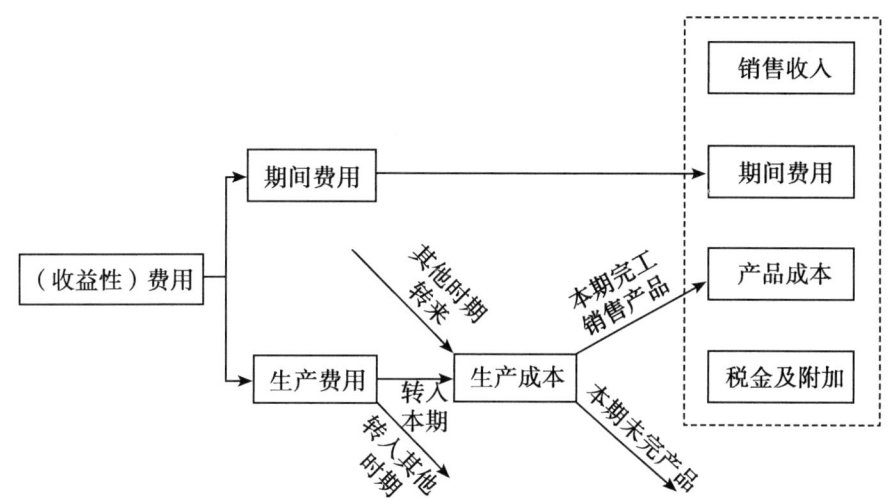

图 2-23 施工企业的成本、费用

＊＊习题＊＊

77. 根据《企业会计准则第 15 号——建造合同》，下列费用中，不应计入工程成本的是（　　）。
A. 企业下属的施工单位为组织和管理施工生产活动所发生的费用
B. 在施工过程中发生的材料二次搬运费
C. 为订立施工合同而发生的有关费用
D. 为工程施工所耗用的材料费用

78. 某固定资产原价 1000 万元，使用寿命 20 年，预计净残值率为 5%，则该固定资产的应计折旧额为（　　）万元。
A. 50　　　　　　B. 100　　　　　　C. 900　　　　　　D. 950

考点 26　利润的计算及税后利润的分配

一、利润的计算

利润的计算见表 2-4，应掌握表中的三个公式，其中营业利润是企业利润的主要来源。

【例 23】某施工企业本年发生主营业务收入 1500 万元，主营业务成本 1200 万元，主营业务税金及附加 96 万元，其他业务收入 50 万元，管理费用 30 万元，营业外收入 4 万元，营业外支出 8 万元，所得税按 33% 计算，其净利润应为（　　）万元。(2005 年真题)
A. 127.30　　　　B. 137.50　　　　C. 147.40　　　　D. 150.08

【答案】C

【解析】①营业利润=1500－1200－96－30＋50＝224（万元）；
②利润总额＝224＋4－8＝220（万元）；
③净利润＝220×（1－33％）＝147.4（万元）。

二、利润分配的原则

利润分配的原则及内容要点见表2-19。

表2-19 利润分配的原则

原则	内容要点
1. 按法定顺序分配	利润的分配顺序详见图2-24
2. 非有盈余不得分配	股东会、股东大会或者董事会违反规定，在公司弥补亏损和提取法定公积金之前向股东分配利润的，股东必须将违反规定分配的利润退还公司
3. 同股同权、同股同利原则	此原则不仅是公开发行股份时应遵循的原则，也是公司向股东分配股利应遵守的原则之一
4. 公司持有的本公司股份不得分配利润	

三、税后利润的分配顺序

税后利润的分配顺序及助记见图2-24。

①弥补公司以前年度亏损　③提取任意公积金（经股东会或者股东大会决议）

【助记】以前亏损的法国、意大利只分账，未分配利润

②提取法定公积金　④向投资者分配利润或股利　⑤未分配利润

图2-24 税后利润的分配顺序及助记

四、公积金

公积金分类见图2-25。

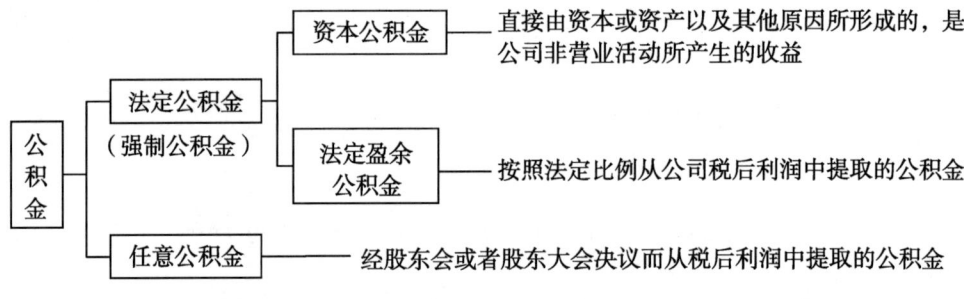

图2-25 公积金分类

公积金的用途见图2-26。资本公积金的来源——一般来说，公司接受的赠与、公司资产增值所得的财产价额、处置公司资产所得的收入等均属于资本公积金的来源。

《公司法》规定："法定公积金转为资本时，所留存的该项公积金不得少于转增前公司注册资本的25％。"——否则有违公积金弥补亏损的效用。

法定公积金用途
（强制公积金）
① 弥补亏损（但**资本公积金不得用于弥补亏损**）
② 扩大公司生产经营
③ 增加公司注册资本

图 2-26　公积金的用途

※※习题※※

79. 公司利润分配时，应在提取任意公积金前分配的有（　　）。（2011年真题）
A. 向投资者分配利润　　　B. 向股东分配股利　　C. 弥补公司以前年度亏损
D. 提取法定公积金　　　　E. 提取留作以后年度分配的利润

80. 根据我国《企业会计准则》，利润总额的计算公式为（　　）。
A. 营业利润＋营业外收入－营业外支出　　B. 营业收入－营业成本＋营业外收支净额
C. 营业利润＋投资收益＋营业外收支净额　　D. 营业利润＋投资收益

81. 下列关于企业利润的描述中，正确的有（　　）。
A. 净利润＝利润总额－所得税费用
B. 利润总额＝营业利润＋营业外收入－营业外支出
C. 利润总额体现企业的最终经营成果
D. 营业利润是企业利润的主要来源
E. 营业利润包括企业对外投资收益

82. 某施工单位企业当期实现的主营业务收入为10000万元，主营业务成本为8000万元，主营业务税金及附加为960万元，其他业务利润为2000万元，管理费用和财务费用总计为1200万元，则该企业当期营业利润为（　　）万元。
A. 1840　　　　B. 2800　　　　C. 3040　　　　D. 4000

83. 某施工企业当期实际营业利润2000万元，其他业务利润1000万元，投资收益200万元，营业外收入50万元，营业外支出60万元，则该企业的利润总额为（　　）万元。
A. 2150　　　　B. 2900　　　　C. 1990　　　　D. 3200

84. 在下列关于施工企业利润总额的公式中，正确的是（　　）。
A. 利润总额＝主营业务利润＋其他业务利润－管理费用－财务费用
B. 利润总额＝主营业务利润＋其他业务利润
C. 利润总额＝主营业务利润＋其他业务利润＋投资净收益
D. 利润总额＝营业利润＋营业外收入－营业外支出

85. 企业对当期可供分配的利润，应首先提取（　　）。
A. 普通股股利　　B. 法定盈余公积金　　C. 优先股股利　　D. 资本公积

考点 27 资金成本的概念及其计算

一、资金成本的概念

无论是企业的权益资本,还是债务资本,企业都要为之付出成本,资金成本包括资金占用费和筹资费用两个部分(见图 2-27)。

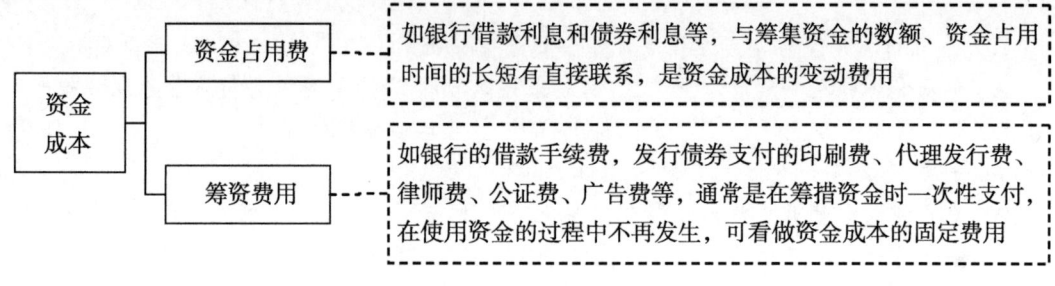

图 2-27 资金成本的构成

企业在不同条件下筹集资金的成本并不相同,为了便于分析、比较,资金成本通常以相对数资金成本率表示。企业筹集使用资金所负担的费用同筹集资金净额的比,叫做资金成本率(通常也叫资金成本)。资金成本和筹资总额、筹资费用和资金占用费之间的关系式为:

$$资金成本率 = \frac{资金占用费}{筹资净额}$$

式中,筹资净额=筹资总额-筹资费=筹资总额×(1-筹资费率)。

注:如果是债务筹资,则应考虑抵免所得税的因素,此公式的结果还应乘以(1-所得税率)的系数。

【例 24】某项目贷款筹资总额 18 万元,筹资费率为 10%,贷款年利率为 9%,不考虑资金的时间价值,则该项贷款的资金成本率为( )。(2009 年真题)

A. 11.10% B. 10.00% C. 9.00% D. 8.10%

【答案】B

【解析】资金成本率 $= \dfrac{18 \times 9\%}{18 \times (1-10\%)} = 10\%$

二、资金成本的作用

1. 选择资金来源、确定筹资方案的重要依据
2. 评价投资项目、比较投资方案和进行投资决策的经济标准

通常将资金成本率视为一个投资项目的最低收益率或必要报酬率。

3. 评价企业经营业绩的基准

资金成本还可用做衡量企业经营业绩的尺度,即全部投资的利润率应高于资金成本。

三、资金成本的计算

常用的资金成本有个别资金成本和综合资金成本。

1. 个别资金成本

所得税是指企业就其生产、经营所得和其他所得按规定交纳的税金,是根据应纳税所

得额计算的，包括企业以应纳税所得额为基础的各种境内和境外税额。应纳税所得额是企业年度的收入总额减去准予扣除项目后的余额。

【例25】某施工企业从银行取得一笔借款500万元，银行手续费为0.5%，借款年利率为7%，期限2年，每年计算并支付利息，到期一次还本，企业所得税率为25%，则在财务上这笔借款的资金成本率为（　　）。(2011年真题)

A. 5.25% B. 7.00% C. 5.28% D. 7.04%

【答案】C

【解析】资金成本率 $= \dfrac{500 \times 7\% \times (1-25\%)}{500 \times (1-0.5\%)} = 5.28\%$

2. 综合资金成本

综合资金成本是对各种个别资金成本进行加权平均而得的结果，因此，也称为加权平均资金成本。它是指企业以个别资金成本为基数，以各种来源资本占全部资本的比重为权数计算以各种方式筹集的全部长期资金的总成本。综合资本成本的计算公式为：

$$K_w = \sum K_j W_j$$

式中，K_w——综合资本成本；

K_j——第 j 种个别资本成本；

W_j——第 j 种个别资本占全部资本的比重。

【例26】A公司现有长期资本总额为10亿元，其中长期借款2亿元，长期债券3亿元，普通股5亿元，各种长期资金成本率分别为6%、7%和10%。试问该公司综合资金成本率应如何测算：

【答案】第一步，计算各种长期资本占全部资本的比例。

长期借款资金比例 $= 2 \div 10 \times 100\% = 20\%$

长期债券资金比例 $= 3 \div 10 \times 100\% = 50\%$

普通股资金比例 $= 5 \div 10 \times 100\% = 30\%$

第二步，测算综合资金成本。

综合资金成本 $= 6\% \times 20\% + 7\% \times 50\% + 10\% \times 30\% = 7.7\%$

考点28 短期筹资与长期筹资

一、概述

短期筹资与长期筹资的定义与主要方式的比较见表2-20。

表2-20 短期筹资与长期筹资的比较

	定 义	主要方式
短期筹资	指为满足企业临时性流动资金需要而进行的筹资活动，一般是在一年以内或超过一年的一个营业周期内到期，常用的方式是通过流动负债方式取得，因此，也称为流动负债筹资或短期负债筹资	最常用的方式是商业信用和短期借款
长期筹资	企业筹集自身发展过程中所需要的长期资金，通常可分为长期负债筹资和长期股权筹资	分为长期借款筹资、长期债券筹资、融资租赁和可转换债券筹资

二、筹资的特点比较

短期负债筹资通常具有如下特点：
（1）快——筹资速度快
（2）弹——筹资弹性好
（3）低——筹资成本较低
（4）高——筹资风险高

长期借款筹资的特点（与其他长期负债筹资相比而言）
（1）快——筹资速度快
（2）弹——借款弹性较大
（3）低——借款成本较低
（4）多——限制性条款比较多，制约着借款的使用

注：与短期筹资相比，长期筹资的特点正好相反。

图 2-28　短期负债筹资和长期借款筹资的特点（联系与比较）

助记：让吉他手快弹的高（低高），时间一长，来娱乐的客人就多了（长期借款："高"变为"多"）（见图 2-28）。

三、筹资的方式

1. 筹资方式一览

短期筹资方式见图 2-29，长期筹资方式见 2-30。

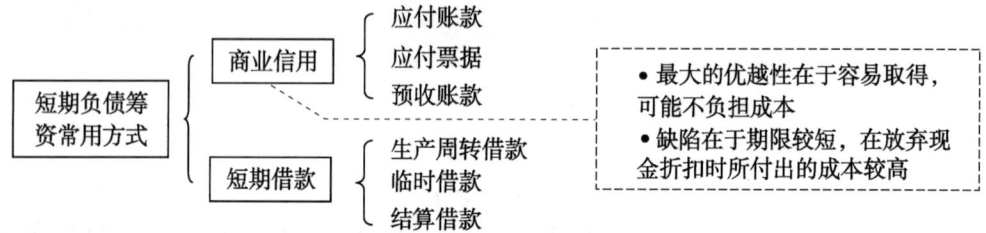

注：企业往往还存在一些在非商品交易中产生，但亦为自发性筹资的应付费用，如应付职工薪酬、应交税费、其他应付款等。

图 2-29　短期筹资一览

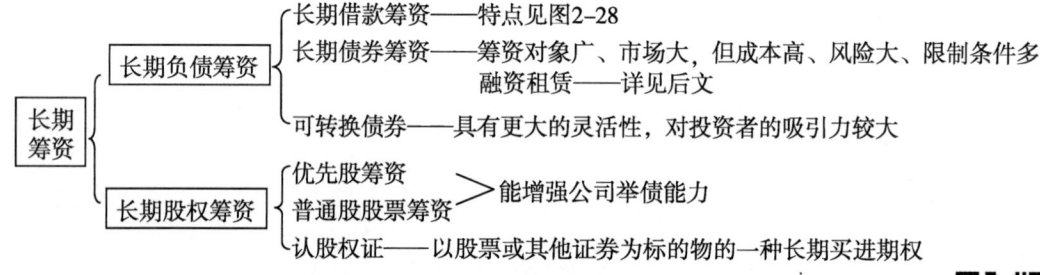

图 2-30　长期筹资一览

2. 商业信用

商业信用是指在商品交易中由于延期付款或预收货款所形成的企业间的借贷关系。它运用广泛，在短期负债筹资中占有相当大的比重。商业信用的具体形式有应付账款、应付票据、预收账款等。

其中应付账款是指企业购买货物暂未付款而欠对方的账项，即卖方允许买方在购货后一定时期内支付货款的一种形式。卖方利用这种方式促销，而对买方来说延期付款则等于向卖方借用资金购进商品，可以满足短期的资金需要。

应付账款有付款期、折扣等信用条件。可分为：免费信用，即买方企业在规定的折扣期内享受折扣而获得的信用；有代价信用，即买方企业放弃折扣付出代价而获得的信用；

展期信用,即买方企业超过规定的信用期推迟付款而强制获得的信用。信用分类的举例如图 2-31。

借款利息的支付方法见图 2-32。

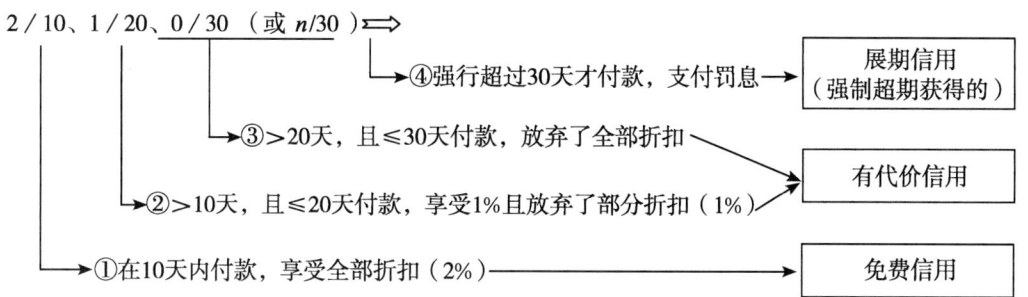

图 2-31 应付账款的信用分类举例

【例 27】"2/10、1/20、0/30"表示,若在信用期间内超过( )天付款,则不享受折扣。

A. 2　　　　　B. 10　　　　　C. 20　　　　　D. 30

【答案】D

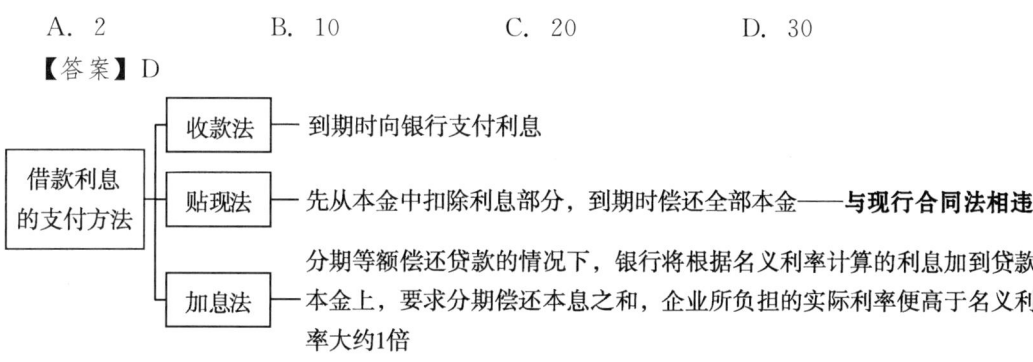

图 2-32 借款利息的支付方法

【案例 A】某企业从银行取得借款 120 万元,期限 1 年,年利率(即名义利率)为 6%,利息额为 7.2(120×6%)万元;按照贴息法付息,企业实际可利用的贷款为 112.8(120－7.2)万元,该项贷款的实际利率为 7.2÷(120－7.2)=6.38%。

【案例 B】某企业从银行取得借款 120 万元,期限 1 年,年利率(即名义利率)为 6%,分 12 个月等额还本付息。按照加息法付息该项贷款的实际利率为 120×6%÷(120÷2)=12%。

【例 28】某施工企业因生产经营急需资金,于 2008 年 7 月 1 日将一张 2008 年 6 月 1 日本地签发的期限为 5 个月、票面金额为 1000000 元的不带息商业汇表向银行贴现,银行要求的年贴现率为 6%。则该施工企业的贴现所得金额为( )元。(2009 年真题)

A. 980000.33　　B. 980000.00　　C. 940000.33　　D. 940000.00

【答案】B

【解析】∵本题中所述的汇票有效期为 4 个月,故贷款时间为 4 个月,4 个月的名义利率为 2%。

∴贴现所得金额=1000000－1000000×2%=980000

3. 短期借款

短期借款指企业向银行和其他非银行金融机构借入的期限在1年以内的借款，主要有生产周转借款、临时借款、结算借款等。银行发放短期借款往往带有一些信用条件，如图2-33所示。

短期借款的信用条件：

（1）信贷限额
（2）周转信贷协定 —— 周转信贷协定是银行具有法律义务地承诺提供不超过某一最高限额的贷款协定
（3）补偿性余额 —— 补偿性余额是银行要求借款企业在银行中保持按贷款限额或实际借用额一定百分比（一般为10%~20%）的最低存款余额。对于借款企业来讲，补偿性余额则提高了借款的实际利率——留存于贷款银行的最低存款余额
（4）借款抵押
（5）偿还条件
（6）其他承诺

图2-33 短期借款的信用条件

【例29】采用周转信贷协议向银行借款时，企业（　　）。（2006年真题）
A．可以周转使用信贷资金，贷款额度不受限制
B．在有效期和最高限额内，可在任何时候借款
C．可以周转使用信贷资金，不必偿还本金
D．必须按规定的周期和固定的金额借款
【答案】B
【解析】选项B也是周转信贷协议的特点之一。

4．融资租赁

租赁可以分为经营租赁和融资租赁两种（见表2-21）。

【思考】思考以下几个问题，就不难理解融资租赁的特点和优点了。

如果你是出租方，有人长期租你的设备，也有人短期租用，你对哪种情况要价高（单位时间的租金）？

表2-21 融资租赁与经营租赁

序号	融资租赁		经营租赁
	特点	优点	特点
1	融资与融物相结合，主要目的在于融通资金	能够迅速获得所需长期资产的使用权	期限短
2	由承租人负责维护，出租方通常不提供维修和保养服务	可以避免长期借款筹资所附加的各种限制性条款，灵活性较强（对比长期借款而言）	出租方负责维修和保养服务
3	租赁合同稳定，双方一般不得提前解除合同	降低设备取得成本（融资与引进设备都由有经验的租赁公司承担）	成本较高、不稳定
4	承租人应当采用与自有固定资产相一致的折旧政策计提租赁资产折旧	可减轻所得税负担（利息、手续费以及融资租赁设备的折旧费均可在税前支付）	租赁资产不由承租人计提折旧

【归纳】典型的融资租赁是指可迅速获得所需长期资产的使用权、完全补偿的、不可撤销、由承租人负责维护并计提折旧的租赁，设备取得成本较低，可减轻所得税负担，灵活性较强（融资角度而言）。

【例30】某施工企业发行债券的票面利率为12%，发行时市场利率为8%，为协调购销双方利益，则企业应采用（　　）发行价格。(2007年真题)
A. 折价　　　　B. 溢价　　　　C. 平价　　　　D. 减价
【答案】B
【解析】票面利率比市场利率高，投资者愿意以高于票面面值的价格购买债券，因此可以溢价发行；反之，则应折价发行。（应掌握要点）

＊＊习题＊＊

86. 关于短期负债筹资特点的说法，正确的有（　　）。(2011年真题)
A. 筹资速度较快　　B. 筹资弹性好　　C. 筹资成本较低　　D. 利率波动很小
E. 筹资风险低

87. 施工企业从建设单位取得工程预付款，属于企业筹资方式中的（　　）筹资。(2010年、2011年真题)
A. 融资租赁　　　　B. 商业信用　　　　C. 短期借款　　　　D. 长期借款

88. 银行短期借款信用条件中的补偿性余额条款是指（　　）。
A. 借款人要对贷款限额未使用部分支付补偿费
B. 借款人在银行中保持按实际借用额的一定比例计算的最低存款余额
C. 银行如果不能及时向借款人贷款需要向借款人支付补偿金
D. 借款人如果不能按时还款需要向银行支付补偿金

89. 企业筹资活动包括（　　）。
A. 购买政府公债　　B. 经营租赁设备　　C. 建造厂房　　D. 发行股票

考点29　流动资产财务管理

一、流动资产管理概述

流动资产涉及的内容很多，其中现金管理、应收账款管理以及库存管理在建造师进行建设工程管理过程中有着举足轻重的地位，直接影响到项目资金利用的效率，进而影响到项目的利润（见图2-34）。

二、现金管理

常用的确定现金持有量的方法有成本分析模式、存货模式和随机模式三种。下面重点介绍成本分析模式（见图2-35、图2-36）。

成本分析模式是通过分析持有现金的成本，寻求最佳现金持有量。现金的持有成本最小的现金持有量，就是最佳现金持有量。

需要通过安排合理的进货批量和进货时间，使存货的总成本最低。这个批量叫做经济订货量或经济批量。有了经济订货量，可以很容易地找出最适宜的进货时间。

【技巧】教材中经济订货量（或经济批量）的公式不必记忆，如考试中遇到此类问题，可以将选项中的答案代入上述存货总成本公式计算，就能找出最佳选项。

【例31】某企业有甲、乙、丙、丁四个现金持有方案，各方案的现金持有量依次是

```
                    ┌ 现金管理 ──┬ 目标：在资产的流动性和盈利能力之间作出抉择，以获取最大
                    │          │        的长期利益
                    │          ├ 现金收支管理的目的在于提高现金使用效率
流动                 │          └ 方式之一：寻求最佳现金持有量（持有成本最低）
资产 ────────────────┤
管理                 │          ┌ 目标：求得利润
                    ├ 应收账款管理 ┤
                    │          └ 只有当应收账款所增加的盈利超过所增加的成本时，才应当实
                    │              施应收账款赊销
                    │
                    │          ┌ 目标：在各种存货成本与存货效益之间作出权衡，达到两者的
                    │          │        最佳结合
                    └ 存货管理 ─┤ 存货的决策涉及四项内容：决定进货项目、选择供应单位、决
                               │        定进货时间和决定进货批量
                               └ 以合理的进货批量和进货时间使存货的总成本最低，这个批量
                                  叫做经济订货量或经济批量
```

图 2-34　流动资产财务管理知识体系

```
                ┌ 机会成本 （即资金占用的代价）
企业持有现金     │
的成本有三种 ────┤ 管理成本 （是一种固定成本，与现金持有量之间无明显的比例关系）
                │
                └ 短缺成本 （随现金持有量的增加而下降，随现金持有量的减少而上升）

        现金的持有成本 = 机会成本 + 管理成本 + 短缺成本
```

图 2-35　现金的持有成本

```
            ┌ 取得成本   = 订货成本+购置成本=订货固定成本+订货变动成本+购置成本
存货的       │
总成本 ──────┤ 储存成本   = 储存固定成本+储存变动成本
            │
            └ 缺货成本

            存货的总成本 = 取得成本 + 储存成本 + 缺货成本
```

图 2-36　存货总成本的构成

6000 元、7000 元、84000 元、120000 元。四个方案的机会成本均为现金持有量的 10%，管理成本均为 24000 元，短缺成本依次是 8100 元、3000 元、2500 元和 0 元。若采用成本分析模式进行现金持有量决策，该企业应采用（　　）方案。（2011 年真题）

A. 甲　　　　　　B. 乙　　　　　　C. 丙　　　　　　D. 丁

【答案】B

【解析】现金的持有成本＝机会成本＋管理成本＋短缺成本

甲：现金的持有成本＝6000×10%＋24000＋8100＝32700

乙：现金的持有成本＝7000×10％＋24000＋3000＝27700
丙：现金的持有成本＝84000×10％＋24000＋2500＝34900
丁：现金的持有成本＝120000×10％＋24000＋0＝36000

三、存货管理的 ABC 分析法

存货管理的 ABC 分析法就是按照一定的标准，将企业的存货划分为 A、B、C 三类，分别实行分品种重点管理、分类别一般控制和按总额灵活掌握的存货管理方法。分类的标准主要有两个：一是金额标准；二是品种数量标准（见图 2-37）。

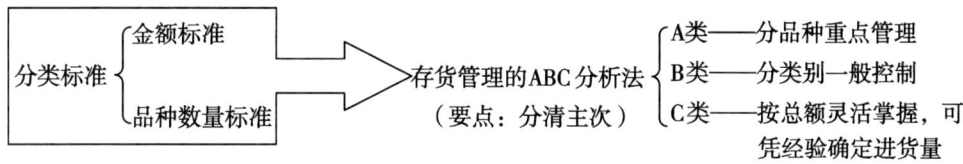

A 类：种类少，占用资金多；B 类介于 A、C 之间；C 类：种类繁多，但占用资金很少

图 2-37　存货管理的 ABC 分析法

【例 32】某现浇混凝土框架结构工程，施工现场的存货采用 ABC 分析法管理，应该实施严格控制的存货是（　　）。（2014 年真题）

A. 砂子　　　　B. 石子　　　　C. 钢筋　　　　D. 模板

【答案】C

【解析】从财务管理的角度来看，A 类存货种类虽然较少，但占用资金较多，应集中主要精力，对其经济批量进行认真规划，实施严格控制。钢筋就属于 A 类存货。

＊＊习题＊＊

90. 采用 ABC 分析法进行存货管理，对 A 类存货应采用的管理方法是（　　）。

A. 按总额灵活掌握　　　　　　B. 分类别一般控制

C. 凭经验确定进货量　　　　　D. 分品种重点管理

第三章 建设工程估价

建设工程估价知识体系见图 3-1。

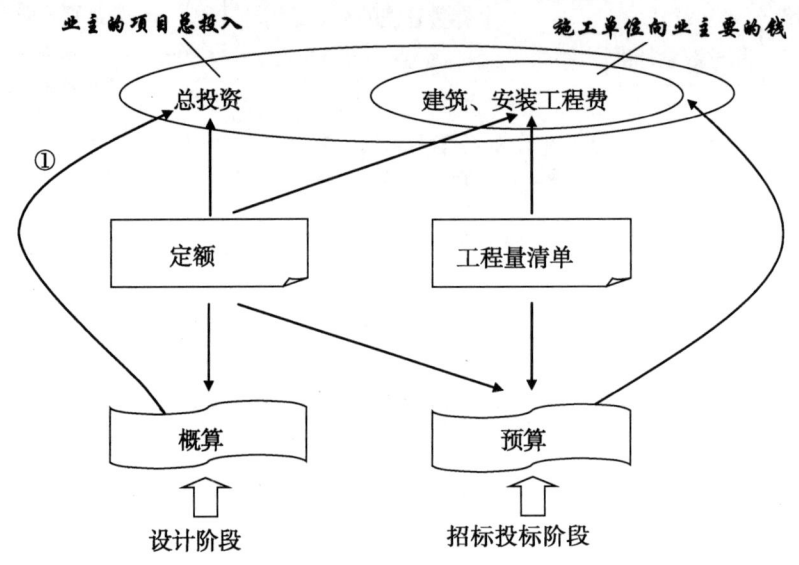

① 通过概算可以测算总投资，其中也包括建筑、安装工程费概算。

图 3-1 建设工程估价知识体系示意图

考点 30 建设工程项目总投资

建设工程总投资，一般是指进行某项工程建设花费的全部费用，生产性建设工程总投资包括建设投资和铺底流动资金两部分（见图 3-2）；非生产性建设工程总投资则只包括建设投资。生产性建设工程总投资的构成如图 3-2 所示。

【推理技巧】可理解为：相对而言固定不变的那部分投资应归属为静态投资部分，而容易发生变动的那部分投资应归属为动态投资部分。如基本预备费（计算公式见式 3-7）是由计算基数乘以费率而得，其计算基数（设备及工器具购置费＋建筑安装工程费＋工程建设其他费）均属静态投资，且对于特定的项目而言，其费率一般也是相对固定的，因此，一个项目事先应预留的基本预备费数额是相对固定的，故基本预备费应属静态投资。涨价预备费则相反，其计算公式（见式 3-8）中含有建设期价格上涨指数 f，其数额必然会因价格上涨指数的变化而变化，因此，涨价预备费应属动态投资，除此之外，建设期利息（利息会随时间推移和利率的变化而不断变化）亦属动态投资。

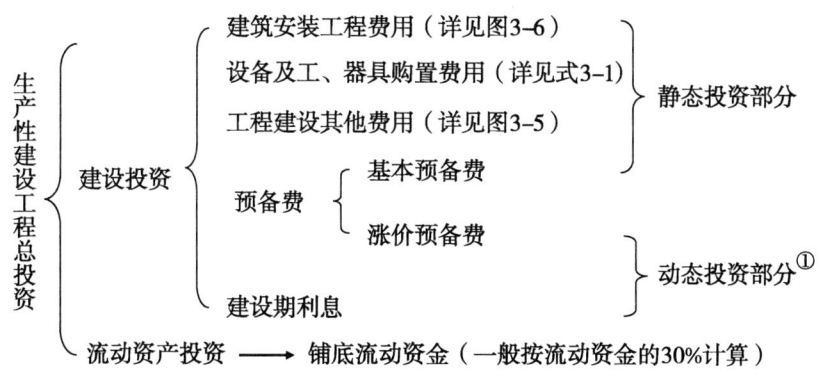

① 动态投资部分——因建设期利息和国家新批准的税费、汇率、利率变动以及建设期价格变动引起的建设投资增加额。

图 3-2 生产性建设工程总投资的构成

＊＊习题＊＊

1. 下列建设投资中，属于项目静态投资的是（　　）。(2010 年真题)
A. 基本预备费　　　　　　　　B. 建设期间新增税费
C. 涨价预备费　　　　　　　　D. 建设期利息

2. 二次搬运费属于（　　）。
A. 其他项目费　　B. 措施项目费　　C. 计日工　　D. 企业管理费

3. 职工的养老保险费属于（　　）。
A. 规费　　　　　B. 措施费　　　　C. 人工费　　D. 企业管理费

4. 在下列各项中，属于工程项目建设投资的有（　　）。
A. 建设期利息　　B. 设备及工器具购置费　　C. 预备费　　D. 流动资产投资
E. 工程建设其他费

考点 31　设备工器具购置费的组成

一、设备购置费

设备购置费是指为建设工程项目购置或自制的达到固定资产标准的设备、工具、器具的费用，其计算公式如下：

$$设备购置费 = 设备原价或进口设备抵岸价 + 设备运杂费 \qquad (3-1)$$

【例 1】估算设备工器具购置费时，国产标准设备运杂费的构成包括（　　）。(2010 年真题)
A. 交货地点至工地仓库的运费和装卸费　　B. 设备出厂价格中未包含的包装材料费
C. 供销部门手续费　　　　　　　　　　　D. 采购与仓库保管费
E. 设备进场费

【答案】ABCD

【解析】设备运杂费是指设备原价中未包括的包装和包装材料费、运输费、装卸费、采购费及仓库保管费、供销部门手续费等。如果设备是由设备成套公司供应的，成套公司的服务费也应计入设备运杂费中。

二、设备原价

设备原价的概念及构成见表 3-1。

表 3-1 设备原价

设备原价	概念及构成
国产标准设备原价	一般指的是设备制造厂的交货价,即出厂价(带有备件的)
国产非标准设备原价	非标准设备是指国家尚无定型标准,各设备生产厂不可能在工艺过程中采用批量生产,只能按一次订货,并根据具体的设备图纸制造的设备。其计算方法主要有以下四种: 计算方法 { 成本计算估价法 / 系列设备插入估价法 / 分部组合估价法 / 定额估价法 }

三、进口设备的交货责任

【例 2】某建设工程项目购置的进口设备采用装运港船上交货船,属于买方责任的有( )。(2011 年真题)

A. 负责租船,支付运费,并将船期、船名通知卖方
B. 按照合同约定在规定的期限内将货物装上船只
C. 办理在目的港的进口和收货手续
D. 接受卖方提供的装运单据并按合同约定支付货款
E. 承担货物装船前的一切费用和风险

【答案】ACD

【解析】购置的进口设备采用装运港船上交货船(FOB)时,相关责任如表 3-2 所示。

表 3-2 FOB 形式下的卖方与买方责任

	卖方责任	买方责任
通知对方	负责在合同规定的装运港口和规定的期限内,将货物装上买方指定的船只,并及时通知买方	负责租船或订舱,支付运费,并将船期、船名通知卖方
风险费用的承担	负责货物装船前的一切费用和风险	承担货物装船后的一切费用和风险
办理手续	负责办理出口手续	负责办理保险及支付保险费,办理在目的港的进口和收货手续
其他	提供出口国政府或有关方面签发的证件;负责提供有关装运单据	接受卖方提供的有关装运单据,并按合同规定支付货款

四、设备离岸价、到岸价、抵岸价的计算

设备离岸价、到岸价、抵岸价的计算见表 3-3,三者之间的联系见图 3-3。

表 3-3 离岸价、到岸价、抵岸价

	计算公式	
离岸价	离岸价=进口设备货价	(3-2)
到岸价	到岸价=离岸价+国外运费+国外运输保险费 式中:离岸价——装运港船上交货价(FOB)(即不含国外运费和国外运输保险费的价); 到岸价——运费、保险费在内价(CIF)(即包含国外运费和国外运输保险费的价)	(3-3)

续表

	计算公式
抵岸价	指抵达买方边境港口或边境车站，且交完关税以后的价格。 抵岸价＝离岸价＋国外运费＋国外运输保险费＋银行财务费＋外贸手续费＋进口关税＋增值税＋消费税＋海关监管手续费　　　　　　　　　　　　　　　　　　　　　　　　　　（3-4） 将式 3-3 代入式 3-4，得到的式 3-5 为式 3-4 的简化形式。 抵岸价＝到岸价＋银行财务费＋外贸手续费＋进口关税＋增值税＋消费税＋海关监管手续费　　（3-5）

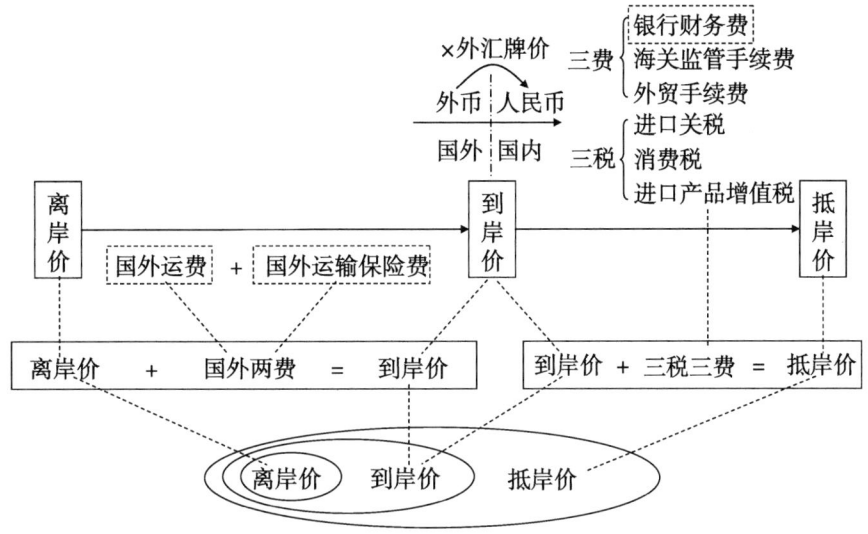

图 3-3　离岸价、到岸价、抵岸价之间的联系

【助记】离婚要离到底（抵）：离岸价→到岸价→抵岸价

注：若计算中存在外币换算为人民币的情况，均应将所得数据乘以外汇牌价，详见后文。

表 3-4　抵岸价中各税费的计算（式 3-4 中各分项的计算）

序号	税（费）	计算公式	计费基数①
1	进口设备货价	＝离岸价（即 FOB 价，下同）	离岸价
2	国外运费	＝离岸价×运费率 或：＝运量×单位运价	离岸价
3	国外运输保险费	$=\dfrac{离岸价+国外运费}{1-国外运输保险费率}\times$国外运输保险费率	离岸价
4	银行财务费	＝离岸价×银行财务费率	离岸价
5	外贸手续费	＝到岸价×外贸手续费率	到岸价
6	海关监管手续费	＝到岸价×海关监管手续费率	到岸价
7	进口关税	＝到岸价×进口关税率	到岸价
8	消费税	$=\dfrac{到岸价+进口关税}{1-消费税率}\times$消费税率	到岸价
9	增值税②	＝（到岸价＋进口关税＋消费税）×增值税率	到岸价

①对进口设备而言，应为进口产品增值税额。
②消费税、增值税和国外运输保险费三项税费的计算基数较为特殊，其记忆诀窍见表 3-5。

【妙记公式】

（1）进口设备抵岸价由九种费用（或税）组成（各税费的计算见表 3-4），利用图 3-4

中的口诀，可轻松记牢进口设备抵岸价的九个组成部分及其计算公式。

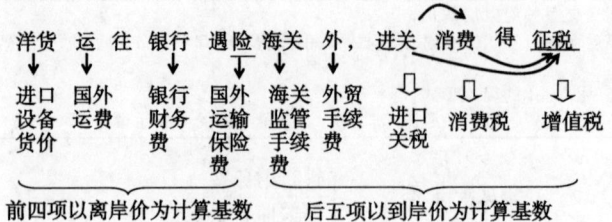

图 3-4 进口设备抵岸价各项组成的计算公式推导法配图

（2）式 3-3 的推导。

口诀为：**离家（加）险运到了岸（离开家冒险运输终于到了岸）**。

意为：离岸价加上国外运输保险费和国外运费等于到岸价，得到式 3-3。

（3）表 3-4 中九种费（税）的计算通式为：

$$费（或税）= 计算基数 \times 相应的费（税）率 \qquad (3-6)$$

口诀为：**基率相乘很简单**

说明：

①式 3-4 中计算基数的计取分为两类情况：九种费（税）中，前四种以离岸价作为计算基数，后五种以到岸价作为计算基数，即进口设备货价、国外运费、银行财务费和国外运输保险费均为以离岸价作计算基数（其中国外运输保险费较为特殊，见下条）；而外贸手续费、进口关税、增值税、消费税以到岸价为计算基数（其中增值税、消费税两种较为特殊，见下条）。口诀为：**前四位，离岸派；后五位，到岸帮**。

②消费税、增值税和国外运输保险费三项税费的计算基数较为特殊，详见表 3-5。

（4）离岸价、到岸价、国外运费和国外运输保险费常以外币计，计算进口设备抵岸价时，应换算成人民币（乘以人民币外汇牌价，一种费的所有计算过程只能乘一次，否则就重复了）。

（5）综上所述，利用图 3-4 中的口诀可推得表 3-4 中各项费（税）的计算公式。

消费税、增值税和国外运输保险费的计算及助记见表 3-5。

表 3-5 消费税、增值税和国外运输保险费三项税费的计算及助记

	公式推导及助记
消费税	**带母进关径（得出）消费**：到岸价加进口关税并以"1-消费税率"作分母，得到消费税的计算基数（"带母"：计算式中带有分母——"1-消费税率"）。 【理解】消费税的计算基数中含有消费税本身，但既然是求消费税，消费税就是未知数，只知道消费税率，可通过如下推导得出消费税的计算式： $$消费税率 = \frac{消费税}{到岸价+关税+消费税} \Rightarrow 消费税 = \frac{到岸价+关税}{1-消费税率} \times 消费税率$$

	公式推导及助记
增值税	增值税的计算基数为：到岸价＋进口关税＋消费税 口诀为：进关消费得征税（得到增值税的计算基数）——到岸价加进口关税再加消费税，得到增值税的计算基数，代入表3-4中的公式计算可得出增值税额
国外运输保险费	国外运输保险费的计算基数为：离岸价＋国外运费；口诀为：**险运**（取自"**离家险运到了岸**"）——意为：运输保险费的计算基数还要加运费

【例3】采用装运港船上交货价的进口设备，货价为1000万元人民币，国外运费为90万元人民币，国外运输保险费为10万元人民币，进口关税为150万元人民币。则该设备的到岸价为（　　）万元人民币。

A. 1090　　　　B. 1100　　　　C. 1150　　　　D. 1250

【答案】B

【解析】当不考虑外汇牌价时，货价＝离岸价。

到岸价＝离岸价（货价）＋国外运费＋国外运输保险费＝1000＋90＋10＝1100（万元）

【例4】某进口设备的离岸价为20万美元，到岸价为22万美元，人民币与美元的汇率为8.3∶1，进口关税率为7%，则该设备的进口关税为（　　）万元人民币。

A. 1.54　　　　B. 2.94　　　　C. 11.62　　　　D. 12.78

【答案】D

【解析】①到岸价（人民币）＝到岸价（美元）×人民币外汇牌价

②进口关税（人民币）＝到岸价（人民币）×进口关税率

式①、式②结合有：进口关税（人民币）＝22×8.3×7%＝12.78（万元人民币）

＊＊习题＊＊

5. 某建设工程项目需从国外进口设备，应计入该设备运杂费的是（　　）。（2011年真题）

A. 设备安装前在工地仓库的保管费　　B. 国外运费

C. 国外运输保险费　　D. 按规定交纳的增值税

6. 某采用装运港船上交货价的进口设备，货价为1000万元人民币，国外运费为90万元人民币，国外运输保险费为10万元人民币，进口关税为150万元人民币，则该设备到岸价为（　　）万元人民币。

A. 1090　　　　B. 1100　　　　C. 1150　　　　D. 1250

7. 按人民币计算，某进口设备离岸价为2000万元，到岸价为2100万元，银行财务费为10万元，外贸手续费为30万元，进口关税为147万元。增值税税率为17%，不考虑消费税，则该设备的抵岸价为（　　）万元。

A. 2551.99.　　B. 2644.00　　C. 2651.99　　D. 2668.99

8. 按人民币计算，某进口设备的离岸价为1000万元，到岸价为1050万元，关税为105万元，银行财务费率为0.5%，则该设备的银行财务费为（　　）万元。

A. 5.00　　　　B. 5.25　　　　C. 5.33　　　　D. 5.78

9. 按人民币计算，某进口设备离岸价为1000万元，到岸价1050万元，银行财务费5万元，外贸手续费15万元，进口关税70万元，增值税税率17%，不考虑消费税，则该设备的抵岸价为（　　）万元。

A. 1260.00　　　B. 1271.90　　　C. 1321.90　　　D. 1330.40

10. 进口设备增值税额的计税基数为（　　）。

A. 离岸价×人民币外汇牌价+进口关税+消费税

B. 离岸价×人民币外汇牌价+进口关税+外贸手续费

C. 到岸价×人民币外汇牌价+外贸手续费+银行财务费

D. 到岸价×人民币外汇牌价+进口关税+消费税

11. 按人民币计算，某进口设备的离岸价1000万元，到岸价1050万元，银行财务费5万元，外贸手续费费率为1.5%，则设备的外贸手续费为（　　）万元。

A. 15.00　　　B. 15.75　　　C. 16.65　　　D. 17.33

12. 进口设备银行财务费一般是指银行手续费，其计算公式为（　　）。

A. 银行财务费=到岸价×人民币外汇牌价×银行财务费率

B. 银行财务费=离岸价×人民币外汇牌价×银行财务费率

C. 银行财务费=（到岸价+进口关税）×人民币外汇牌价×银行财务费率

D. 银行财务费=（离岸价+进口关税）×人民币外汇牌价×银行财务费率

13. 某施工机械购置费为120万元，折旧年限为6年，年平均工作250个台班，预计净残值率为3%，按工作台班法提取折旧，该机械台班折旧费为（　　）元。（2014年真题）

A. 800　　　B. 776　　　C. 638　　　D. 548

14. 进口设备外贸手续费=（　　）×人民币外汇牌价×外贸手续费率。

A. 到岸价　　　B. 离岸价　　　C. 出厂价　　　D. 组成计税价格

考点32　工程建设其他费

一、工程建设其他费的构成

工程建设其他费的构成见图3-5。

工程建设其他费之构成的常见错误选项与正确选项归纳：

【常见错误选项】

× 设备及工器具购置费

× 生产家具购置费

× 建筑安装工程费

× 预备费

【容易漏选的正确选项】

√ 生活家具购置费

√ 办公家具购置费

【例5】下列建设工程项目相关费用中，属于工程建设其他费用的是（　　）。（2011

```
工                  ┌ 农用土地征用费
程  ┌ 土地使用费 ┤
建  │                  └ 取得国有土地使用费
设  │                              ┌ 建设单位管理费（如五险一金等）
其  │                  ┌ 建设管理费┤ 工程监理费
他  │                  │              └ 工程质量监督费
费  │                  │ 可行性研究费——编制项目建议书、可研报告的费用
用  │                  │ 研究试验费——为工程提供数据、资料的试验费用
    │ 与建设项目有 │ 勘察、设计费
    ┤ 关的其他费用 ┤ 环境影响评价费——编制相关环境报告的费用
    │                  │ 劳动安全卫生评价费
    │                  │ 场地准备及临时设施费
    │                  │ 引进技术和进口设备其他费——包括技术引进、出国人员费用等
    │                  │ 工程保险费
    │                  │ 特殊设备安全监督检验费
    │                  └ 市政公用设施建设及绿化补偿费
    │ 与未来企业生 ┌ 联合试运转费
    └ 产有关的费用 ┤ 生产准备费（如生产职工培训费）
                      └ 办公和生活家具购置费
```

图 3-5 工程建设其他费的构成

年真题）

A. 环境影响评价费   B. 建筑安装工程费

C. 设备及工器具购置费   D. 预备费

【答案】A

【例 6】建设项目投资组成中，建设管理费包括（   ）。（2010 年真题）

A. 工程勘察费   B. 工程监理费

C. 工程设计费   D. 施工管理费

E. 建设单位管理费

【答案】BE

【分析】如图 3-5 所示，建设管理费由建设单位管理费、工程监理费、工程质量监督费组成。由此我们可以归纳为，建设管理费都是质量监控方（而非自控方）的费用。

二、工程建设其他费中的联合试运转费

(1) 联合试运转费不包括应由设备安装工程费用开支的调试及试车费用，以及在试运转中暴露出来的因施工原因或设备缺陷等发生的处理费用。

(2) 不发生试运转或试运转收入大于（或等于）费用支出的工程，不列此项费用。

(3) 当联合试运转收入小于试运转支出时，其计算公式为：

$$联合试运转费 = 联合试运转费用支出 - 联合试运转收入$$

(4) 试运转支出包括试运转所需原材料、燃料及动力消耗、低值易耗品、其他物料消耗、工具用具使用费、机械使用费、保险金、施工单位参加试运转人员工资及专家指导费等；试运转收入包括试运转期间的产品销售收入和其他收入。

习题

15. 下列建设项目投资中，属于工程建设其他费用的有（　　）。(2009年真题)
    A. 土地使用费 B. 建设管理费
    C. 建筑安装工程费 D. 流动资金
    E. 生产准备费

16. 建设工程项目总投资组成中，工程建设其他费包括（　　）。
    A. 失业保险费 B. 工程监理费
    C. 研究试验费 D. 生活家具购置费
    E. 生产家具购置费

17. 业主为验证桥梁的安全性，要求承包商对模拟桥梁进行破损性试验发生的费用属于（　　）。
    A. 业主方的研究试验费 B. 业主方的建设单位管理费
    C. 业主方的勘察设计费 D. 承包方的检验试验费

18. 工程建设其他费包括（　　）。
    A. 建设单位管理费 B. 生产家具购置费
    C. 工程监理费 D. 生活家具购置费
    E. 研究试验费

19. 业主代表因工作需要在施工现场搭设临时办公室所需的费用在（　　）中开支。
    A. 工程建设其他费 B. 企业管理费
    C. 建筑安装工程措施费 D. 建筑安装工程材料费

20. 关于联合试运转费的说法，正确的是（　　）。(2011年真题)
    A. 试运转收入大于费用支出的工程，不列此项费用
    B. 联合试运转费应包括设备安装时的调试和试车费用
    C. 试运转费用大于费用收入的工程，不列此项费用
    D. 试运转中因设备缺陷发生的处理费用应计入联合试运转费

21. 下列关于联合试运转费的描述中，正确的有（　　）。
    A. 联合试运转费包括试运转中暴露出来的因施工原因发生的处理费用
    B. 不发生试运转或试运转收入大于费用支出的工程，不列联合试运转费
    C. 当联合试运转收入小于试运转支出时，联合试运转费＝联合试运转费用支出－联合试运转收入
    D. 联合试运转支出包括施工单位参加试运转的人员工资以及专家指导费
    E. 联合试运转费包括由设备安装工程费用开支的调试及试车费用

22. 单台设备安装后的调试费属于（　　）。
    A. 安装工程费 B. 建筑工程费
    C. 设备购置费 D. 工程建设其他费

考点 33 预备费、建设期利息的计算

一、预备费

预备费由基本预备费和涨价预备费组成,如表 3-6 所示,两者之间计算区别见表 3-7。

表 3-6 预备费的组成

		内容要点
预备费	基本预备费	指在项目实施过程中可能发生难以预料的支出,需要事先预留的费用。 基本预备费=(设备及工器具购置费+建筑安装工程费+工程建设其他费) ×基本预备费率 (3-7)
	涨价预备费	指建设工程在建设期内由于价格等变化引起的投资增加,需要事先预留的费用。 $$PC = \sum_{t=1}^{n} I_t [(1+f)^t - 1] \quad (3-8)$$ 式中:PC——涨价预备费; I_t——即第 t 年的建筑安装工程费、设备及工器具购置费之和; n——建设期; f——建设期价格上涨指数

表 3-7 基本预备费和涨价预备费的计算区别

	内容要点
计算原理不同	(1) 基本预备费=计算基数×费率 (2) 涨价预备费的计算原理与复利利息的计算原理相同,其公式与复利利息的计算公式相比较,虽形式有所不同,但实质上相同。涨价预备费的计算是先假定各年度都有投资(无投资时,投资额视为零),但各年度的投资现值不尽相同,因此应分别计算、逐年累加。实际上,涨价预备费的计算公式是复利计算公式的一种具体应用的结果 复利的计算公式:本例和 $=P(1+i)^n$ 式 (1-1) $\Rightarrow$ 利息 $=P(1+i)^n - P = P[(1+i)^n - 1]$ 对比 $\begin{cases}\sum_{t=1}^{n} I_t[(1+f)^t - 1] \\ P[(1+i)^n - 1]\end{cases}$
计算基数不同	(1) 基本预备费的计算基数含建筑安装工程费、设备及工器具购置费、工程建设其他费; (2) 涨价预备费的计算基数只含建筑安装工程费、设备及工器具购置费两项,不含工程建设其他费

【例7】某建设项目设备及工器具购置费为 600 万元,建筑安装工程费为 1200 万元,工程建设其他费为 100 万元,建设期贷款利息为 20 万元,基本预备费率为 10%,则该项目基本预备费为（　　）万元。

    A. 120   B. 180   C. 182   D. 190

【答案】D

【解析】基本预备费=(600+1200+100)×10%=190(万元)

【例8】某建设工程项目在建设初期估算的建筑安装工程费、设备及工器具购置费为 5000 万元,按照项目进度计划,建设期为 2 年,第 1 年投资 2000 万元,第 2 年投资 3000 万元,预计建设期内价格总水平上涨率为每年 5%,则该项目的涨价预备费估算是（　　）万元。(2011年真题)

A. 250.00　　　　　B. 307.50　　　　　C. 407.50　　　D. 512.50

【答案】C

【解析】

第一年末的涨价预备费=2000×[$(1+5\%)^1-1$]=100（万元）

第二年末的涨价预备费=3000×[$(1+5\%)^2-1$]=307.5（万元）

该项目建设期的涨价预备费=100+307.5=407.5（万元）

二、建设期利息

建设期利息是指项目借款在建设期内发生并计入固定资产的利息。计算公式为

$$各年应计利息=(年初借款本息累计+\frac{本年借款额}{2})×年利率$$

注：①为了简化计算，在编制投资估算时通常假定借款均在每年的年中支用，故借款第一年按半年计息，其余各年份按全年计息。

②如果建设期利息是一次性投入，则应按前述复利利息的计算公式计算，具体例子见第一章考点2。

【归纳】建设期每一年利息的计算要点：当年发生的贷款视为年中发生，只算半年利息，往年累计的本息之和应算全年利息。如果是一次性投入（不是逐年投入），则可直接按复利利息公式计算。

【例9】某建设项目，建设期为两年，其向银行贷款1000万元，贷款时间和额度为第一年400万元，第二年600万元，贷款年利率6%，建设期不支付利息，则编制该项目投资估算时，建设期利息为（　　）万元。(2010年真题)

A. 12.00　　　　　B. 120.00　　　　　C. 54.72　　　D. 42.72

【答案】C

【解析】在建设期，各年利息计算如下：

第1年应计利息=$(\frac{400}{2})×6\%$=12（万元）

第2年应计利息=$(400+12+\frac{600}{2})×6\%$=42.72（万元）

∴建设期利息总和=12+42.72=54.72（万元）

＊＊习题＊＊

23. 某项目的设备及工器具购置费2000万元，建筑安装工程费800万元，工程建设其他费200万元，基本预备费费率5%，则该项目的基本预备费为（　　）万元。

A. 100　　　　　B. 110　　　　　C. 140　　　D. 150

24. 某工程的设备及工器具购置费为1000万元，建筑安装工程费为1300万元，工程建设其他费为600万元，基本预备费费率为5%。该项目的基本预备费为（　　）万元。

A. 80　　　　　B. 95　　　　　C. 115　　　D. 145

25. 某建设项目设备及工器具购置费为600万元，建筑安装工程费为1200万元，工程建设其他费为100万元，建设期两年，建设期内预计年平均价格总水平上涨率为5%，则该项目的涨价预备费的计算基数应为（　　）万元。(2010年真题)

A. 1900　　　　　B. 1200　　　　　C. 700　　　D. 1800

26. 某拟建项目的建筑安装工程费为1000万元,设备及工器具购置费为600万元,工程建设其他费为300万元,则该项目涨价预备费的计算基数为(   )万元。

A. 1000   B. 1300   C. 1600   D. 1900

27. 基本预备费的计算基数包括(   )。

A. 设备及工器具购置费
B. 建设期贷款利息
C. 建筑安装工程费
D. 铺底流动资金
E. 工程建设其他费

28. 在编制投资估算时,某建设工程项目第2年初款本息累计为5000万元,第2年当年借款额为600万元,借款利率为6%。则该年应计的建设期利息为(   )万元。

A. 264   B. 282   C. 318   D. 336

29. 在建设工程投资估算中,建设期贷款利息按(   )×年利率计算。

A. 年初借款本息累计＋本年借款额
B. 年初借款本息累计＋本年借款额/2
C. 年初借款本息累计－本年借款额
D. 年初借款本息累计－本年借款额/2

考点 34　建筑安装工程费用项目的组成

建筑安装工程费用项目组成因计价模式不同而有所不同,有两种主要模式,一种是定额计价模式,另一种是工程量清单计价模式。两种模式仅在计算角度上存在差异,内容并无实质性差异。

一、按费用构成要素划分的建筑安装工程费用项目组成

按照费用构成要素划分,建筑安装工程费由人工费、材料(包含工程设备,下同)费、施工机具使用费、企业管理费、利润、规费和税金组成。(见图3-6)。

二、按造价形成划分的建筑安装工程费用项目组成

建筑安装工程费按照工程造价形成由分部分项工程费、措施项目费、其他项目费、规费、税金组成,分部分项工程费、措施项目费、其他项目费包含人工费、材料费、施工机具使用费、企业管理费和利润(见图3-7)。

【助记口诀】清单家有五兄弟,不要分错(措)他归谁(税)。

【例10】工程量清单由(   )等组成。

A. 分部分项工程量清单
B. 综合单价分析清单
C. 措施项目清单
D. 其他项目价格清单
E. 主要材料价格清单

【答案】ACD

【例11】某新建工程,采购一批直径12mm的螺纹钢筋200吨,钢筋的供应价格为4280元/吨,运费为60元/吨,运输损耗为0.25%,采购保管费率为1%,则该钢筋的采购单价为(   )元。

A. 3999.9   B. 4030   C. 4350.85   D. 4394.36

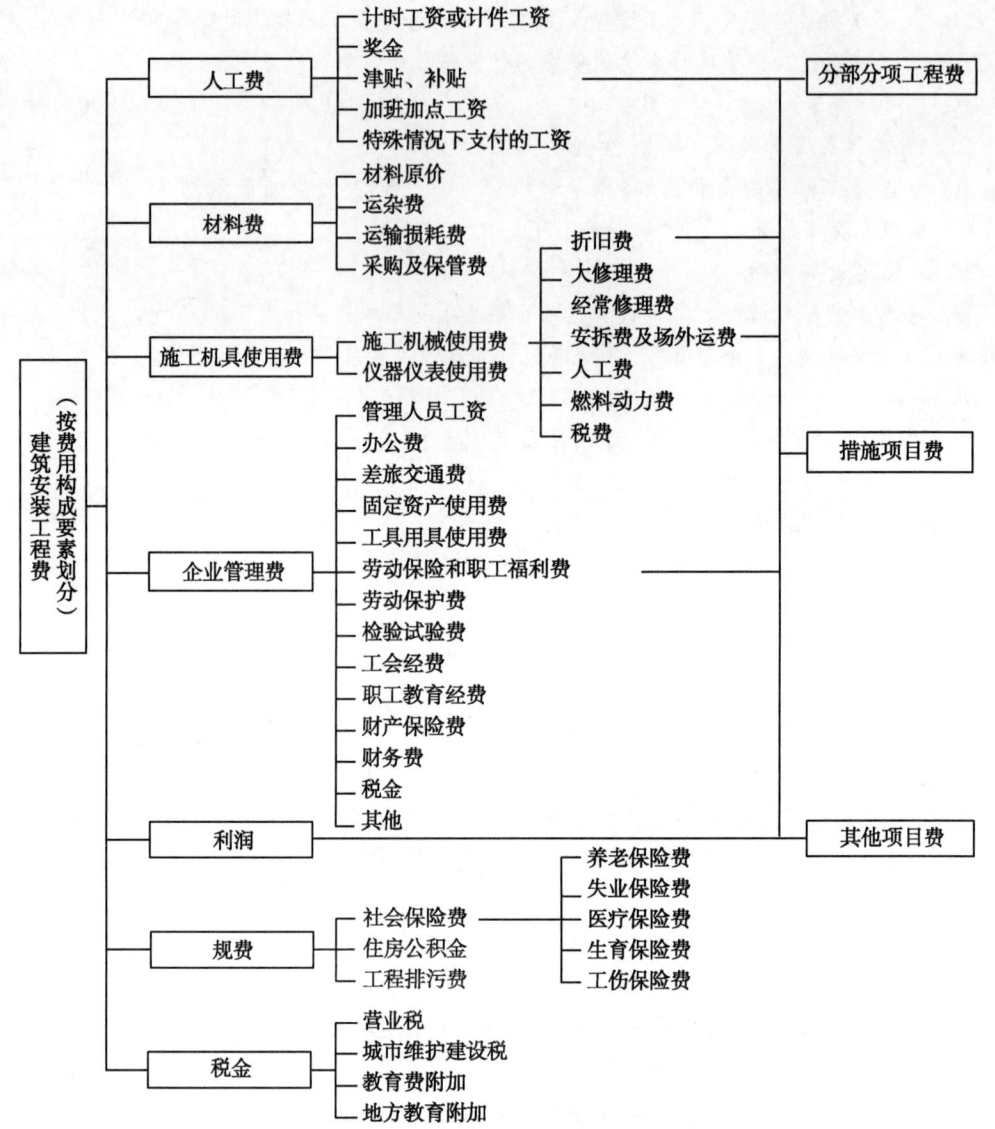

图 3-6 按费用构成要素划分的建筑安装工程费用项目组成

【答案】D

【解析】本题中，材料单价＝[（材料原价＋运杂费）×（1＋运输损耗率）]×（1＋采购保管费率）

＝（4280＋60）×（1＋0.25%）×（1＋1%）＝4394.36（元）

三、各种费用的构成及其记忆技巧

措施项目费的构成见图 3-8。

【例12】某施工用机械，折旧年限为10年，年平均工作300个台班，台班折旧费800元，残值率为5%，则该施工机械的预算价格为（　　）万元。

A. 116.4　　　　　　B. 120　　　　　　C. 123.6　　　　　　D. 252.6

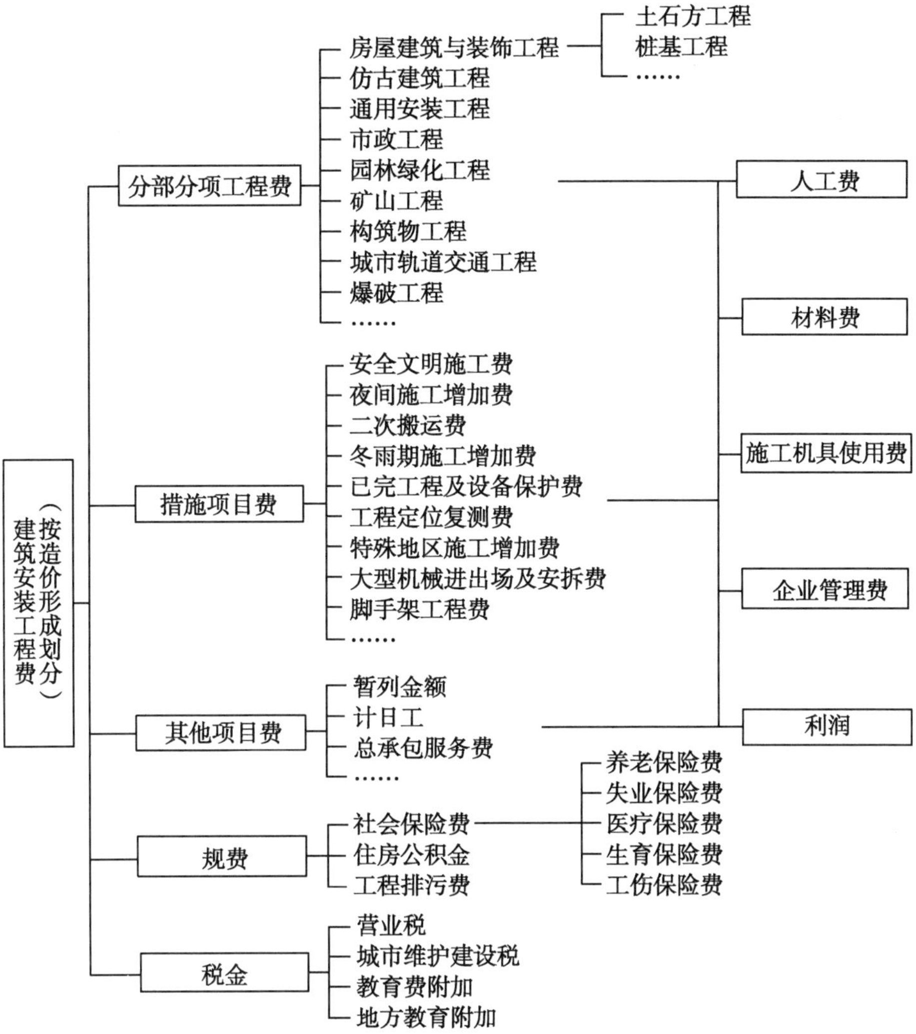

图 3-7 按造价形成划分的建筑安装工程费用项目组成

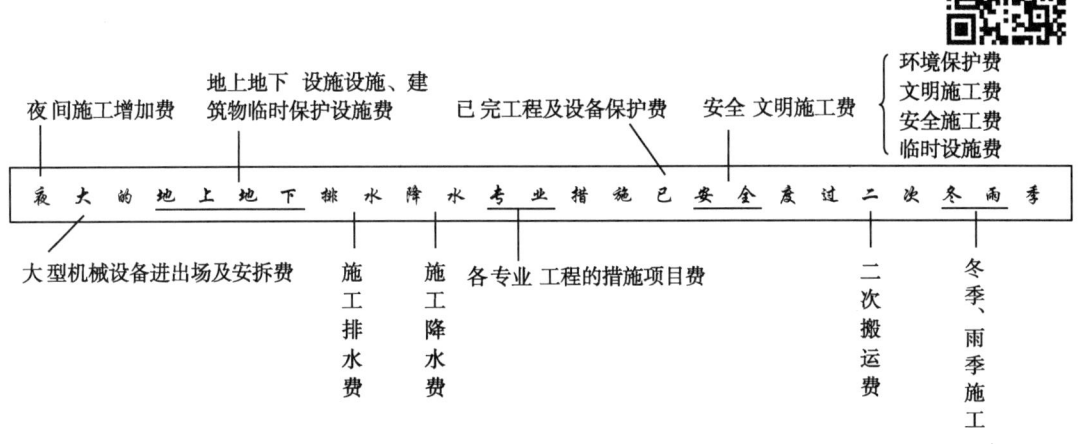

图 3-8 措施项目费的构成

【答案】D

【解析】施工机械使用费是指施工机械作业所发生的机械使用费，以及机械安拆费和场外运费。单位工程量施工机械使用费的计算公式为：

台班折旧费＝机械预算价格×（1－残值率）/耐用总台班数

耐用总台班数＝折旧年限×年工作台班

本题中机械预算价格＝台班折旧费×耐用总台班数/（1－残值率）

＝800×10×300/（1－5%）＝2526315.79（元）

【例13】某土建结构工程，计算出的工程费用2600万元，其中定额人工费占该项工程费的16%。措施费以该项工程费为计费基础，其中安全文明施工费费率为2.0%，其他措施费费率合计1%，其他项目费合计200万元，规费费率为10%，税率3.3%，该项工程的招标控制价为（　　）万元。

A. 2816.4　　　　B. 2919.6　　　　C. 3015.9　　　　D. 4138.6

【答案】C

【解析】该土建结构工程招标控制价计算表

序号	内容	计算方法	金额（万元）
1	分部分项工程费		2600
2	措施项目费	分部分项工程费×3%	78
2.1	其中：安全文明施工费	分部分项工程费×2%	52
3	其他项目费		200
4	规费	分部分项工程费×16%×10%	41.6
5	税金	（1+2+3+4）×3.4%	96.3

招标控制价合计＝（1+2+3+4+5）项＝3015.9（万元）

【例14】某分项工程，按工程量清单计算出的工程费用6000万元，其中定额人工费占该分项工程费的18%，措施费以该分项工程费为计费基础，其中安全文明施工费费率为2.0%，其他措施费费率合计1.5%，其他项目费合计400万元，规费费率为20%，税率3.5%，利润率4%，试计算该分项工程的投标报价为（　　）万元。

A. 6912.41　　　　B. 7210.61　　　　C. 7347.51　　　　D. 7438.91

【答案】C

【解析】某分项工程投标报价计算

序号	内容	计算方法	金额（万元）
1	分部分项工程费		6000
2	措施项目费	分部分项工程费×3.5%	210
2.1	其中：安全文明施工费	分部分项工程费×1.5%	90
3	其他项目费		400
4	规费	分部分项工程费×18%×20%	216
5	利润	（1+2+3+4）×4%	273.04
6	税金	（1+2+3+4+5）×3.5%	248.47

投标报价合计＝（1+2+3+4+5+6）＝7347.51（万元）

习题

30. 建筑材料的采购费、仓储费、工地保管费和仓储损耗费，属于建筑安装工程的（   ）。
    A. 措施费　　　　　　B. 材料费　　　　　　C. 企业管理费　　　D. 现场管理费
31. 大型机械设备进出场及安拆费属于（   ）。
    A. 措施费　　　　　B. 固定资产使用费　　C. 企业管理费　　　D. 二次搬运费
32. 根据《建筑安装工程费用项目组成》（建标［2013］44号文），脚手架工程费应计入建筑安装工程（   ）。
    A. 措施费
    B. 分项工程费
    C. 规费
    D. 施工机械使用费
33. 建筑安装工程施工过程中生产工人的流动施工津贴属于（   ）。
    A. 生产工人辅助工资
    B. 人工费
    C. 职工福利费
    D. 生产工人劳动保护费
34. 由企业支付的职工退职金属于（   ）。
    A. 生产工人辅助工资　　B. 待业保险　　C. 劳动保险费　　D. 现场管理费
35. 材料费不包括（   ）。
    A. 材料原价
    B. 材料运杂费及运输损耗费
    C. 材料采购及保管费
    D. 材料检验试验费
36. 二次搬运费属于（   ）。
    A. 其他项目费　　　B. 措施项目费　　　C. 计日工　　　D. 企业管理费

考点35　建筑安装工程费用计算方法

一、各费用构成要素计算方法

1. 人工费

人工费＝Σ（工日消耗量×日工资单价）

2. 材料费

材料费＝Σ（材料消耗量×材料单价）

材料单价＝（材料原价＋运杂费）×［1＋运输损耗率（％）］×［1＋采购保管费率（％）］

工程设备费＝Σ（工程设备量×工程设备单价）

工程设备单价＝（设备原价＋运杂费）×［1＋采购保管费率（％）］

3. 施工机具使用费

施工机械使用费＝Σ（施工机械台班消耗量×机械台班单价）

机械台班单价＝台班折旧费＋台班大修费＋台班经常修理费＋台班安拆费及场外运费＋台班人工费＋台班燃料动力费＋台班车船税费

折旧费计算公式为：

台班折旧费＝机械预算价格×（1－残值率）/耐用总台班数

耐用总台班数＝折旧年限×年工作台班

4. 企业管理费费率

以分部分项工程费为计算基础

企业管理费费率（％）＝生产工人年平均管理费/［年有效施工天数×人工单价］×人工费占分部分项工程费比例（％）

5. 利润

施工企业根据企业自身需求并结合建筑市场实际自主确定，列入报价中。

6. 规费

社会保险费和住房公积金应以定额人工费为计算基础，根据工程所在地省、自治区、直辖市或行业建设主管部门规定费率计算。

【例15】按费用构成要素，建筑安装工程费的组成项目包括（　　）。

A. 人、料、机费　　B. 企业管理费　　C. 措施费　　D. 利润和税金

E. 规费

【答案】ABDE

【解析】根据建标［2013］44号关于印发《建筑安装工程费用项目组成》的通知的规定：建筑安装工程费由人工费、材料费、施工机具使用费、企业管理费、利润、规费和税金组成。

【例16】材料费包括（　　）。

A. 材料原价　　B. 运杂费　　C. 运输损耗费　　D. 采购及保管费

E. 检验试验费

【答案】BD

【解析】规费是指政府和有关权力部门规定必须缴纳的费用，包括：工程排污费、工程定额测定费、社会保障费、住房公积金、危险作业意外伤害保险；社会保障费包括养老保险费、失业保险费、医疗保险费。

【例17】下列各项属于措施费的有（　　）。

A. 为临时工程搭设脚手架发生的费用

B. 为工程建设缴纳的工程排污费

C. 为加快施工进度发生的夜间施工费

D. 对已完工程进行设备保护而发生的费用

E. 施工现场管理人员的工资

【答案】ACD

【解析】措施费是指为完成工程项目施工，发生于该工程施工前和施工过程中非工程实体项目的费用，一般包括下列项目：环境保护费、文明施工费、安全施工费、临时设施费、夜间施工增加费、二次搬运费、冬雨期施工费、大型机械设备进出场及安拆费、脚手架费、已完工程及设备保护费等。

【例18】下列各项属于企业管理费的是（　　）。

A. 管理人员工资　　B. 固定资产使用费　　C. 工伤保险　　D. 劳动保险费

E. 工会经费

【答案】ABDE

【解析】企业管理费是指建筑安装企业组织施工生产和经营管理所需费用，包括：管理人员工资、办公费、差旅交通费、固定资产使用费、工具用具使用费、劳动保险费、劳动保护费、检验试验费、工会经费、职工教育经费、财产保险费、财务费、税金、其他。

【例19】某施工机械预算价格为40万元，估计残值率为3%，折旧年限为10年，年工作台班数为250台班，则该机械的台班折旧费为（ ）元。

A. 195.9　　　　B. 155.2　　　　C. 160.0　　　　D. 164.8

【答案】B

【解析】台班折旧费 = $\dfrac{机构预算价格 \times (1-残值率)}{折旧年限 \times 年工作台班} = \dfrac{400000 \times (1-3\%)}{10 \times 250} = 155.20$（元）

【例20】某施工材料采购原价为190元/吨，运杂费为40元/吨，运输损耗率为1%，采购保管费率为3%，则改材料的单价为（ ）元/吨。（2014年真题）

A. 234.28　　　　B. 237.66　　　　C. 239.20　　　　D. 239.27

【答案】D

【解析】(190+40)×(1+1%)×(1+3%)=239.27（元/吨）

【例21】某新建工程，采购一批直径12的螺纹钢筋200吨，钢筋的供应价格为4280元/吨，运费为60元/吨，运输损耗为0.25%，采购保管费率为1%，则该钢筋的采购单价为（ ）。

A. 3999.90元　　B. 4030.00元　　C. 4350.85元　　D. 4394.36元

【答案】D

【解析】本题中，材料单价=[（材料原价+运杂费）×(1+运输损耗率)]×(1+采购保管费率)=(4280+60)×(1+0.25%)×(1+1%)=4394.36（元）

✱ ✱ 习题 ✱ ✱

37. 建筑安装工程直接工程费中的人工费包括生产工人的（ ）。

A. 工具用具使用费　　　　　　B. 医疗保险费
C. 因气候影响的停工工资　　　D. 劳动保护费
E. 按规定标准发放的物价补贴、交通补贴

38. 按建标[2003]206号文的规定，直接工程费中的人工费包括生产工人（ ）的工资。

A. 培训期间　　　　　　　　　B. 病假六个月以上
C. 因气候影响停工　　　　　　D. 调动工作期间
E. 修建临时设施

39. 施工项目部对进场建筑材料进行一般鉴定检查所发生的费用属于（ ）。

A. 建筑安装工程材料费　　　　B. 工程建设其他费用
C. 建筑安装工程措施费　　　　D. 研究试验费

40. 根据建标[2003]206号文，建筑材料的采购费、仓储费、工地保管费和仓储损耗费，属于建筑安装工程的（ ）。

A. 措施费　　　　　B. 直接工程费　　　C 企业管理费　　D. 现场管理费

41. 属于建筑安装工程直接工程费中的材料费的有（　　）。
    A. 材料二次搬运费　　　　　　　B. 材料检验实验费
    C. 钢筋混凝土摸板及支架费　　　D. 脚手架费
    E. 材料运输损耗费

42. 施工机械台班单价包括台班（　　）。
    A. 安拆费及场外运费　　　　　　B. 安全施工费
    C. 燃料动力费　　　　　　　　　D. 机械操作人员工资
    E. 养路费

43. 按建标〔2003〕206号文的规定，下列各项中属于建筑安装工程施工机械使用费的有（　　）。
    A. 折旧费　　　　　　　　　　　B. 大修理费
    C. 大型机械设备进出场及安拆费　D. 经常修理费
    E. 机械操作人员的工资

44. 某施工企业购入一台施工机械，原价60000元，预计残值率3%，使用年限8年，按平均年限法计提折旧，该设备每年应计提的折旧额为（　　）元。
    A. 5820　　　　B. 7275　　　　C. 6000　　　　D. 7500

45. 某施工机械预算价格为100万元，折旧年限为10年，年平均工作225个台班，残值率为4%，则该机械台班折旧费为（　　）元。
    A. 426.67　　　B. 444.44　　　C. 4266.67　　　D. 4444.44

46. 根据建标〔2013〕44号文，下列各项属于规费的是（　　）。
    A. 医疗保险费　　B. 职工福利费　　C. 养老保险费　　D. 财产保险费
    E. 劳动保护费

47. 按费用构成要素，建筑安装工程费的组成项目包括（　　）。
    A. 人、料、机费　　　　　　　　B. 企业管理费
    C. 措施费　　　　　　　　　　　D. 利润和税金
    E. 规费

48. 材料费包括（　　）。
    A. 材料原价　　　　　　　　　　B. 运杂费
    C. 运输损耗费　　　　　　　　　D. 采购及保管费
    E. 检验试验费

49. 施工机具使用费包括（　　）。
    A. 固定资产使用费　　B. 施工机械使用费
    C. 模板使用费　　　　D. 交通工具使用费
    E. 仪器仪表使用费

50. 施工企业为职工缴纳危险作业意外伤害保险发生的费用应计入（　　）。
    A. 措施费　　　　　　　　　　　B. 规费
    C. 企业管理费　　　　　　　　　D. 人工费

51. 施工企业为职工缴纳的基本养老保险费属于建筑安装工程的（　　）。

A. 社会保障费 B. 人工费
C. 企业管理费 D. 现场管理费

52. 按建标〔2003〕206号文件的规定，建筑安装工程企业管理费包括（   ）。
A. 土地使用税 B. 财务费
C. 劳动保险费 D. 城市维护建设税
E. 文明施工费

53. 为职工缴纳的失业保险费属于（   ）。
A. 职工福利费 B. 规费
C. 人工费 D. 社会保障费
E. 企业管理费

54. 下列各项属于措施费的有（   ）。
A. 为临时工程搭设脚手架发生的费用
B. 为工程建设缴纳的工程排污费
C. 为加快施工进度发生的夜间施工费
D. 对已完工程进行设备保护而发生的费用
E. 施工现场管理人员的工资

55. 建筑安装工程含税造价等于不含税造价加上（   ）。
A. 营业税 B. 增值税
C. 城市维护建设税 D. 车船使用税
E. 教育费附加

56. 计入建筑安装工程造价的教育费附加的计算基础是（   ）。
A. 应纳营业税额和城市维护建设税之和 B. 建筑安装工程直接工程费
C. 建造合同收入 D. 应纳营业税额

57. 某建筑安装工程营业税的税额为营业额的3%，城市维护建设税为营业税的5%，教育费附加为营业税的3%，则该工程的税率（综合计税系数）为（   ）。
A. 3.22% B. 3.24% C. 3.35% D. 3.41%

58. 在建筑安装工程造价中，营业税的税额为营业额的（   ）。
A. 3.00% B. 3.41% C. 5.00% D. 5.50%

考点36 建筑安装工程费用的计算程序

承包人工程投标报价计价程序见表3-8。

表 3-8 承包人工程投标报价计价程序

工程名称：　　标段：

	内容	计算方法	金额（元）
1	分部分项工程费	自主报价	
1.1			
1.2			
1.3			
2	措施项目费	自主报价	
2.1	其中：安全文明施工费	按规定标准计算	
3	其他项目费		
3.1	其中：暂列金额	按招标文件提供金额计列	
3.2	其中：专业工程暂估价	按招标文件提供金额计列	
3.3	其中：计日工	自主报价	
3.4	其中：总承包服务费	自主报价	
4	规费	按规定标准计算	
5	税金（扣除不列入计税范围的工程设备金额）	(1+2+3+4)×规定税率	

投标报价合计＝1+2+3+4+5

【例22】下列属于建设投资的是（　　）。

A. 设备及工器具购置费　　　　　B. 建筑安装工程费
C. 工程建设其他费用　　　　　　D. 建设工程管理费
E. 建设期利息

【答案】ABC

【解析】建设工程项目总投资，一般是指进行某项工程建设花费的全部费用。生产性建设工程项目总投资包括建设投资和铺底流动资金两部分；非生产性建设工程项目总投资则只包括建设投资。建设投资，由设备及工器具购置费、建筑安装工程费、工程建设其他费用、预备费（包括基本预备费和涨价预备费）和建设期利息组成。

【例23】某工厂购买一台国产机器，原价为2000万元，购置费为2500万元，则该设备运杂费率为（　　）。

A. 20%　　　　B. 25%　　　　C. 75%　　　　D. 80%

【答案】B

【解析】设备运杂费按设备原价乘以设备运杂费率计算。其计算公式为：

设备运杂费＝设备原价×设备运杂费率

其中，设备运杂费率按各部门及省、市等的规定计取。一般来讲，沿海和交通便利的地区，设备运杂费率相对低一些；内地和交通不很便利的地区就要相对高一些，边远省份则要更高一些。对于非标准设备来讲，应尽量就近委托设备制造厂，以大幅度降低设备运杂费。进口设备由于原价较高，国内运距较短，因而运费比率应适当降低。

本题中，设备购置费＝设备原价＋设备运杂费＝设备原价＋设备原价×设备运杂费率

设备运杂费率＝（设备购置费－设备原价）/设备原价＝（2500－2000）/2000＝25％

＊＊习题＊＊

59. 人工费包括（　　）。
A. 计时或计件工资　　B. 社会保障费　　C. 奖金和津贴　　D. 加班加点工资
D. 加班加点工资　　E. 特殊情况下支付的工资

60. 工程设备是指构成永久工程一部分的（　　）。
A. 机电设备　　B. 金属结构设备　　C. 构筑物　　D. 仪器设备
E. 其他类似设备及装置

61. 施工机械台班单价与下列因素有关（　　）。
A. 机械使用费　　B. 机械安拆费　　C. 场外运费　　D. 机械折旧费
E. 大修理费

考点 37　建设工程定额的分类

建设工程定额的分类见图 3-9，依据关系见图 3-10，各种定额的编制对象和用途见表 3-7。

按生产要素内容分
- 人工定额
- 材料消耗定额
- 施工机械台班使用定额

按编制程序和内容分
- 施工定额（企业定额性质）
- 预算定额（社会定额性质）
- 概算定额（确定建设项目投资额的依据）
- 概算指标
- 投资估算指标（合理确定建设工程项目投资的基础）

按编制单位和适用范围分
- 国家定额
- 行业定额
- 地区定额
- 企业定额

按投资的费用性质分
- 建筑工程定额（建筑工程施工定额、预算定额、概算定额、概算指标的统称）
- 设备安装工程定额（设备安装工程施工定额、预算定额、概算定额、概算指标的统称）
- 建筑安装工程费用定额（一般包括两部分：措施费定额和间接费定额）
- 工具、器具定额
- 工程建设其他费用定额

图 3-9　建设工程定额的分类

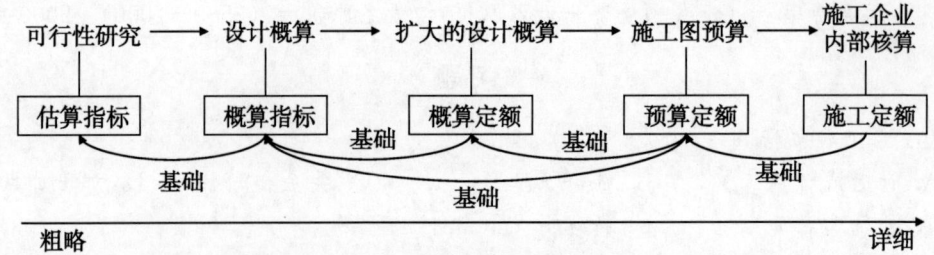

估算→概算→预算逐渐细化，概算定额比概算指标细，"细"为"粗"之基础

图 3-10 依据关系图

表 3-7 各种定额的编制对象和用途

定额	编制对象	编制要求	用途（"作为××的依据"）
投资估算指标	独立的单项工程或完整的工程项目	根据已建工程或现有工程的价格数据和资料，经分析、归纳和整理编制而成的指标	投资估算指标是在项目建议书和可行性研究阶段编制投资估算、计算投资需要量时使用的一种指标，是合理确定建设工程项目投资的基础
概算指标	整个建筑物和构筑物	概算指标的设定和初步设计的深度相适应，一般是在概算定额和预算定额的基础上编制的	是设计单位编制设计概算或建设单位编制年度投资计划的依据
概算定额	扩大的结构构件；扩大的分部分项工程	在预算定额基础上综合而成，每一项概算定额项目都包括了数项预算定额的定额项目；量的计算规则进一步简化，计量单位可能改变	编制扩大初步设计概算、确定建设项目投资额的依据
预算定额	建筑物或构筑物各个分部分项工程	以施工定额为基础综合扩大编制的，同时也是编制概算定额的基础。其中的人工、材料和机械台班的消耗水平根据施工定额综合取定，定额项目的综合程度大于施工定额	编制施工图预算的主要依据，是编制单位估价表、确定工程造价、控制建设工程投资的基础和依据
施工定额	工序	施工定额是建设工程定额中**分项最细**、**额子目最多**的一种定额，也是建设工程定额中的基础性定额。施工定额由人工定额、材料消耗定额和施工机械台班使用定额所组成	进行施工组织、成本管理、经济核算和投标报价的重要依据，是施工企业管理工作的基础，也是建设工程**定额体系的基础**

【例 24】根据《建设工程工程量清单计价规范》（GB 50500—2013），关于工程量清单编制的说法，正确的是（　　）。（2014 年真题）

A．综合单价包括应由招标人承担的全部风险费用

B．招标文件提供了暂估单价的材料，其材料费用应计入其他项目清单费

C．措施项目费包括规费、税金等在内

D．规费和税金必须按有关部门的规定计算，不得作为竞争性费用

【答案】D

习题

62．在建设工程项目可行性研究阶段，计算投资应依据的定额或者指标是（　　）。（2011 年真题）

A．投资估算指标　　B．预算定额　　C．概算定额　　D．概算指标

63. 在我国，投资估算是指在（　　）阶段对项目投资所做的预估算。(2011年真题)
A. 施工图设计　　　　B. 施工准备　　　　C. 项目决策　　　D. 初步设计
64. 按照反映的生产要素消耗内容，可将建设工程定额分为（　　）。
A. 建筑工程定额　　　　　　　　　B. 安装工程定额
C. 人工定额　　　　　　　　　　　D. 材料消耗定额
E. 机械台班定额
65. 施工定额研究的对象是（　　）。(2010年真题)
A. 工序　　　　　　　　　　　　　B. 整个建筑物
C. 扩大的分部分项工程　　　　　　D. 分部分项工程
66. 预算定额是以（　　）为对象编制的。
A. 同一性质的施工过程——工序　　B. 建筑物或构筑物各个分部分项工程
C. 扩大的部分分项工程　　　　　　D. 独立的单项程或完整的工程项目

考点38　人工定额、材料定额、机械台班使用定额

一、人工定额

人工定额反映生产工人在正常施工条件下的劳动效率，表明每个工人在单位时间内为生产合格产品所必需消耗的劳动时间，或者在一定的劳动时间中所生产的合格产品数量。工人工作时间分类图见图3-11，各类工人工作时间说明见表3-8。

1. 人工定额的编制

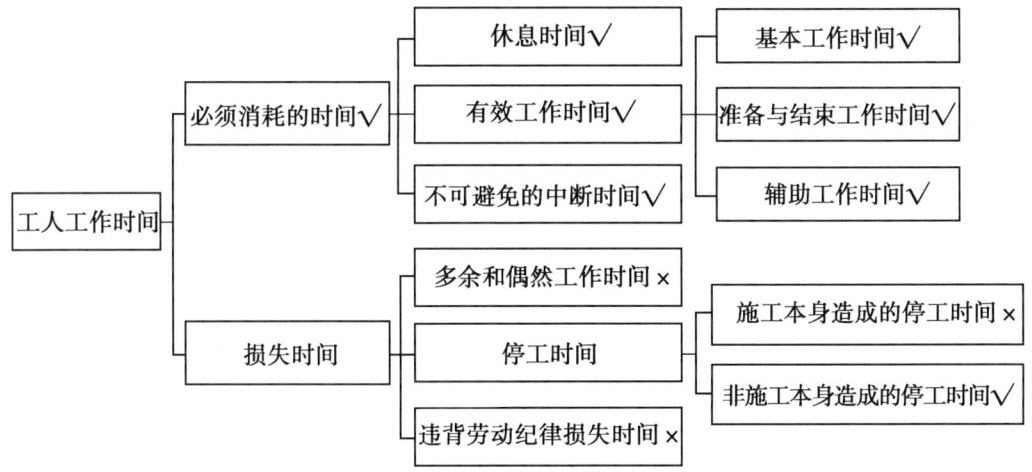

注：图中画"√"的时间为计入定额的时间，画"×"的时间为不计入定额的时间。

图3-11　工人工作时间分类图

表 3-8 各类工人工作时间说明

类别			解释说明
必须消耗的时间		休息时间	在工作过程中为恢复体力所必需的短暂休息和生理需要的时间
	有效工作时间	基本工作时间	基本工作时间是工人完成一定产品的施工工艺过程所消耗的时间
		准备与结束工作时间	准备工作时间如：施工前对施工机械进行热机 结束工作时间如：工人下班前对搅拌机进行清洗的时间
		辅助工作时间	辅助工作时间是指为保证基本工作能顺利完成所消耗的时间，辅助工作时间的结束，往往就是基本工作时间的开始
	不可避免的中断时间		由于施工工艺特点引起的工作中断所必需的时间
损失时间	多余或偶然工作时间		一般都是由于工程技术人员和工人的差错而引起的多余工作时间
	停工时间	施工本身造成的停工时间	如施工组织不善、材料供应不及时、工作面准备工作做得不好、工作地点组织不良等情况引起的停工时间
		非施工本身造成的停工时间	如断水、断电、气候条件等引起的停工时间
	违背劳动纪律损失时间		如工人早退、擅自离开工作岗位、工作时间内聊天或办私事等造成的工时损失

2. 人工定额的形式

人工定额的形式见图 3-12。

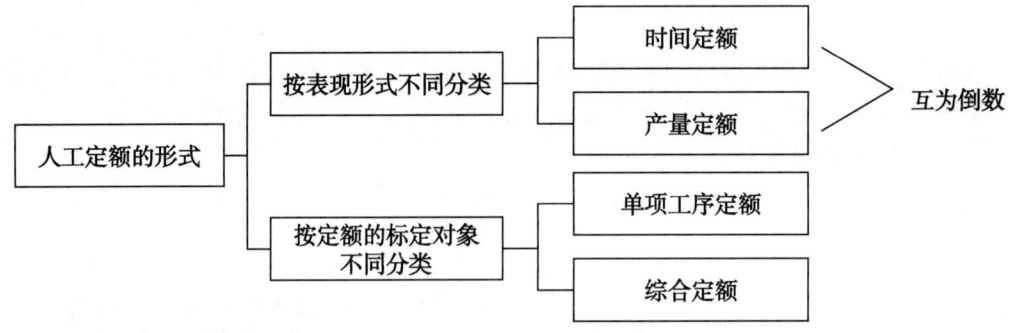

图 3-12 人工定额的形式

【例 25】编制人工定额时，工人工作必须消耗的时间包括（　　）。（2010 年真题）

A. 由于材料供应不及时引起的停工时间

B. 工人擅自离开工作岗位造成的时间损失

C. 准备工作时间

D. 由于施工工艺特点引起的工作中断所必需的时间

E. 工人下班前清洗整理工具的时间

【答案】CDE

【解析】选项 A 属于多余和偶然工作时间，选项 B 属于违背劳动纪律损失时间。

二、材料定额

材料消耗定额指标的组成，按其使用性质、用途和用量大小划分为四类：主要材料、辅助材料、周转性材料（又称工具性材料）、零星材料。

编制材料消耗定额，主要包括确定直接使用在工程上的材料净用量和在施工现场内运输及操作过程中的不可避免的废料和损耗。

1. 材料净用量的确定

材料净用量的确定与人工定额的制定方法容易混淆,此处类比介绍,如图 3-13 所示。

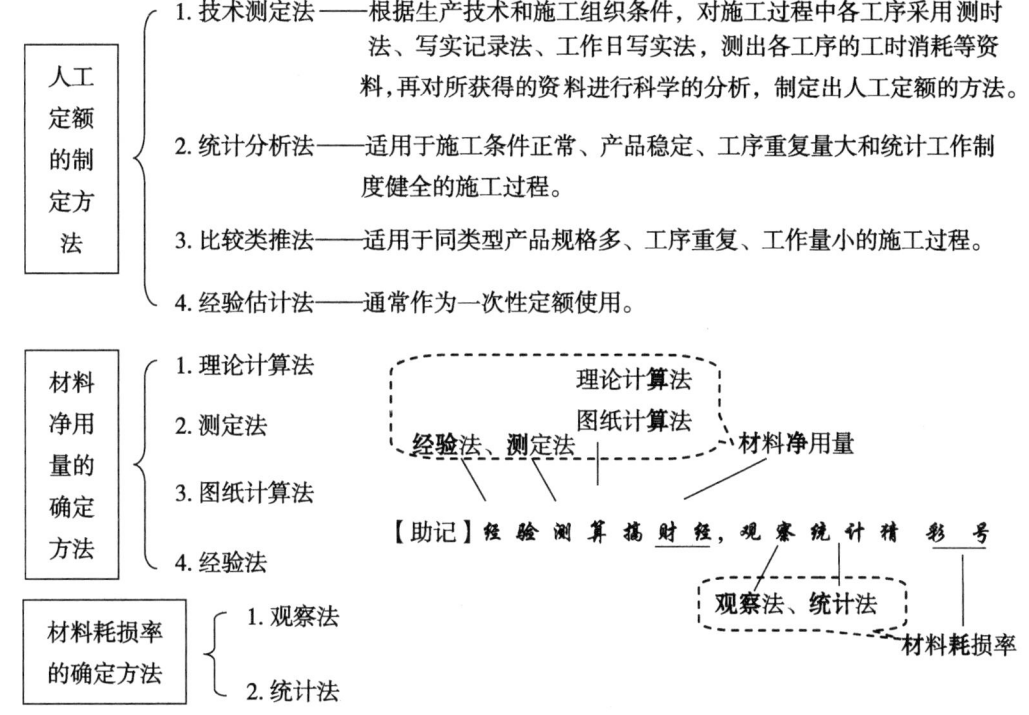

图 3-13 材料净用量的确定方法与人工定额的制定方法的对比

2. 材料耗损量的确定

材料的耗损一般以耗损率表示,材料耗损率可以通过观察法或统计法计算确定。材料消耗量计算的公式如下:

$$损耗率 = \frac{损耗量}{净用量} \times 100\%$$

总消耗量 = 净用量 + 耗损量 = 净用量 × (1 + 耗损率)

【例 26】材料消耗定额中不可避免的消耗一般以损耗率表示,(　　)。(2006 年真题)

A. 损耗率 = 损耗量 / 材料消耗定额 × 100%

B. 损耗率 = 损耗量 / 净用量 × 100%

C. 损耗率 = 损耗量 / (净用量 + 损耗量) × 100%

D. 损耗率 = 损耗量 / (净用量 − 损耗量) × 100%

【答案】B

3. 周转性材料消耗定额的编制

周转性材料指在施工过程中多次使用、周转的工具性材料,如钢筋混凝土工程用的模板,搭设脚手架用的杆子、跳板,挖土方工程用的挡土板等。

周转性材料消耗一般与下列四个因素有关:

(1) 第一次制造时的材料消耗(一次使用量);

(2) 每周转使用一次材料的损耗(第二次使用时需要补充);

(3) 周转使用次数；

(4) 周转材料的最终回收及其回收折价。

三、施工机械台班使用定额

1. 施工机械台班使用定额的形式分为：施工机械时间定额和机械产量定额。

2. 机械工作时间消耗的分类（见图 3-14、表 3-9）

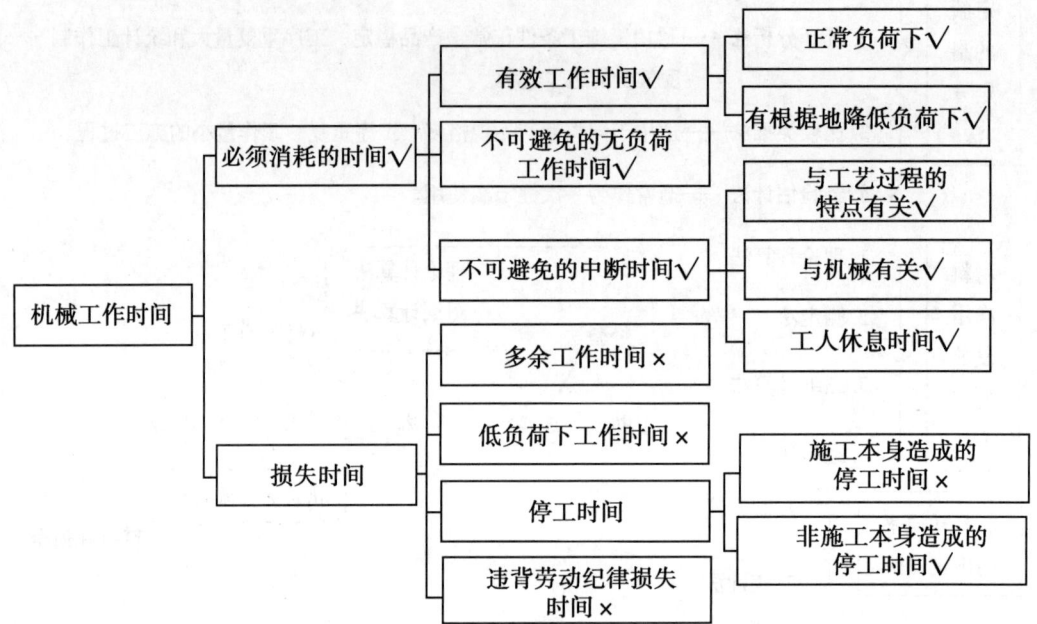

注：图中画"√"的时间为计入定额的时间，画"×"的时间为不计入定额的时间。

图 3-14　机械工作时间分类图

表 3-9　各类机械工作时间说明

			解释说明
必须消耗的时间	有效工作时间	正常负荷下	指机械在与机械说明书规定的计算负荷相符的情况下进行工作的时间
		有根据地降低负荷下	个别情况下由于技术上的原因，机械在低于其计算负荷下工作的时间。例如，汽车运输重量轻而体积大的货物时，不能充分利用汽车的载重吨位因而不得不降低其计算负荷
	不可避免的无负荷工作时间		指由施工过程的特点和机械结构的特点造成的机械无负荷工作时间，如筑路机在工作区末端掉头等，都属于此项工作时间的消耗
	不可避免的中断时间	与工艺过程的特点有关	(1) 如汽车装货和卸货时的停车时间； (2) 如把灰浆泵由一个工作地点转移到另一工作地点时的工作中断
		与机械有关	是由于工人进行准备与结束工作或辅助工作时，机械停止工作而引起的中断工作时间
		工人休息时间	如表 3-8 所示
损失时间	多余工作时间		一般都是由于工程技术人员和工人的差错而引起的多余工作时间
	低负荷下工作时间		如工人装车的砂石数量不足引起的汽车在降低负荷的情况下工作所延续的时间
	停工时间		如表 3-8 所示
	违背劳动纪律损失时间		如表 3-8 所示

* * 习题 * *

67. 编制人工定额时，属于工人工作必须消耗的时间有（　　）。(2011年真题)

A. 基本工作时间　　　　　　　　　　B. 辅助工作时间

C. 违背劳动纪律损失时间　　　　　　D. 准备与结束工作时间

E. 不可避免的中断时间

68. 建设工程人工定额是在（　　）的施工条件下测定和计算的。

A. 先进　　　　　B. 平均先进　　　　　C. 正常　　　　　D. 最差

69. 人工定额中的时间定额不包括（　　）。

A. 工人下班前对搅拌机进行清洗时间

B. 工人由于施工工艺原因必需的中断时间

C. 由于设计错误造成的工人窝工时间

D. 工人必须的休息时间

E. 由于施工机械故障造成的工人窝工时间

70. 编制人工定额时，工人在工作班内消耗的工作时间属于损失时间的是（　　）。

A. 停工时间　　　　　　　　　　　　B. 休息时间

C. 准备与结束工作时间　　　　　　　D. 不可避免的中断时间

71. 根据生产技术和施工组织条件，对施工过程中各工序采用一定的方法测出其工时消耗等资料，再对所获得的资料进行分析，制定出人工定额的方法是（　　）。(2011年真题)

A. 统计分析法　　　　　　　　　　　B. 比较类推法

C. 经验估计法　　　　　　　　　　　D. 技术测定法

72. 测定材料消耗定额时，定额中的损耗量是指操作过程中不可避免的废料和损耗以及不可避免的（　　）。

A. 施工现场内运输损耗和场外运输损耗

B. 保管过程中的损耗

C. 采购过程中的计量误差

D. 施工现场内运输损耗

73. 编制材料消耗定额时，材料净用量的确定方法有（　　）。

A. 理论计算法　　　　　　　　　　　B. 图纸计算法

C. 比较类推法　　　　　　　　D. 测定法　　　　　E. 经验法

74. 对于同类型产品规格多、工序重复、工作量小的施工过程，常用（　　）制定人工定额。

A. 技术测定法　　　B. 统计分析法　　　C. 比较类推法　　　D. 经验估计法

75. 下列方法中，属于人工定额制定方法的是（　　）。

A. 理论计算法　　　B. 统计分析法　　　C. 指标估算法　　　D. 工程分类法

76. 建筑安装工程材料损耗率一般采用（　　）计算确定。

A. 技术测定法　　　B. 比较类推法　　　C. 观察法　　　　　D. 经验估计法

77. 施工作业过程中，筑路机在工作区末端掉头消耗的时间应计入施工机械台班使用

定额，其时间消耗的性质是（　　）。(2011 年真题)

A. 不可避免的停工时间　　　　　　B. 不可避免的中断工作时间
C. 不可避免的无负荷工作时间　　　D. 正常负荷下的工作时间

78. 在合理劳动组织与合理使用机械的条件下，完成单位合格产品所必需的机械工作时间包括（　　）。

A. 正常负荷下的工作时间

B. 不可避免的中断时间

C. 施工过程中操作工人违反劳动纪律的停工时间

D. 有根据地降低负荷下的工作时间

E. 不可避免的无负荷工作时间

79. 机械时间定额中的时间包括（　　）。

A. 正常负荷下的工作时间　　　　　B. 合理降低负荷下的工作时间
C. 工程质量不合格造成的返修时间　D. 不可避免的无负荷工作时间
E. 超负荷下的工作时间

考点 39　施工定额、企业定额、预算定额、概算定额

一、施工定额和企业定额

施工定额和企业定额的作用与编制原则见表 3-10。

表 3-10　施工定额与企业定额

	施工定额	企业定额
作用	（1）是企业计划管理的依据。表现为施工定额是企业编制施工组织设计的依据，也是企业编制施工工作计划的依据； （2）是组织和指挥施工生产的有效工具； （3）是计算工人劳动报酬的依据； （4）有利于推广先进技术； （5）是编制施工预算，加强企业成本管理和经济核算的基础	（1）是施工企业计算和确定工程施工成本的依据，是施工企业进行成本管理、经济核算的基础； （2）是施工企业进行工程投标，编制工程投标价格的基础和主要依据； （3）是施工企业编制施工组织设计的依据
编制原则	（1）施工定额水平必须遵循平均先进的原则（"平均先进"）； （2）定额的结构形式简明适用原则	（1）依据本企业的技术能力和管理水平，以基础定额为参照和指导； （2）企业定额可采用基础定额的形式，按统一的工程量计算规则、统一划分的项目、统一的计量单位进行编制

二、预算定额与单位估价表的编制

1. 预算定额的编制

预算定额中的人工、材料和施工机械台班的消耗水平根据施工定额综合取定，定额子目的综合程度大于施工定额，从而可以简化施工图预算的编制工作。预算定额的编制见表 3-11。

表 3-11 预算定额的编制

指标	内容要点
人工消耗量指标	基本用工（指完成分项工程的主要用工量；例如，砌筑各种墙体工程的砌砖、调制砂浆以及运输砖和砂浆的用工量） 其他用工： 　超运距用工（超过人工定额规定的材料、半成品运距的用工） 　辅助用工（材料需在现场加工的用工，如筛砂子、淋石灰膏等增加的用工量） 　人工幅差用工（人工定额中未包括的，而在一般正常施工情况下又不可避免的一些零星用工）
材料耗用量指标	材料耗用量指标是在节约和合理使用材料的条件下，生产单位合格产品所必须消耗的一定品种规格的材料、燃料、半成品或配件数量标准。材料耗用量指标是以材料消耗定额为基础，按预算定额的定额项目，综合材料消耗定额的相关内容，经汇总后确定
机械台班消耗指标	预算定额中的施工机械消耗指标，是以台班为单位进行计算，每一台班为八小时工作制。预算定额中的机械台班消耗量按合理的施工方法取定并考虑增加了机械幅差①

① 机械幅差是指在施工定额中未曾包括的，而机械在合理的施工组织条件下所必需的停歇时间，在编制预算定额时应予以考虑。

2. 单位估价表

单位估价表是由分部分项工程单价构成的单价表，具体的表现形式可分为工料单价和综合单价等，此外还有企业单位估价表。

三、概算定额和概算指标的编制

概算定额和概算指标的内容要点见表 3-12、表 3-13。

表 3-12 概算定额的内容要点

项目	要　点
编制要求	(1) 概算定额的编制深度要适应设计深度的要求； (2) 概算定额水平的确定应与基础定额、预算定额的水平基本一致
编制方法	(1) 直接利用综合预算定额； (2) 在预算定额的基础上再合并其他次要项目； (3) 改变计量单位； (4) 采用标准设计图纸的项目，可以根据预先编好的标准预算计算； (5) 工程量计算规则进一步简化
概算定额手册内容	(1) 文字说明部分； (2) 定额项目表

表 3-13 概算指标的内容要点

项目	要　点
编制方法	由于各种性质建设工程项目所需要的劳动力、材料和机械台班的数量不同，概算指标通常按工业建筑和民用建筑分别编制。工业建筑中又按各工业部门类别、企业大小、车间结构编制，民用建筑中又按用途性质、建筑层高、结构类别编制
组成内容	(1) 文字说明； (2) 列表形式

习题

80. 关于施工定额作用的说法,正确的有（　　）。(2011年真题)
A. 施工定额是企业编制施工组织设计的依据
B. 施工定额是计算工人计件工资的基础
C. 施工定额是编制施工预算的基础
D. 施工定额是组织和指挥施工生产的有效工具
E. 施工定额是编制竣工结算的依据

81. 关于概算定额的说法,正确的有（　　）。(2011年真题)
A. 概算定额是人工、材料、机械台班消耗量的数量标准
B. 概算定额和预算定额的项目划分相同
C. 概算定额是在概算指标的基础上综合而成的
D. 概算定额是在初步设计阶段确定投资额的依据
E. 概算定额水平的确定应与预算定额的水平基本一致

考点40　设计概算与施工图预算

一、设计概算内容

设计概算由项目设计单位负责编制,并对其编制质量负责。设计概算是设计文件的重要组成部分,是由设计单位根据初步设计(或技术设计)图纸及说明、概算定额(或概算指标)、各项费用定额或取费标准(指标)、设备、材料预算价格等资料或参照类似工程预决算文件,编制和确定的建设工程项目从筹建至竣工交付使用所需全部费用的文件。

设计概算可分为单位工程概算、单项工程综合概算和建设工程项目总概算三级,如图3-21所示。

二、施工图预算的编制模式

施工图预算可以划分为两种计价模式,即传统计价模式和工程量清单计价模式,如表3-14所示。设计概算文件的组成内容见图3-15,建设工程总概算内容见图3-16。

表3-14　施工图预算的编制模式

	内容要点
传统计价模式	传统计价模式下,由主管部门制定工程预算定额,并且规定间接费的内容和取费标准。建设单位和施工单位均先根据预算定额中规定的工程量计算规则、定额单价计算直接工程费、措施费,再按照规定的费率和取费程序计取间接费、利润和税金,汇总得到工程造价
工程量清单计价模式	工程量清单计价模式是指按照工程量清单规范规定的全国统一工程量计算规则,由招标人提供工程量清单和有关技术说明,投标人根据企业自身的定额水平和市场价格进行计价的模式

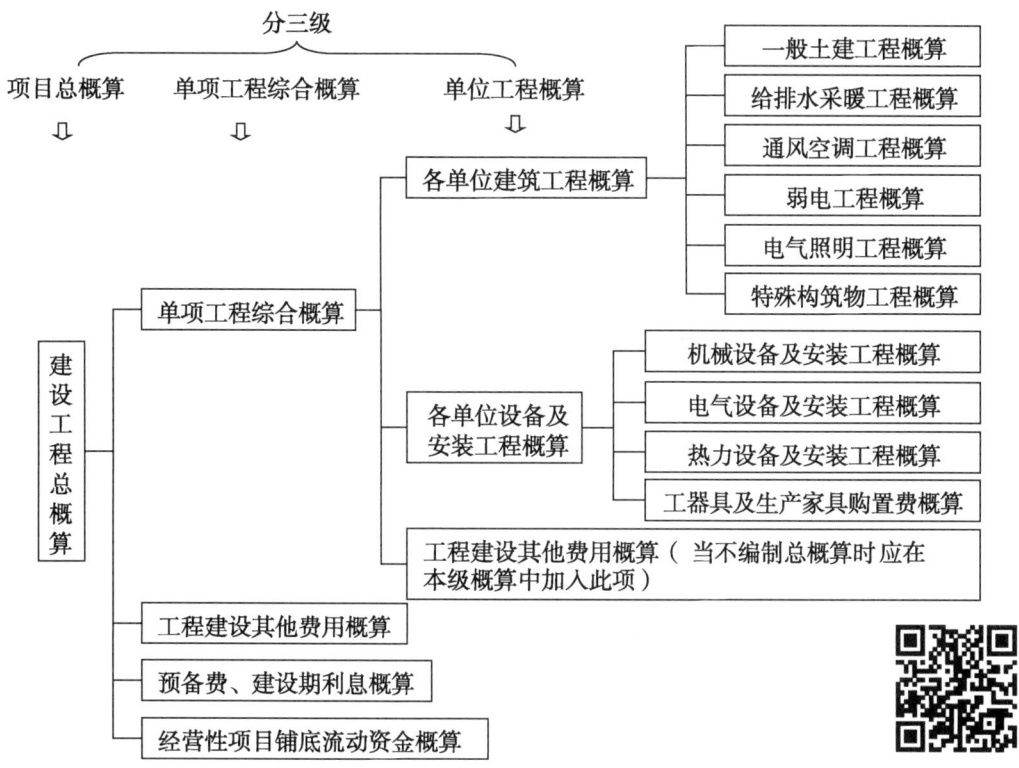

注：当建设工程项目只有一个单项工程时，单项工程综合概算（实为总概算）还应包括工程建设其他费用概算（含建设期利息、预备费和固定资产投资方向调节税）。

图 3-15 设计概算文件的组成内容（分三级）

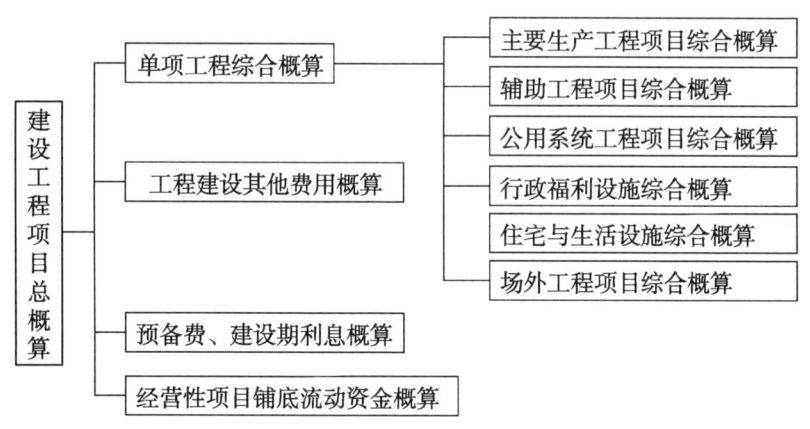

图 3-16 建设工程总概算的内容

三、设计概算和施工图预算的作用

设计概算和施工图预算的作用见表 3-15。

表 3-15 设计概算和施工图预算的作用

		作用
设计概算		（1）是制定和控制建设投资的依据； （2）是编制建设计划的依据； （3）是进行贷款的依据； （4）是签订工程总承包合同的依据； （5）是考核设计方案的经济合理性和控制施工图预算和施工图设计的依据； （6）是考核和评价建设工程项目成本和投资效果的依据
施工图预算	对建设单位	（1）是施工图设计阶段确定建设工程项目造价的依据，是设计文件的组成部分； （2）是建设单位在施工期间安排建设资金计划和使用建设资金的依据； （3）是招投标的重要基础，也是工程量清单及标底的编制依据； （4）是拨付进度款及办理结算的依据
	对施工单位	（1）是确定投标报价的依据； （2）是施工单位进行施工准备的依据，是施工单位在施工前组织材料、机具、设备及劳动力供应的重要参考，是施工单位编制进度计划、统计完成工作量、进行经济核算的参考依据； （3）是控制施工成本的依据
	对其他方面	（1）对于工程咨询单位而言，尽可能客观、准确地为委托方作出施工图预算，是其业务水平、素质和信誉的体现； （2）对于工程造价管理部门而言，施工图预算是监督检查执行定额标准、合理确定工程造价、测算造价指数及审定招标工程标底的重要依据

四、设计概算和施工图预算的编制和审查方法

设计概算和和施工图预算的编制方法和审查方法示意图见图 3-17，编制方法的内容要点见表 3-16，审查方法的内容要点见表 3-17。

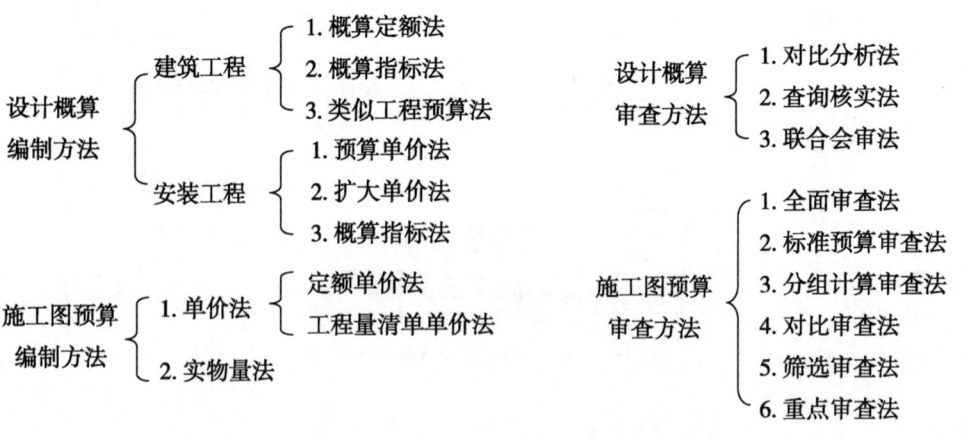

图 3-17 设计概算和施工图预算的编制方法和审查方法

表 3-16　设计概算和施工图预算的编制方法

方法			要　点
设计概算编制方法	建筑工程	概算定额法	又叫**扩大单价法**或**扩大结构定额法**。该方法要求设计深度达到一定的要求，建筑结构比较明确时方可采用
		概算指标法	当初步设计深度不够，不能准确地计算工程量，但工程设计采用的技术比较成熟而又有类似工程概算指标可以利用时采用
	安装工程	类似工程预算法	适用于拟建工程初步设计与已完工程或在建工程的设计相类似且没有可用的概算指标的情况，但必须对建筑结构差异和价差进行调整
		预算单价法	当初步设计有详细设备清单时，可直接按预算单价（预算定额单价）编制设备安装工程概算
		扩大单价法	当初步设计的设备清单不完备，或仅有成套设备的重量时，可采用主体设备、成套设备或工艺线的综合扩大安装单价编制概算
		概算指标法	当初步设计的设备清单不完备，或安装预算单价及扩大综合单价不全，无法采用预算单价法和扩大单价法时，可采用概算指标编制概算。 可以按设备价值百分比、综合吨位指标等方法来计算（详见例题 27）
施工图预算的编制方法		定额单价法（定额价）	即用事先编制好的分项工程的单位估价表来编制施工图预算的方法，其编制步骤详见例题 29。 单位工程直接工程费 = Σ（分项工程量 × 定额单价）
		工程量清单单价法	是根据国家统一的工程量计算规则计算工程量，采用综合单价的形式计算工程造价的方法。综合单价分为全费用综合单价和部分费用综合单价，见图 3-16
		实物量法（市场价）	依据施工图图纸和预算定额的项目划分及工程量计算规则，先计算出分部分项工程量，然后套用预算定额（实物量定额）来编制施工图预算的方法。 单位工程直接工程费 = Σ（工程量 × 材料预算定额用量 × 当时当地材料预算价格）+ Σ（工程量 × 人工预算定额用量 × 当时当地人工工资单价）+ Σ（工程量 × 施工机械预算定额台班用量 × 当时当地机械台班单价）

【理解】概算指标较概算定额粗略（见图 3-10），因此，当设计深度不够时，采用概算指标法；当设计达到一定深度时，采用概算定额法。

定额单价法与实物量法的不同在于单价的取值不同，预算单价法是套用预算定额的单价；实物量法可理解为实际物价法，是按照资源市场的实际价格计算，反映了市场供需状况和市场趋势。

【例27】编制设备安装工程概算，当初步设计的设备清单不完善，可供采用的安装预算单价及扩大综合单价不完时，适宜采用的概算编制方法是（　　）。（2014年真题）

A. 概算定额法　　　　　　　　　　B. 扩大单价法
C. 类似工程预算法　　　　　　　　D. 概算指标法

【答案】D

【解析】概算定额法（A）又叫扩大单价法（B）或扩大结构定额法。所以AB选项首先排除；

类似工程预算法（C）是利用技术条件与设计对象相类似的已完工程或在建工程的工程造价资料来编制拟建工程设计概算的方法，显然是与题目信息是不符的；

当初步设计深度不够，不能准确地计算工程量，但工程设计采用的技术比较成熟而又有类似工程概算指标可以利用时，可以采用概算指标法（D）编制工程概算，符合题目信息。

【例28】关于设计概算的说法，错误的是（　　）。（2014年真题）

A. 设计概算是确定和控制建设工程项目全部投资的文件
B. 编制设计概算不需考虑建设项目施工条件对投资的影响

C. 如果设计概算值超过投资建设额，必须修改设计或重新立项审批

D. 设计概算由羡慕设计单位负责编制，并对其编制质量负责

【答案】B

【解析】设计概算应考虑建设项目施工条件等因素对投资的影响。

【例29】预算定额作为一项综合性定额，是有组成（　　）的消耗量综合而成的。（2014年真题）

A. 分部工程的各分项工程　　　　B. 单位工程的各分部工程

C. 分项工程的各工序　　　　　　D. 分项工程的各检验批

【答案】A

【解析】预算定额是以建筑物或构筑物各个分部分项工程为对象编制的定额。

表 3-17　设计概算和施工图预算的审查方法

方法		理解要点	内容要点
设计概算的审查方法	对比分析法	如何对比	通过建设规模、标准与立项批文对比，工程数量与设计图纸对比，综合范围、内容与编制方法、规定对比，各项取费与规定标准对比，材料、人工单价与统一信息对比，技术经济指标与同类工程对比等
	查询核实法	核实什么	对一些关键设备和设施、重要装置、引进工程图纸不全、难以核算的较大投资进行多方查询核对，逐项落实的方法
	联合会审法	哪些单位会审	经设计单位自审，主管、建设、承包单位初审，工程造价咨询公司评审，邀请同行专家预审，审批部门复审等，经层层审查把关后，由有关单位和专家进行联合会审
施工图预算的审查方法	全面审查法（逐项审查法）	如何全面（逐项）	即按定额顺序或施工顺序，对各项工程细目逐项全面详细审查的一种方法。其优点是全面、细致，审查质量高，效果好。缺点是工作量大，时间较长。适用于一些工程量较小、工艺比较简单的工程
	标准预算审查法	什么标准	主要针对利用标准图纸或通用图纸施工的工程；优点：时间短、效果好、容易确定方案；缺点：适用范围小
	分组计算审查法	如何分组	把预算中有关项目按类别划分若干组，利用同组中的一组数据审查分项工程量的一种方法。如一般的建筑工程中将底层建筑面积可编为一组。先计算底层建筑面积或楼（地）面面积，从而得知楼面找平层、天棚抹灰的工程量等，依次类推。特点：审查速度快、工作量小
	对比审查法	与谁对比对比什么	需符合下述条件：①施工图相同，但基础部分和现场施工条件不同；②工程设计相同，但建筑面积不同；③两个工程面积相同，但设计图纸不完全相同。上述三种情况下，相同部分可以用对比审查
	筛选审查法	怎样筛选	利用各分部分项工程的单位建筑面积工程量基本指标（工程量、价格、用工）比较预算中相应分部分项工程的工程量，**对不符合条件的进行详细审查**
	重点审查法	什么重点	审查的重点有：工程量大或者造价较高的各种工程、补充定额、计取的各种费用（计费基础、取费标准）。优点：重点突出，审查时间短、效果好

＊＊习题＊＊

82. 设计概算是设计单位编制和确定的建设工程项目从筹建至（　　）所需全部费用的文件。

A. 竣工交付使用　　　　　　　　B. 办理完竣工决算

C. 项目报废　　　　　　　　　　D. 施工保修期满

83. 某建设项目只有一个单项工程不编制建设项目总概算，则该单项工程的综合概算

除了单位建筑工程概算、设备及安装工程概算外，还应包括（　　）概算。
   A. 工器具及生产家具购置费用　　　　B. 工程建设其他费用
   C. 给排水采暖工程工程　　　　　　　D. 特殊构筑物工程

84. 下列投资概算中，属于建筑单位工程概算的是（　　）。(2011年真题)
   A. 机械设备及安装工程概算　　　　　B. 电气设备及安装工程概算
   C. 工器具及生产家具购置费用概算　　D. 通风空调工程概算

85. 非生产性建设工程项目只有一个单项工程，则该单项工程综合概算包括建筑单位工程概算、设备及安装工程概算以及（　　）概算。(2011年真题)
   A. 电气照明工程　　　　　　　　　　B. 工程建设其他费用
   C. 生产家具购置费用　　　　　　　　D. 给排水及采暖工程

86. 在传统计价模式下，编制施工图预算的要素价格是根据（　　）确定的。
   A. 企业定额　　B. 市场价格　　C. 要素信息价　　D. 预算定额

87. 关于传统计价模式下施工图预算的作用的说法，正确的有（　　）。(2011年真题)
   A. 施工图预算是施工单位确定投标报价的依据
   B. 施工图预算是施工单位进行施工准备的依据
   C. 施工图预算是报审项目投资额的依据
   D. 施工图预算是监督检查执行定额标准的依据
   E. 施工图预算是控制施工成本的依据

88. 单位建筑工程概算常用编制方法（　　）。(2011年真题)
   A. 生产能力指数法　　　　　　　　　B. 概算定额法
   C. 概算指标法　　　　　　　　　　　D. 类似工程预算法
   E. 预算定额法

89. 实物量法和定额单价法在编制施工图预算的主要区别在于（　　）不同。(2011年真题)
   A. 直接工程费计算过程　　　　　　　B. 工程量的计算规则
   C. 依据的定额　　　　　　　　　　　D. 确定利润的方法

90. 某单位建筑工程初步设计已达到一定深度，建筑结构明确，能够计算出概算工程量，则编制该单位建筑工程概算最适合的方法是（　　）。
   A. 类似工程预算法　　　　　　　　　B. 概算预算法
   C. 概算定额法　　　　　　　　　　　D. 生产能力指数法

91. 单位建筑工程概算的常用编制方法有（　　）。
   A. 概算定额法　　B. 预算定额法　　C. 概算指标法　　D. 类似工程预算法
   E. 生产能力指标法

92. 若初步设计有详细的设备清单，则可用于编制设备安装工程概算且精确性最高的方法是（　　）。
   A. 预算单价法　　B. 扩大单价法　　C. 概算指标法　　D. 类似工程预算法

93. 某工程已有详细的设计图纸，建筑结构非常明确，采用的技术很成熟，则编制该单位建筑工程概算精度最高的方法是（　　）。
   A. 概算定额法　　　　　　　B. 概算指标法

C. 类似工程预算法　　　　　D. 修正的概算指标法

94. 当建设工程条件相同时，用同类已完工程的预算或未完但已经过审查修正的工程预算审查拟建工程的方法是（　　）。（2011年真题）

A. 标准预算审查法　　B. 筛选审查法　　C. 对比审查法　　D. 全面审查法

95. 施工图预算审查时，将分部分项工程的单位建筑面积指标总结归纳为工程量、价格、用工三个单方基本指标，然后利用这些基本指标对拟建项目分部分项工程预算进行审查的方法称为（　　）。（2010年真题）

A. 筛选审查法　　B. 对比审查法　　C. 分组计算审查法　　D. 逐项审查法

96. 在对某建设项目设计概算审查时，找到了与其关键技术基本相同、规模相近的同类项目的设计概算和施工图预算材料，则该建设项目的设计概算最适宜的审查方法是（　　）。

A. 标准审查法　　B. 分组计算审查法　　C. 对比分析法　　D. 查询核实法

97. 具有审查全面、审查效果好等优点，但只适宜于规模小、工艺较简单的工程预算审查的方法是（　　）。

A. 分组计算审查法　　B. 对比审查法　　C. 逐项审查法　　D. 标准预算审查法

考点41　工程量清单的编制

一、工程量清单

工程量清单的概述见表3-18。

表3-18　工程量清单概述

		内容要点
适用范围	强制性范围	全部使用国有资金投资或国有资金投资为主（二者简称"国有资金投资"）的工程建设项目，必须采用工程量清单计价
	非强制性范围	非国有资金投资的工程建设项目，是否采用工程量清单方式计价由项目业主自主确定
作用		工程量清单的作用：(1) 为投标人的投标竞争提供了一个平等和共同的基础；(2) 是建设工程计价的依据；(3) 是工程付款和结算的依据；(4) 是调整工程价款、处理工程索赔的依据 【归纳】工程量清单是工程量清单计价的基础，其使用贯穿于建设工程的招投标阶段和施工阶段，是编制招标控制价、投标报价、计算工程量、支付工程款、调整合同价款、办理竣工结算以及工程索赔等的依据。[招标、投标、计价、付款、结算、调整（变更）、索赔]
谁编制谁提供谁负责		【例题】三个问题：工程量清单由谁编制？谁提供？谁负责其准确性和完整性？ 【答案】工程量清单应由具有编制能力的招标人或受其委托具有相应资质的工程造价咨询人进行编制。采用工程量清单方式招标的，工程量清单必须作为招标文件的组成部分，**由招标人提供，并对其准确性和完整性负责**。一经中标签订合同，工程量清单即为合同的组成部分

注：工程量清单由招标人负责编制，做到"七统一"：统一的项目编码、项目名称、计量单位、项目特征，统一的分部分项清单工程量；统一的暂估价和暂列金额，为各投标人提供了一个投标的公平竞争平台，也方便招标人对各投标人的报价进行对比、评标。

二、工程量清单的构成

1. 项目编码结构（图3-18）

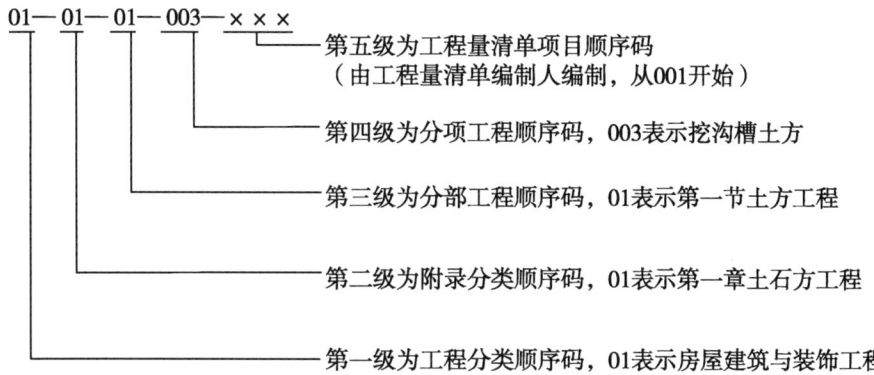

图 3-18　工程量清单项目编码结构

2. 工程量清单计价的体系

工程量清单计价系统图见图3-19。

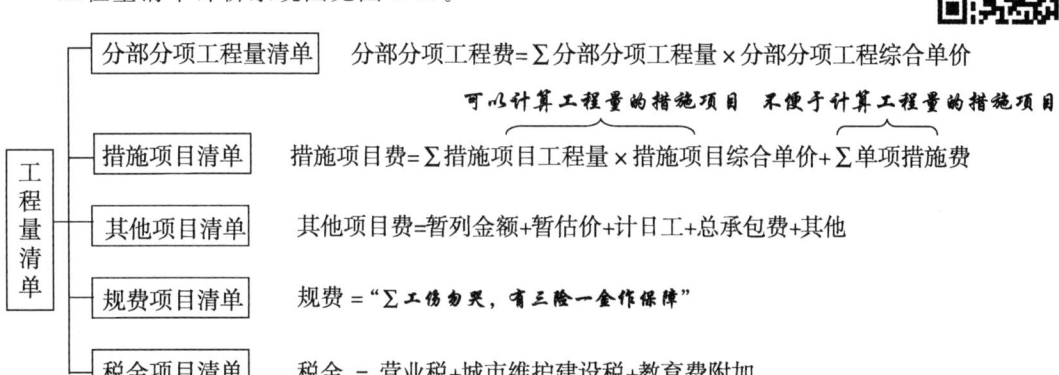

图 3-19　工程量清单计价系统图

【例30】工程工程量清单的主要作用有（　　）。
A. 为投标竞争提供一个平等的基础　　　B. 为控制施工图设计提供依据
C. 为施工招投标计价提供依据　　　　　D. 为工程进度款支付提供依据
E. 为工程索赔提供依据
【答案】ACDE

三、工程量清单的编制方法

工程量清单的编制要点见表3-19、表3-20。

表3-19 工程量清单之五大部分的编制要点(一)

清单组成			内容要点	性质
分部分项工程量清单			(1) 分部分项工程费=∑分部分项工程量×综合单价 式中:综合单价=人工费+材料费+施工机械使用费+管理费+利润+一定范围内的风险因素① (不完全费用综合单价) (2) 招标文件提供了暂估单价的材料,按暂估的单价计算材料费,计入综合单价	闭口清单,不允许投标人调整
措施项目清单	概念		措施项目清单是指为完成工程项目施工,发生于该工程施工准备和施工过程中的技术、生活、安全、环境保护等方面的非工程实体项目清单 分部分项工程量清单项目——工程实体项目 措施项目——非工程实体项目	开口清单,允许投标人调整
	编制方法	可以计算工程量的措施项目	宜采用分部分项工程量清单的方式编制,列出项目编码、项目名称、项目特征、计量单位和工程量计算规则,如混凝土模板、脚手架等	
		不便于计算工程量的措施项目	以"项"为计量单位,如大中型施工机械进、出场及安、拆费,文明施工和安全防护、临时设施等	
			措施项目费应包括除规费、税金以外的完成措施项目的全部费用("人、材、机、管、利、风")	
	应考虑因素		(1) 工程本身的因素; (2) 拟建工程的施工组织设计(含施工技术方案); (3) 水文、气象、环境、安全等因素; (4) 施工企业的实际情况	

① 采用工程量清单计价的工程,应在招标文件或合同中明确风险的内容及其范围(幅度),并在工程计价过程中予以考虑。不得采用"无限风险"、"所有风险"或类似语句规定风险内容及其范围(幅度)。

表3-20 工程量清单之五大部分的编制要点(二)

清单组成		内容要点	性质
其他项目清单	概念与构成	其他项目清单——指分部分项工程量清单、措施项目清单所包含的内容以外,因招标人的特殊要求而发生的与拟建工程有关的其他费用项目和相应数量的清单。 其他项目费=暂列金额+暂估价+计日工+总承包费+其他	由招标人估算列出,不允许投标人调整
	1. 暂列金额	是**招标人**在工程量清单中暂定并包括在合同价款中的一笔款项,用于施工合同签订时**尚未确定**或者**不可预见**的所需材料、设备、服务的采购,施工中可能发生的工程变更、合同约定调整因素出现时的工程价款调整以及发生的索赔、现场签证确认等费用。暂列金额由招标人估算确定	
	2. 暂估价	是**招标人**在工程量清单中提供的用于必然发生但暂时不能确定价格的材料的单价以及专业工程的金额。暂估价包括材料暂估价(单价)、专业工程暂估价	
	3. 计日工	计日工是为了解决现场发生的零星工作的计价而设立的。计日工适用的所谓零星工作一般是指合同约定之外的或者因变更而产生的、工程量清单中没有相应项目的额外工作。 编制工程量清单时,计日工表中的人工应按工种,材料和机械应按规格、型号详细列项。其中人工、材料、机械数量,应由招标人根据工程的复杂程度,工程设计质量的优劣及设计深度等因素,按照经验来估算数量,并作为暂定量写到计日工表中,纳入有效投标竞争,以期获得合理的计日工单价	招标人列出项目和数量,投标人据此报价或报费率
	4. 总承包服务费	总承包服务费是为了解决招标人进行专业工程发包及自行采购供应材料、设备时,要求总承包人对发包的专业工程提供协调和配合服务(如分包人使用总包人的脚手架、水电接驳等);对供应的材料、设备提供**收、发和保管服务以及对施工现场进行统一管理**;对竣工资料进行统一汇总整理等发生并向总承包人支付的费用	
	5. 其他	包括索赔和现场签证等	
	影响因素	直接影响其他项目清单具体内容的因素——**工程建设标准的高低、工程的复杂程度、工程的工期长短、工程的组成内容、发包人对工程管理的要求**等都直接影响其他项目清单的具体内容	

续表

清单组成	内容要点	性质
规费项目清单	规费是政府部门规定必须缴纳的,应计入建筑安装工程造价的费用。规费项目清单应的内容列项详见图3-8	闭口清单,不允许投标人调整
税金项目清单	建筑安装工程税金是指国家税法规定的应计入建筑安装工程造价内的**营业税**、**城市维护建设税**及**教育费附加**	

1. 分部分项工程量清单的编制

分部分项工程量清单为不可调整的闭口清单,在投标阶段,投标人对该清单所列内容不允许作任何更改变动。

分部分项工程量清单应包括项目编码、项目名称、项目特征、计量单位和工程量五个要素,应根据《建筑工程量清单计价规范》附录中规定的项目编码、项目名称、项目特征、计量单位和工程量计算规则进行编制(见表3-21、表3-22)。清单编制助记见图3-20,工程量清单项目编码结构见图3-18。

表3-21 分部分项工程量清单与计价表

工程名称: 　　　　　　标段: 　　　　　　第 页 共 页

序号	项目编码	项目名称	项目特征描述	计量单位	工程量	金额(元)		
						综合单价	合价	其中:暂估价

口诀:**分项清单中,名码特喉粮**

名　码　特　位　量

名称 | 项目编码 | 特征 | 计量单位 | 工程量

图3-20 分部分项工程量清单的编制助记

表3-22 分部分项工程量清单编制说明

	内容要点
项目名称	按附录的项目名称结合拟建**工程的实际确定**(有灵活性)
项目编码	项目编码共有12位数(见图3-18) (1) 1~9位**按附录的规定设置**(全国统一编码,无灵活性)。 其中:1、2位为工程分类顺序码,3、4位为专业工程顺序码, 5、6位为分部工程顺序码,7~9位为分项工程顺序码。 顺序码　　　　　　　　顺序码 一二 三四,工分 专制　　　五六 七八九,分步(部)向(项)前走 ↓　↓　　　　　　　　　↓　　↓ 工程分类　专业工程　　分部工程　分项工程 (2) 10~12位为工程量清单项目顺序码,应根据拟建工程的工程量清单项目名称由**清单编制人设置**(有灵活性)。但同一招标工程的的项目编码不得有重码。 口诀:**十到十二"三后卫"**(最后三位数),**项目编码不能雷**(不能雷同,即不能重复)

续表

	内容要点
项目特征	项目特征的描述应根据计价规范附录中有关项目特征的要求，结合技术规范、标准图集、施工图纸，按照工程结构、使用材质及规格或安装位置等，予以详细而准确的表述和说明（结合拟建**工程的实际情况**，以能满足确定综合单价的需要为前提。——有灵活性） 工程量清单项目特征描述的重要意义在于： (1) 项目特征是**区分清单项目的依据**； (2) 项目特征是**确定综合单价的前提**； (3) 项目特征是**履行合同义务的基础**。 清单项目特征主要涉及：①项目的自身特征（材质、型号、规格、品牌）；②项目的工艺特征；③对项目施工方法可能产生影响的特征
计量单位	按附录中**规定的**计量单位确定（计量单位不能由编制人员自行确定，无灵活性）
工程量计算规则	以形成工程实体为准，并以完成后的净值计算，**按统一的工程量计算规则计算**（无灵活性）

2. 清单编制示例

措施项目清单示例见表 3-23、表 3-24、表 3-25。

表 3-23 分部分项工程和单价措施项目清单与计价表

序号	项目编码	项目名称	项目特征描述	计量单位	工程量	金额（元）	
						综合单价	合价
1	011701001001	综合脚手架	1. 建筑结构形式：框剪 2. 檐口高度：60m	m	18000		

表 3-24 总价措施项目清单与计价表

工程名称： 标段： 第 页 共 页

序号	项目名称	计算基础	费率（%）	金额（元）
1	安全文明施工费			
2	夜间施工费			
……				

表 3-25 措施项目清单与计价表（二）

工程名称： 标段： 第 页 共 页

序号	项目编码	项目名称	项目特征描述	计量单位	工程量	金额（元）	
						综合单价	合价

注：本表适用于以综合单价形式计价的措施项目。

＊＊习题＊＊

98. 建设工程项目招标控制价的编制主体是（ ）。（2011年真题）

A. 项目监理机构

B. 项目建设主管部门

C. 招标人或受其委托的工程造价咨询人
D. 工程所在地政府造价管理机构

99. 工程量清单是（　　）的依据。(2010年真题)

A. 进行工程索赔　　　　　　　　　　B. 编制项目投资估算
C. 支付招标控制价　　　　　　　　　D. 支付工程进度款
E. 办理竣工结算

100. 根据《建设工程工程量清单计价规范》，工程量清单应由（　　）编制。(2010年真题)

A. 招投标管理部门认可的代理机构
B. 具有相应资质的工程造价咨询人
C. 具有招标代理资质的中介机构
D. 项目管理公司合同管理机构

101. 工程量清单作为招标文件的组成部分，其完整性和准确性应由（　　）负责。(2010年真题)

A. 监理人　　　　　　　　　　　　　B. 招标人
C. 招投标管理部门　　　　　　　　　D. 投标人

102. 招标方提供的工程量清单中，投标人可以根据拟建项目的施工方案进行调整的是（　　）。

A. 分部分项工程量清单　　　　　　　B. 规费清单
C. 税金清单　　　　　　　　　　　　D. 措施项目清单

103. 根据《建设工程量清单计价规范》编制的工程量清单中，某分部分项工程的项目编码010302004005，则"01"的含义是（　　）。(2011年真题)

A. 分项工程顺序码　　　　　　　　　B. 分部工程顺序码
C. 专业工程顺序码　　　　　　　　　D. 工程分类顺序码

104. 根据《建筑工程工程量清单计价规范》，分部分项工程量清单中，确定综合单价的依据是（　　）。(2011年真题)

A. 计量单位　　B. 项目特征　　C. 项目编码　　D. 项目名称

105. 根据《建设工程工程量清单计价规范》，12位分部分项工程量清单项目编码中，由工程量清单编制人设置的是第（　　）位。

A. 3和4　　　　B. 5和6　　　　C. 7～9　　　　D. 10～12

考点42　工程量清单的计价

一、工程量清单计价的过程

工程量清单计价过程可以分为两个阶段：工程量清单编制和工程量清单应用两个阶段。工程量清单的编制程序如图3-21所示，工程量清单应用过程如图3-22所示。

1. 第一阶段：工程量清单编制
2. 第二阶段：工程量清单应用

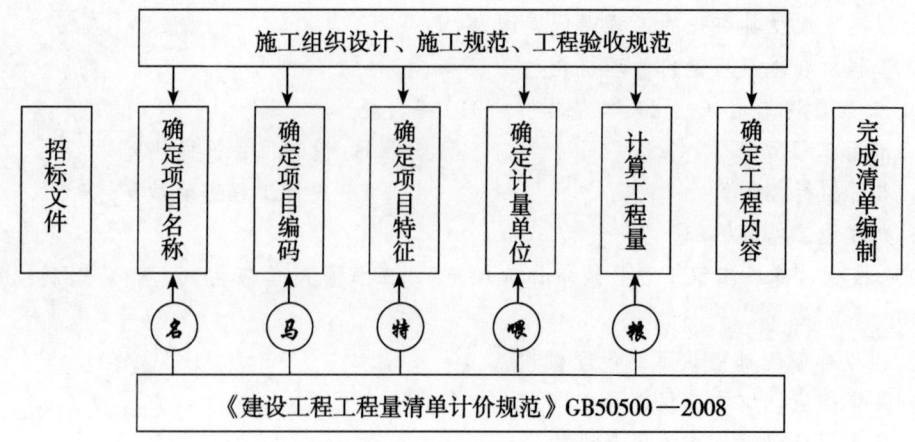

图 3-21 工程量清单编制程序

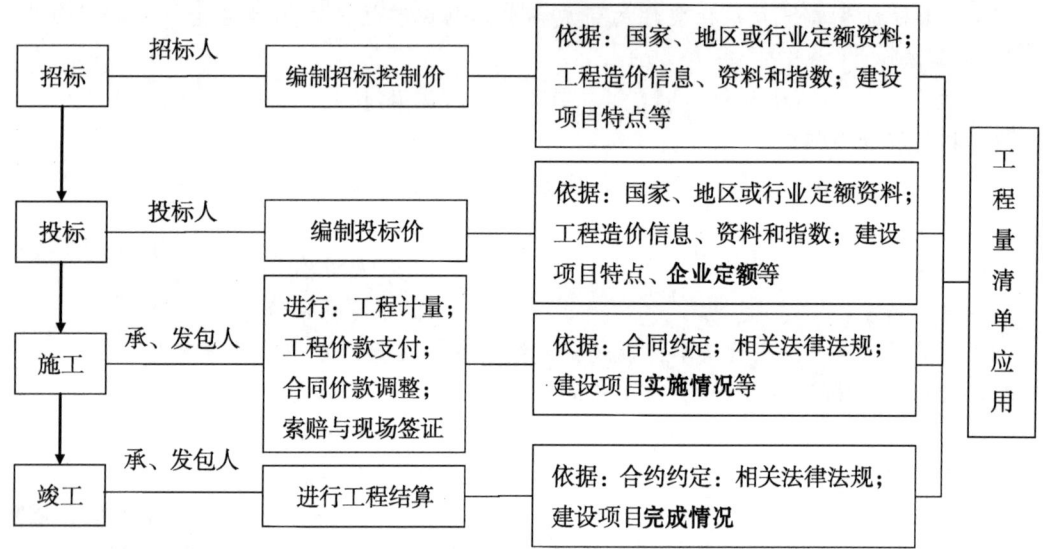

图 3-22 工程量清单计价应用过程

二、按工程量清单计价的建筑安装工程造价组成

采用工程量清单计价，建筑安装工程造价由分部分项工程费、措施项目费、其他项目费、规费和税金五大部分组成，如图 3-19 所示。

三、工程量清单的计价方法

1. 工程量清单计价的形式

如按分部分项工程单价组成来分，工程量清单计价主要有三种形式：①工料单价法；②综合单价法；③全费用综合单价法，如表 3-26 所示。

分部分项工程量清单应采用综合单价计价（属不完全费用综合单价）。

表 3-26　工程量清单的计价方法

方法	计算公式	备注
工料单价法	工料单价＝人工费＋材料费＋施工机械使用费	应考虑一定范围内的风险费用
综合单价法（现行方法）	综合单价＝人工费＋材料费＋施工机械使用费＋管理费＋利润＋一定范围内的风险费	
全费用综合单价法	全费用综合单价＝人工费＋材料费＋施工机械使用费＋管理费＋利润＋措施项目费＋规费＋税金＋一定范围内的风险费	

2. 分部分项工程费计算

分部分项工程量清单应采用综合单价计价，公式为式 3-9。

$$分部分项工程费＝\sum 分部分项工程量 \times 分部分项工程综合单价 \tag{3-9}$$

式中：综合单价＝人工费＋材料费＋施工机械使用费＋管理费＋利润＋

$$一定范围内的风险费 \tag{3-10}$$

注：此为不完全费用综合单价

计算分部分项工程费需要解决两个核心问题，即量和价的问题，如表 3-27 所示。

表 3-27　分部分项工程费计算应解决的两个核心问题

	应注意的问题
工程量的计算	（1）招标文件中的工程量清单标明的工程量是招标人编制招标控制价和投标人投标报价的共同基础，它是工程量清单编制人按施工图图示尺寸和清单工程量计算规则计算得到的工程净量； （2）工程量清单标明的工程量不能作为承包人在履行合同义务中应予完成的实际和准确的工程量，发承包双方进行工程竣工结算时的工程量应按发、承包双方在合同中约定应予计量且实际完成的工程量确定，当然该工程量的计算也应严格遵照清单工程量计算规则，以实体工程量为准（即按图示尺寸计算的完成后的净值）
综合单价的确定	综合单价的计算通常采用定额组价的方法，即以计价定额为基础进行组合计算。由于"计价规范"与"定额"中的工程量计算规则、计量单位、工程内容不尽相同，综合单价的计算不是简单地将其所含的各项费用进行汇总，而是要通过具体计算后综合而成。综合单价的计算可以概括为以下步骤： （1）确定组合定额子目。 清单项目一般以一个"综合实体"考虑，包括了较多的工程内容，计价时可能出现一个清单项目对应多个定额子目的情况。因此计算综合单价的第一步就是将清单项目的工程内容与定额项目的工程内容进行比较，结合清单项目的特征描述，确定拟组价清单项目应该由哪几个定额子目来组合。 （2）计算定额子目工程量； （3）测算人、材、机消耗量； （4）确定人、材、机单价； （5）计算清单项目的直接工程费； 直接工程费＝$\sum$计价工程量×（$\sum$人工消耗量×人工单价＋$\sum$材料消耗量×材料单价＋$\sum$台班消耗量×台班单价） （6）计算清单项目的管理费和利润； 管理费＝直接工程费×管理费费率 利润＝（直接工程费＋管理费）×利润率 （7）计算清单项目的综合单价： 综合单价＝（直接工程费＋管理费＋利润）/清单工程量

【案例】可参见中国建筑工业出版社出版的教材《建设工程经济》"清单计价"的相关例题。

3. 措施项目费计算

措施项目费的三种计算方法见表 3-28。

表 3-28 措施项目费的三种计算方法

序号	方法	内容要点
1	综合单价法	这种方法与分部分项工程综合单价的计算方法一样,适用于可以计算工程量的措施项目;但并不是每个措施项目的综合单价都包含人工费、材料费、机械费、管理费和利润等每一项
2	参数法计价	指按一定的基数乘系数的方法或自定义公式进行计算。这种方法简单明了,难点是公式的科学性、准确性难以把握。适用于施工过程中必须发生,但在投标时很难具体分项预测,又无法单独列出项目内容的措施项目。如夜间施工费、二次搬运费、冬雨季施工的计价均可以采用该方法
3	分包法计价	在分包价格的基础上增加投标人的管理费及风险费进行计价的方法,这种方法适合可以分包的独立项目,如室内空气污染测试等

4. 其他项目费、规费、税金、风险费用的计算

其他项目费、规费、税金、风险费用的计算见表 3-29。

表 3-29 其他项目费、规费、税金、风险费用的计算

费用	计算要点
其他项目费	其他项目费由暂列金额、暂估价、计日工、总承包服务费等内容构成(见图 3-12)。暂列金额和暂估价由招标人按估算金额确定。 招标人在工程量清单中提供的暂估价的材料和专业工程如下图所示: 依法必须招标的——由承包人和招标人共同通过招标确定材料单价与专业工程分包价 不是必须招标的——材料——发、承包双方协商确认单价后计价 不是必须招标的——工程——由发包人、总承包人与分包人按有关计价依据计价 计日工和总承包服务费由承包人根据招标人提出的要求,按估算的费用确定
规费和税金	规费和税金按国家及有关部门的规定计算,不得作为竞争性费用
风险费用	风险费用应在招标文件及合同中明确风险内容及其范围

5. 关于竞争性费用的归纳

下列费用应按主管部门的规定计算,不得作为竞争性费用。

(1) 安全文明施工费——含环境保护费、文明施工费、安全施工费、临时设施费四项,均属于措施费(或措施项目费);

(2) 规费;

(3) 税金。

四、招标控制价与投标价

1. 招标控制价的概念

招标控制价的要点见表 3-30。

表 3-30 关于招标控制价的要点

项目	要 点
定义	招标控制价是招标人根据国家以及当地有关规定的计价依据和计价办法、招标文件、市场行情，并按工程项目设计施工图纸等具体条件调整编制的，对招标工程项目限定的最高工程造价，也可称其为**拦标价、预算控制价或最高报价**等
1. 应编制的情况	国有资金投资的工程建设项目应实行工程量清单招标，并应编制招标控制价
2. 谁编制	招标控制价应由具有编制能力的招标人或受其委托具有相应资质的工程造价咨询人编制
3. 谁审核	招标控制价超过批准的概算时，招标人应将其报**原概算审批部门审核**。我国对国有资金投资项目实行的是投资**概算审批**制度，国有资金投资的工程项目原则上不能超过批准的投资概算
4. 有什么作用	起"拦标价"的作用，投标人的投标报价高于招标控制价的，其投标应予以拒绝。招标控制价与标底不同，无须保密
5. 公布、备案与投诉	（1）招标人应**在招标文件中如实公布**招标控制价及其各组成部分的详细内容，不得上浮或下调，并应将招标控制价及有关资料**报送工程所在地工程造价管理机构备查**； （2）投标人经复核认为招标人公布的招标控制价未按照《建设工程工程量清单计价规范》的规定进行编制的，应在**开标前 5 日向招投标监督机构或工程造价管理机构投诉**

2. 工程量清单、招标控制价、投标价编制依据

编制工程量清单、招标控制价、投标价的依据见图 3-23。

编制招标控制价的依据（共6条——图中加下波浪线的）

编制投标价的依据 {
1. <u>《建设工程工程量清单计价规范》GB 50500—2008</u>
2. <u>国家或省级、行业建设主管部门颁发的计价办法</u>
3. <u>建设工程项目的设计文件及相关资料</u>
4. <u>与建设项目相关的标准、规范等技术资料</u>
5. 招标文件、工程量清单及其补充通知、答疑纪要
6. <u>施工现场情况、工程项目特点</u>
7. 拟定的（或常规的）施工组织设计或施工方案
8. 企业定额；国家或省级、行业建设主管部门颁发的计价定额
9. <u>市场价格信息或工程造价管理机构发布的工程造价信息</u>
10. 招标文件中的工程量清单及有关要求
} 编制工程量清单的依据（共7条）

注：工程量清单的编制依据为常规的施工组织设计或施工方案，投标价的编制依据为施工企业拟定的施工组织设计或施工方案。

图 3-23 编制工程量清单、招标控制价、投标价的依据

3. 编制原则

招标控制价与投标价的编制原则对比见表 3-31。

表 3-31 招标控制价与投标价的编制原则对比

	招标控制价	投标价
编制人不同	应由具有编制能力的招标人或受其委托的具有相应资质的工程造价咨询人编制	投标价应由投标人或受其委托、具有相应资质的工程造价咨询人编制
	工程造价咨询人不得同时接受招标人和投标人对同一工程的招标控制价和投标报价的编制	
编制要点	(1) 一般情况下，编制招标控制价采用的材料价格应是**工程造价管理机构通过工程造价信息发布的材料单价**，工程造价信息未发布材料单价的材料，其材料价格应通过市场调查确定。另外，未采用工程造价管理机构发布的工程造价信息时，应在招标文件或答疑补充文件中对招标控制价采用的与造价信息不一致的市场价格予以说明，采用的市场价格则应通过调查、分析确定，有可靠的信息来源； (2) 施工组织方法不同，所发生的措施费也会有所不同。因此，对于竞争性的措施费用的编制，**应该首先编制施工组织设计或施工方案**，然后依据经过专家论证后的施工方案，合理地确定措施项目与费用	(1) 投标人自主确定（不可竞争费用、暂估价、暂列金额除外），但必须执行《清单规范》中的强制性规定； (2) 不得低于成本，且不得高于招标控制价； (3) 投标人应按招标人提供的工程量清单填报投标价格，项目编码、项目名称、项目特征、计量单位、工程量必须与招标人提供的相一致； (4) 投标报价要以招标文件中设定的承发包双方责任划分，作为设定投标报价费用项目和费用计算的基础； (5) 应该以施工方案、技术措施等作为投标报价计算的基本条件。企业定额反映企业技术和管理水平，是计算人工、材料和机械台班消耗量的基本依据； (6) 报价计算方法要科学严谨，简明适用

4. 编制方法

招标控制价与投标价的编制方法要点对比见表 3-32。

表 3-32 招标控制价与投标价的编制方法要点对比

清单项目	招标控制价	投标价
分部分项工程量清单	量：招标文件中工程量清单提供的工程量 价：综合单价应根据工程量清单的特征描述及有关要求、主管部门颁发的计价定额和计价办法等编制依据进行编制。 (1) 综合单价中应包括招标文件中招标人要求投标人承担的风险内容及其范围（幅度）产生的风险费用，可以风险费率的形式进行计算。 (2) 招标文件提供了暂估价的材料，应按暂估价（单价）计入综合单价	量：招标文件中工程量清单提供的工程量（在同一平台上报价） 价：**与招标控制价确定方法相同，但确定的依据有所差异**，除左栏外，投标人投标报价的依据还有： (1) 投标人自身的企业定额（反映在本企业具有的管理水平、拥有的施工技术和施工机械装备水平条件下的人工、材料、施工机械台班的消耗标准）。 (2) 投标人的资源可获取价格。 (3) 投标人自身的企业管理费费率、利润率。 利润率可由投标人根据本企业**当前盈利情况、施工水平、拟投标工程的竞争情况**以及**企业当前经营策略**自主确定。 (4) 风险费用。 招标文件中要求投标人承担的风险费用，投标人应在综合单价中给予考虑，通常以风险费率的形式进行计算。风险费用的测算应**根据招标人要求结合投标企业当前风险控制水平**进行**定量测算**。在施工过程中，当出现的风险内容及其范围（幅度）在招标文件规定的范围（幅度）内时，综合单价不得变动，工程款不作调整
措施项目清单	措施项目费应根据措施项目清单和拟建项目的施工组织设计确定。应包括除规费、税金外的全部费用（即与分部分项工程的综合单价所含内容相同，见式 3-10）	**投标人可对招标文件的措施项目清单中所列措施项目进行增补调整**，可根据工程实际情况及施工组织设计或施工方案自主确定措施项目费。 其他同左栏

续表

清单项目		招标控制价	投标价
其他项目清单	暂列金额	可根据工程特点，按有关计价规定估算（可以分部分项工程费的10%～15%为参考）	（1）暂列金额和暂估价均应**按招标人在其他项目清单中列出的金额填写，不得变动**； （2）对于招标文件提供了暂估价的材料，**按暂估的单价计算材料费，计入综合单价**
	暂估价	材料暂估价应根据有关工程造价信息或参考市场价格估算；专业工程暂估价应分不同专业特点按有关计价规定估算	
	计日工	计日工应根据工程特点和有关计价依据估算	计日工：应根据其他项目清单列出的项目和估算的数量，**自主确定各项综合单价并计算费用**
	总承包服务费	应根据招标文件列出的内容和要求，并按照主管部门的规定估算，参考标准见表3-20	应根据招标人在招标文件中列出的分包专业工程内容、供应材料和设备情况，由投标人根据招标人提出的协调、配合与服务要求以及施工现场管理需要**自主确定**

5. 投标价的编制说明

投标价的几点编制说明见表3-33。

表3-33 投标价的几点编制说明

序号	项目	内容要点
1	工程量清单项目特征描述是投标人确定综合单价最重要的依据	在招、投标过程中，若出现招标文件中分部分项工程量清单项目特征描述与设计图纸不符，投标人应以项目特征描述为准，确定投标报价的综合单价；若施工中施工图纸或设计变更与工程量清单项目特征描述不一致时，发、承包双方应按实际施工的项目特征，依据合同约定重新确定综合单价
2	企业定额是投标报价、确定综合单价的重要依据	企业定额是施工企业根据本企业具有的管理水平、拥有的施工技术和施工机械装备水平而编制的，完成一个规定计量单位的工程项目所需的人工、材料、施工机械台班的消耗量，是施工企业内部进行施工管理的标准，也是施工企业投标报价确定综合单价的依据之一。投标企业没有企业定额时可根据企业自身情况参照消耗量定额进行调整
3	以综合单价为基础的汇总结果应与投标总价相一致	投标人的投标总价应当与组成工程量清单的分部分项工程费、措施项目费、其他项目费和规费、税金的合计金额相一致，即投标人在进行工程项目工程量清单招标的投标报价时，不能仅对投标总价进行优惠（或降价、让利），投标人对投标报价的任何优惠（或降价、让利）均应反映在相应清单项目的综合单价中

【例31】因暴雨引发山体滑坡而实施的公路交通紧急抢修项目，其合同计价方式宜采用（　　）。（2014年真题）

A. 固定总价合同　　　　　　　　　　B. 固定单价合同
C. 可调单价合同　　　　　　　　　　D. 成本加酬金合同

【答案】D

【解析】紧急抢险、救灾以及施工技术特别复杂的建设工程可以采用成本加酬金合同。

【例32】实物量法编制施工图换算时，计算并符合工程量后紧接着进行的工作是（　　）。（2014年真题）

A. 套定额单价，计算人才机费用　　　B. 套消费定额，计算人材机消耗量
C. 汇总人材机费用　　　　　　　　　D. 计算管理费等其他各项费用

【答案】B

【解析】 用实物量法编制施工图预算,主要是先用计算出的各分项工程的实物工程量,分别套取预算定额中工、料、机消耗指标,并按类相加。

习题

106. 根据《建设工程量清单计价规范》(GB50500—2013),当合同中没有约定时,对于任一招标工程量清单项目,如果因工程变更等原因导致工程**差超过( )时,合同单价应进行调整。(2014年真题)

  A. 20%   B. 15%   C. 10%   D. 5%

107. 按《建设工程工程量清单计价规范》规定,各子项工程量乘以对应的综合单价经累计得到( )费用。

  A. 分部分项工程   B. 单位工程   C. 单项工程   D. 工程项目

108. 根据《建设工程工程量清单计价规范》,分部分项工程综合单价包括完成规定计量单位清单项目所需的人工费、材料费、机械使用费以及( )。(2010年真题)

  A. 管理费   B. 利润   C. 规费   D. 税金   E. 一定范围内的风险费

109. 根据《建设工程工程量清单计价规范》,采用工程量清单招标的工程,投标人在投标报价时不得作为竞争性费用的是( )。(2011年真题)

  A. 二次搬运费   B. 安全文明施工费
  C. 夜间施工费   D. 总承包服务费

110. 编制措施项目清单时应依据( )。

  A. 建设项目可行性研究报告
  B. 建设项目设计文件
  C. 拟建工程施工组织设计和施工技术方案
  D. 建设项目招标文件
  E. 与拟建工程相关的工程施工规范与工程验收规范

111. 编制工程量清单时,若有总承包服务费,则应列在( )中。

  A. 分部分项工程清单   B. 措施项目清单
  C. 其他项目清单的招标人部分   D. 其他项目的投标人部分

112. 根据拟建工程的具体情况,列入工程量清单中其他项目清单的有( )。(注:此题系依据2003年清单计价规范)

  A. 预留金   B. 已完工程及设备保护费
  C. 由招标人采购的材料购置费   D. 零星工作费
  E. 文明施工费

113. 根据《建设工程工程量清单计价规范》,关于全额政府投资项目招标控制价的说法,正确的有( )。(2011年真题)

  A. 招标控制价可以在公布后上调或下浮
  B. 招标控制价是对招标工程限定的最高限价
  C. 招标控制价的作用与标底完全相同
  D. 招标控制价超过批准的概算时,招标人应将其报原概算审批部门审核
  E. 投标人的投标报价高于招标控制价的,其投标应予以拒绝

114. 投标人对招标人提供的措施项目清单所列项目，按规定（　　）。

A. 可根据企业自身情况作适当变更增减

B. 不得进行变更增减

C. 若要变更增减，应事先征得招标人同意

D. 若要变更增减，应事先征得工程师同意

115. 在采用工程量清单招标时，不允许投标人对清单所列内容进行任何变动的是（　　）。

A. 措施项目清单　　　　　　　　　　B. 分部分项工程量清单

C. 其他项目清单　　　　　　　　　　D. 综合费率清单

116. 某工程采用工程量清单招标，评标时，发现甲投标人的分部分项工程量清单计价表中，有一项未填报综合单价与合价，则视为（　　）。（2011年真题）

A. 投标人漏项，招标人应要求甲投标人补充

B. 此分部分项工程在施工中不需要做

C. 此项费用已包含在工程量清单的其他单价和合价中

D. 甲投标人的投标为废标

117. 根据《建设工程工程量清单计价规范》，编制投标文件时，招标文件中已提供暂估价的材料价格应根据（　　）填报。（2011年真题）

A. 投标人自主确定价格　　　　　　　B. 投标时当地的市场价格

C. 招标文件提供的价格　　　　　　　D. 政府主管部门公布的价格

118. 根据《建设工程工程量清单计价规范》，关于投标人投标报价编制的说法，正确的有（　　）。（2011年真题）

A. 投标报价应以投标人的企业定额为依据

B. 投标报价应根据投标人的投标战略确定，必要的时候可以低于成本

C. 投标中若发现清单中的项目特征与设计图纸不符，应以项目特征为准

D. 招标文件中要求投标人承担的风险费用，投标人应在综合单价中予以考虑

E. 投标人可以根据项目的复杂程度调整招标人清单中的暂列金额的大小

119. 其他项目清单中，无须由招标人根据拟建工程实际情况提出估算额度的费用项目是（　　）。

A. 暂列金额　　　　　　　　　　　　B. 材料暂估价

C. 专业工程暂估价　　　　　　　　　D. 计日工费用

120. 《建设工程工程量清单计价规范》规定，编制工程量清单时用于合同约定调整因素出现时的工程材料价款调整的费用应计入（　　）中。

A. 分部分项综合单价　　　　　　　　B. 暂列金额

C. 材料暂估价　　　　　　　　　　　D. 总承包服务费

121. 下列关于措施项目的说法中，符合《建设工程工程量清单计价规范》规定的是（　　）。

A. 招标控制价应包括项目的全部风险费用

B. 措施项目费以项为单位计价的，价格包括除利润、税金以外的全部费用

C. 总承包服务费由发承包双方协商确定

D. 税金应按国家或者省级、行业建设主管部门规定的标准计算

122. 工程量清单计价模式下，分部分项工程量的确定方法是（　　）。

A. 按施工图图示尺寸计算工程净量

B. 按施工图图示尺寸加允许误差计算工程量

C. 按施工方案计算工程总量

D. 按施工方案加允许误差计算工程量

123. 根据《建设工程工程量清单计价规范》编制的分部分项工程量清单，其工程数量是按照（　　）计算的。

A. 设计文件图示尺寸的工程量净值

B. 设计文件结合不同施工方案确定的工程量平均值

C. 工程实体量和损耗量之和

D. 实际施工完成的全部工程量

124. 根据《建设工程工程量清单计价规范》，分部分项工程量清单中所列工程量以形成工程实体为准，按（　　）计算。（2010年真题）

A. 施工方案计算出来的数值　　　　B. 实际完成的全部工程量

C. 工程完成后的净值　　　　　　　D. 工程实体量与耗损量之和

125. 某国有资金投资为主的商业大厦施工项目，业主委托的清单编制人按设计文件图示尺寸计算工程量净值，列入招标文件工程量清单的工程量栏目中，其中，C40现浇混凝土矩形柱一项的工程量为200m³。假如你公司中标成为该项目的承包单位，主体工程验收合格后，发、承包双方对工程量进行了复核，按设计文件的图示尺寸计算工程量净值，该项工程量为190.5m³，而现场实际丈量得出的实际工程量为193.8m³，问该清单项目的结算工程量应以哪个工程量为准？

考点43　建设工程常见的合同价款

一、工程价款的类型

建设工程施工合同根据合同计价方式的不同，一般可以划分为<u>总价合同</u>、<u>单价合同</u>和<u>成本加酬金合同</u>三种类型。根据价款是否可以调整，总价合同可分为固定总价合同和可调总价合同两种不同形式；单价合同也可以分为固定单价合同和可调单价合同。

《清单规范》规定，对使用工程量清单计价的工程，宜采用单价合同（但并不排斥总价合同）。

二、工程款的主要结算方式

工程款的主要结算方式见图3-24。

三、预付款与起扣点

1. 预付款支付程序

预付款是由发包人按照建设工程施工合同的约定，在正式开工前预先支付给承包人的工程款。预付款的有关规定见图3-25。

若发包人未按合同约定预付工程款，承包人在预付时间到期后10天内向发包人发出

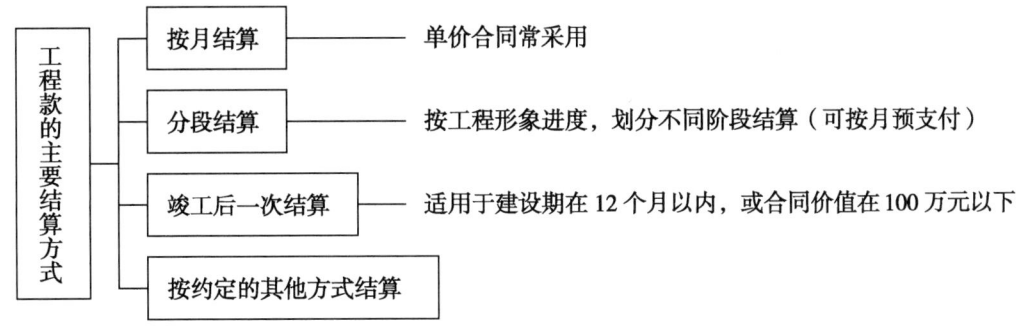

图 3-24 工程价款的主要结算方式

通知,如发包人收到通知后仍不支付,承包人在发出通知 14 天后停止施工,向发包人索赔利息。

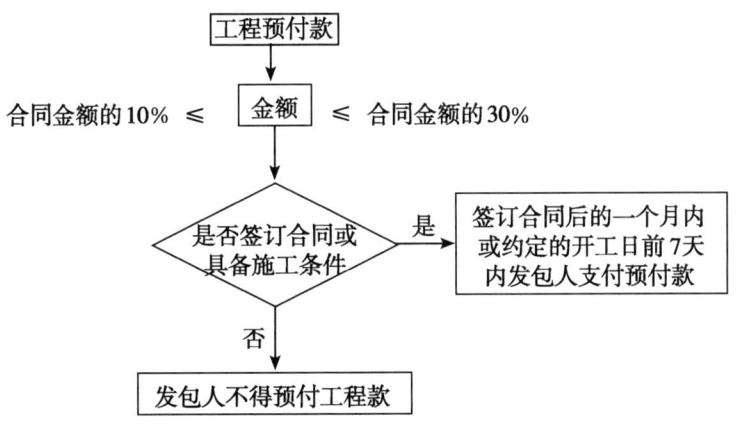

图 3-25 预付款的有关规定

2. 预付款支付额度

包工包料的工程原则上预付比例不低于合同金额(扣除暂列金额)的 10%,不高于合同金额(扣除暂列金额)的 30%;对重大工程项目,按年度工程计划逐年预付。实行工程量清单计价的工程,实体性消耗和非实体性消耗部分应在合同中分别约定预付款比例(或金额)。

3. 起扣点

确定起扣点(即应开始扣回工程预付款时的累计完成工程款金额)是关键,其计算公式如图 3-26。

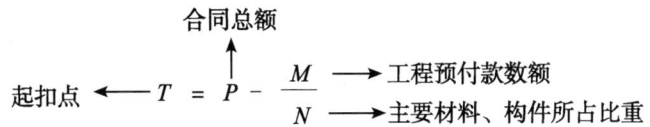

图 3-26 起扣点的计算公式

【理解和计算】——起扣点公式

(1) 起扣点公式的推导技巧(见图 3-27)
(2) 达到起扣点后预付款的具体扣回方式。

① 未施工工程的价值 $=P-T$
② 未施工工程尚需的主要材料及构件的价值 =未施工工程的价值 $\times N=(P-T)\times N$
③ 未施工工程尚需的主要材料及构件的价值相当于工程预付款数额时起扣

因此可写出等式：$(P-T)\times N=M$

$$\Rightarrow T=P-\frac{M}{N}$$

图 3-27　起扣点的计算公式推导

如果合同无具体扣回方式的约定，则在已完成工程款额达到起扣点之后，应按新增加的本期已完成工程款乘以主要材料及构配件比重 N 的乘积扣回预付款。

本期应扣回预付款＝本期实际完成工程款$\times N$

式中：本期实际完成工程款——只能计算达到起扣点之后的部分，应理解【例 33】的情况。

【例 33】若起扣点为 100 万元，截止至上期末累计完成 80 万元，本期实际完成 50 万元，主要材料及构配件比重为 60％，则关于本期应扣回预付款的计算如下：

本期应扣回预付款＝（80＋50－100）×60％＝18（万元）

［错误算法：50×60％＝30（万元）］

四、工程计量与进度款支付

1. 工程计量

工程计量的有关要点见表 3-34。

表 3-34　工程计量

	要　点
计量原则	（1）按合同文件中约定的方法进行计量； （2）按承包人在**履行合同义务过程中**实际完成的工程量计算（应理解为：按图示尺寸计算的实体净量——施工单位应按图施工，超出图示尺寸部分的工程量不是"履行合同义务"的工作）； （3）对于不符合合同文件要求的工程，承包人超出施工图纸范围或因承包人原因造成返工的工程量，不予计量（乙方原因，不予计量）； （4）若发现工程量清单中出现漏项、工程量计算偏差，以及工程变更引起工程量的增减变化应据实调整，正确计量（详见习题 130 题解析）
工程量确认程序	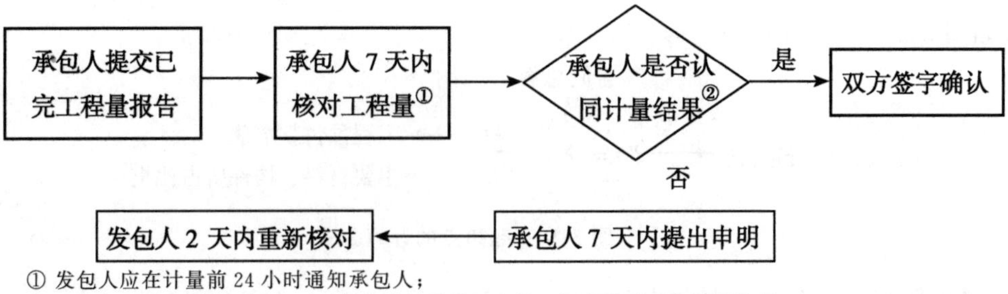 ① 发包人应在计量前 24 小时通知承包人； ② 未参与现场计量核对或未对对方的计量结果回应的，视为认可对方计量结果

2. 工程进度款的支付

（1）承包人申请付款提交的文件。

承包人在每个付款期周末向发包人递交进度款支付申请，并附相应的证明文件（共10项），如图3-28所示。

```
   1. 本周期已完成工程的价款
 + 2. 累计已完成的工程价款
 - 3. 累计已支付的工程价款
 + 4. 本周期已完成计日工金额
 ± 5. 应增加和扣减的变更金额         承包人申请付款提
 ± 6. 应增加和扣减的索赔金额         交文件的内容
 - 7. 应抵扣的工程预付款
 - 8. 应扣减的质量保证金
 - 9. 根据合同应增加和扣减的其他金额
 =10. 本付款周期实际应支付的工程价款
```

图 3-28　进度款支付申请的证明文件及其之间的关系

（2）发包人支付工程进度款。

①发包人应在收到承包人的工程进度款支付申请后14天内核对完毕，否则，从第15天起承包人递交的工程进度款支付申请视为被批准；

②发包人应在批准工程进度款支付申请的14天内，向承包人按不低于计量工程价款的60%，不高于计量工程价款的90%向承包人支付工程进度款；

③发包人在支付工程进度款时，应按合同约定的时间、比例（或金额）扣回工程预付款。

（3）发包人未按合同约定支付工程进度款的处理和责任。

发包人未在合同约定时间内支付工程进度款，承包人应及时向发包人发出要求付款的通知，发包人收到承包人通知后仍不按要求付款，可与承包人协商签订延期付款协议，经承包人同意后延期支付。协议应明确延期支付的时间和从付款申请生效后按同期银行贷款利率计算应付款的利息。

五、FIDIC 施工合同条件下建筑安装工程费的结算

1. 工程支付的范围

工程支付的范围见图3-29。

2. 工程支付的条件、程序、报表和证书

工程支付的条件、程序、报表和证书见表3-35。

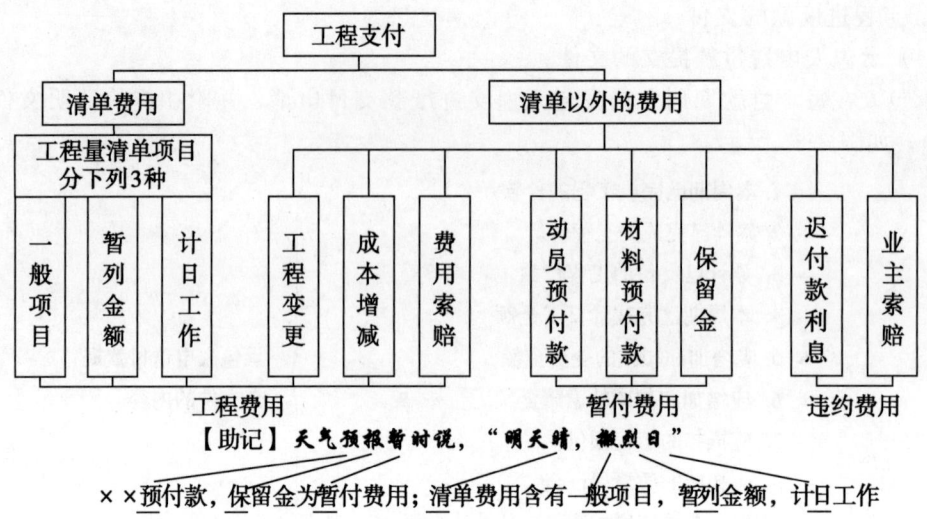

【助记】天气预报暂时说,"明天晴,撒烈日"
××预付款,保留金为暂付费用;清单费用含有一般项目,暂列金额,计日工作

说明:工程量清单以外的费用——在工程量清单中没有规定,但是在合同条件中有明确规定的费用。

图 3-29 工程支付的范围

表 3-35 工程支付的条件、程序、报表和证书

项目	内容要点
支付条件	(1) 质量合格; (2) 符合合同条件; (3) 变更项目必须有工程师的变更通知(光审核还不行); (4) 支付金额必须大于期中支付证书规定的最小限额; (5) 承包商的工作使工程师满意
支付程序	承包商提出付款申请 →28天内→ 工程师审核申请 → 计算付款净金额是否大于合同规定的期中支付的最小金额 →是→ 签发付款证书 → 业主支付 ↓否 不需开具任何付款证书 → 待下期达到最小限额再办理支付手续
报表与证书	月报表、竣工报表、最终报表、最终付款证书、履约证书

六、索赔的方法

索赔的条件和索赔的程序详见本套丛书之《建设工程项目管理》分册。

1. 索赔费用的计算方法

索赔费用的计算方法见图 3-30。

注:修正总费用法在总费用计算的原则上,去掉一些不合理的因素,修正的内容包括:
①时间上——将计算索赔款的时段局限于受到外界影响的时间,而不是整个施工期;
②范围上——只计算受到影响时段内的某项工作所受影响的损失,而不是计算该时段内所有施工工

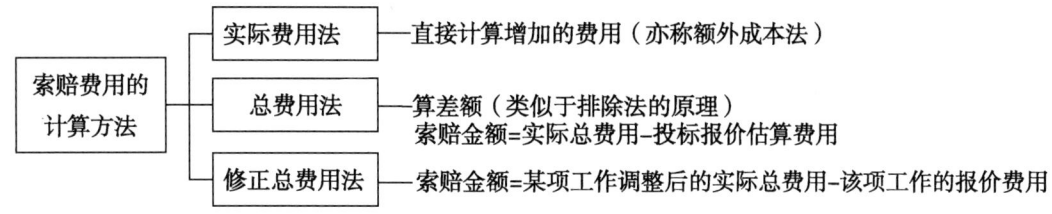

图 3-30 索赔的方法

作所受的损失;

③对投标报价费用重新进行核算,按受影响时段内该项工作的实际单价进行核算,乘以完成的该项工作的工程量,得出调整后的报价费用。

七、现场签证的方法

现场签证的方法见表 3-36。

表 3-36 现场签证的方法

项目	要点
定义	指发、承包双方现场代表(或其委托人)就施工过程中涉及的责任事件所作的签认证明
范围	(1) 适用于施工合同范围以外零星工程的确认; (2) 在工程施工过程中发生变更后需要现场确认的工程量; (3) 非施工单位原因导致的人工、设备窝工及有关损失; (4) 符合施工合同规定的非施工单位原因引起的工程量或费用增减; (5) 确认修改施工方案引起的工程量或费用增减; (6) 工程变更导致的工程施工措施费增减等。 【归纳助记】非乙原因零星变,双方代表现场签
程序	(1) 承包人应在接受发包人要求的 7 天内向发包人提出签证,发包人签证后施工。若没有相应的计日工单价,签证中还应包括用工数量和单价、机械台班数量和单价、使用材料品种及数量和单价等。若发包人未签证同意,承包人施工后发生争议的,责任由承包人自负; (2) 发包人应在收到承包人的签证报告 48 小时内给予确认或提出修改意见,否则视为该签证报告已经认可; (3) 发、承包双方确认的现场签证费用与工程进度款同期支付

八、工程价款的调整

1. 工程价款的调整概述

工程价款的调整见表 3-37。

表 3-37 工程价款的调整

项目	要点
何时变更	(1) 法律、行政法规和国家有关政策变化影响合同价款; (2) 工程造价管理部门公布的价格调整; (3) 不可抗力引起的变更、甲方或乙方提出的变更等
变更的内容	根据 FIDIC《施工合同条件》每项变更可包括: (1) 合同中包括的任何工作内容的数量的改变(但此类改变不一定构成变更); (2) 任何工作内容的质量或其他特性的改变; (3) 任何部分工程的标高、位置和(或)尺寸的改变; (4) 任何工作的删减,但要交他人实施的工作除外; (5) 永久工程所需的任何附加工作、生产设备、材料或服务,包括任何有关的竣工试验、钻孔和其他试验和勘探工作; (6) 实施工程的顺序或时间安排的改变

续表

项目	要点
新增工程量引起的单价调整	根据《计价规范》，因分部分项工程量清单漏项或非承包人原因的工程变更，造成增加新的工程量清单项目，其对应的综合单价按下列方法确定： 工程变更价款 ｛合同中有，就用 合同中有类似的，应参照着用 合同中没有，应由承包人提出，经发包人确认后执行
工程量变化引起的单价调整	根据《计价规范》和FIDIC《施工合同条件》合同有约定的从其约定，未作约定的，按以下原则处理： (1) 工程量变动超过规定工程量的10%（量超十分之一）； (2) 工程量的变化与该项规定的费率乘积超过中标的合同金额的0.01%（标额超万分之一）； (3) 工程量变化直接造成该项工作单位成本变动超过1%（成本超百分之一）。 【助记】量本标；十、百、万（分之一）
责任分析	(1) 是否为非承包商原因： 若为非承包商原因引起的变更，如业主要求加快工期，工程师指令失误等则由发包人承担相应责任。若为承包人原因造成的变更，则有承包人自己承担相应责任。 (2) 不可抗力导致： 除承包商人员、机械伤亡损失和停工损失外，其他损失均由发包人承担

2. 工程变更的程序

此处主要介绍《施工合同范本》的有关要求（见表3-38）。

表3-38 不同单位提出的变更特点比较

发包人提出的变更	承包人提出的变更	其他变更
承包人无拒绝的权利	承包人应严格照图施工，不得随意变更，其合理化变更建议需征得工程师的同意	如双方对工期、质量要求变化；施工环境、条件变化等

除了表3-38所述的各自单位的变更特点外，还应注意以下几条变更的共同点：

(1) 变更重大的，需经原设计单位提供变更的相应图纸和说明，并报有关规划管理部门和其他部门的批准；

(2) 变更程序中的时限均以14天计，如承包人在工程变更确定后14天内，提交追加合同价款的报告；工程师收到报告后14天内予以答复。

3. 工程价款的调整方法

工程价款的调整方法见表3-39。

表3-39 工程价款的调整方法

调整方法	理解要点
按实际价格调整法	实报实销
工程造价指数调整法	根据合理的工期及当地工程造价管理部门所公布的该月度（或季度）的工程造价指数，对原承包合同价予以调整，重点调整那些由于人工费、材料费、施工机械费等费用上涨及工程变更因素造成的价差
造价信息调整价格差额法	因人工、材料、设备和机械台班价格波动影响合同价格时，人工、机械使用费按照国家或省、自治区、直辖市建设行政管理部门、行业建设管理部门或其授权的工程造价管理机构发布的人工成本信息、机械台班单价或机械使用费系数进行调整
调值公式法	按《标准施工招标文件》中通用条款约定的公式计算

调值公式法（见表3-40）：

需调整的价格差额（价款变化值）$\Delta P = P - P_0$

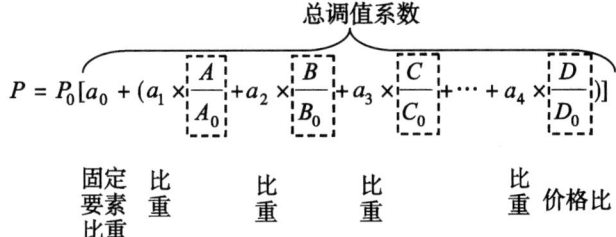

$$P = P_0[a_0 + (a_1 \times \frac{A}{A_0} + a_2 \times \frac{B}{B_0} + a_3 \times \frac{C}{C_0} + \cdots + a_4 \times \frac{D}{D_0})]$$

固定要素比重　　比重　　比重　　比重　价格比

式中：P——调值后合同价款或工程实际结算款；

P_0——调值前工程进度款；

a_0——固定要素（即合同支付中不能调整的部分比重）；

a_1、a_2、a_3、a_4——代表有关成本要素（如人工费、钢材费、水泥费、运输费等）在合同总价中所占比重（即权重）；

A、B、C、D——现在行价格指数或价格；

A_0、B_0、C_0、D_0——基期价格指数或价格。

表3-40 调值公式记忆要点及推导思路

步骤	要点	具体内容
1	确定可调因子	根据题意或双方合同的约定，确定哪些费用（或价格）是可调费用（或价格，称为可调因子）
2	计算权重	计算各项可调因子的权重及不可调部分的权重，所谓权重是指某项费用占工程价款的比例，所有可调因子的权重与不可调部分的权重相加之和应等于1
3	计算价格比	计算各可调因子的现行价格指数与基准日期价格指数的比值（得出价格比）
4	求总调值系数	以各可调因子的价格比与其所占权重的乘积之和，再加上不可调部分（视其价格比为1）的权重，得到总的调值系数
5	求结算价	原总价（或价格）P_0乘以上述总的调值系数即得到调值后的总价（或价格）P，需调值的价格差额（价款变化值）$\Delta P = P - P_0$

【例34】2005年3月完成的某工程，按基准日期的价格计算工程进度款为200万元，合同支付中不能调值的部分占合同总价的20%；相关成本要素除水泥价格上涨15%外，其余均未发生变化，水泥费用在合同总价中所占的比重系数为0.3，按调值公式计算2005年3月实际工程结算款应为（　　）万元。

A. 200.00　　　　B. 207.20　　　　C. 209.00　　　　D. 230.00

【答案】C

【解析】成本要素中除水泥价格上涨15%外，其余均未发生变化，所以：

$P = P_0 (a_0 + a_1 \times \frac{A}{A_0} + a_2 \times \frac{B}{B_0} + a_3 \times \frac{C}{C_0} + a_4 \times \frac{D}{D_0})$

$= 200 \times (0.2 + 0.5 + 0.3 \times 1.15) = 209$（万元）

【例35】根据《标准施工招标文件》，下列事件中，承包人向发包人既可索赔工期又可索赔费用的有（　　）。(2014年真题)

A. 发包人原因导致的工程缺陷和损失
B. 承包人遇到不利物质条件
C. 发包人要求向承包人提前交付工程设备
D. 施工过程发现文物
E. 承包人遇到异常恶劣的气候条件

【答案】BD

【解析】《标准施工招标文件》中合同条款规定的可以合理补偿承包人索赔的条款。

九、竣工结算

竣工结算的要点见表 3-41。

表 3-41 竣工结算的要点

项目	内容要点
程序	承包人递交竣工结算书——承包人提交竣工验收报告的同时将竣工结算书递交给发包人 发包人进行结算审查——有关发包人的审查期限,可详见本套丛书之法律法规分册 发包人支付结算款,并将竣工结算书报送工程所在地工程造价管理机构备案
依据	除相关合同文件、设计招投标文件、国家法规标准外,施工中的工程变更价款、追加合同价款、索赔、现场签证价款等也应作为竣工结算的依据
编制内容	此处重点介绍其他项目费的计算(因为与投标价时的编制有所不同): (1)计日工——应按发包人实际签证确认的事项计算; (2)暂估价——其中材料单价应按发、承包双方最终确认价在综合单价中调整;专业工程暂估价应按中标价或发包人、承包人与分包人最终确认价计算; (3)总承包服务费——应依据合同约定金额计算(如发生调整的,以发、承包双方确认调整的金额计算); (4)索赔费用——应依据发、承包双方确认的索赔事项和金额计算; (5)现场签证费用——应依据发、承包双方签证资料确认的金额计算; (6)暂列金额——除去暂列金额的实际结算额(含工程价款调整与索赔、现场签证的金额)后,如有余额应归发包人,如有不足则由发包人补足并反映在相应项目的工程价款中

十、计价争议的处理方法

在工程计价中,对工程造价计价依据、办法以及相关政策规定发生争议事项的,由工程造价管理机构负责解释。

计价争议的解决方法主要有:协商、调解、仲裁、诉讼,此部分内容可详见本套丛书《建设工程法规与相关知识》分册。

* * 习题 * *

126. 根据《建设工程价款结算暂行办法》(财建[2004]369号),包工包料的工程原则上预付款比例上限为( )。(2011年真题)

A. 合同金额(扣除暂列金额)的 20%
B. 合同金额(扣除暂列金额)的 30%
C. 合同金额(不扣除暂列金额)的 20%
D. 合同金额(不扣除暂列金额)的 30%

127. 某包工包料工程合同总金额为1000万元，工程预付款的比例为20%，主要材料、构件所占比重为50%，按起扣点基本计算公式，则工程累计完成至（　　）万元时应开始扣回工程预付款。（2011年真题）

A. 600　　　　B. 200　　　　C. 400　　　　D. 800

128. 根据《建设工程工程量清单计价规范》，工程量清单漏项或设计变更引起的新的工程量清单项目，若合同中没有适用或类似的综合单价，则其相应综合单价应由（　　）提出，经确认后作为结算的依据。

A. 设计人　　　B. 发包人　　　C. 承包人　　　D. 监理人

129. 工程量清单漏项或设计变更引起的新的工程量清单项目，其相应综合单价首先应由（　　）提出。

A. 监理工程师　　B. 承包人　　C. 发包人　　D. 工程造价管理部门

130. 根据《建设工程施工合同（示范文本）》，承包人在工程变更确定后（　　）天内，可提出变更涉及的追加合同价款要求的报告，经工程师确认后相应调整合同价款。

A. 14　　　　B. 21　　　　C. 28　　　　D. 30

131. FIDIC土木工程施工合同通用条款规定，如果某项工作的工程量的变化直接造成该项工作单位成本的变动超过（　　），该工作应采用新的费率或价格。

A. 10%　　　B. 1%　　　C. 0.1%　　　D. 0.01%

132. 按照建设工程监理规范关于工程变更的有关规定，下列做法正确的是（　　）。

A. 设计单位对原设计存在的缺陷提出的变更应编制设计变更文件
B. 在发包人和承包人未能就工程变更的费用等方面达成协议时，项目变更不能实施
C. 工程变更单应由总监理工程师签发
D. 建设单位提出的变更应提交专业监理工程师审查
E. 有设计变更文件的工程变更单应附设计变更文件

133. FIDIC合同条件所规定的工程支付中，属于暂付费用的是（　　）。

A. 保留金、工程变更费用、业主索赔费用　　B. 迟付款利息、业主索赔费用
C. 动员预付款、材料预付款、保留金　　　　D. 工程变更费用、成本增减费用

134. 按照《建设工程施工合同（示范文本）》进行工程变更，下列说法正确的是（　　）。

A. 承包人对于发包人的变更通知没有拒绝的权利
B. 承包人为了便于施工可对原工程设计进行变更
C. 因承包人原因导致的工程变更，承包人无权要求追加合同价款
D. 工程师确认增加的工程变更价款作为追加合同价款，与工程进度款同期支付
E. 由于承包人甲的原因造成进度滞后，干扰了承包人乙的施工，工程师发布指令导致甲的施工成本增加，承包人甲有权要求补偿

135. 某工程合同总额300万元，合同中约定的工程预付款额度为15%，主要材料和构配件所占比重为60%，则该工程预付款的起扣点为（　　）万元。

A. 135　　　　B. 180　　　　C. 225　　　　D. 255

136. 某工程施工合同规定用调值公式法对建安工程价款进行动态结算，某分部工程预算进度款为300万元，相关调整要素和数据如下表所示，则调值后该分部工程结算款为（　　）万元。（相关要素和数据见下表）

要素项目	固定部分	钢材（t）	水泥（t）	木材（t）	人工（工日）
要素系数	0.3	0.2	0.2	0.1	0.2
基期价格（元）		3600	330	1000	43
现行价格（元）		3200	350	1200	40

A. 321.63　　　　B. 303.54　　　　C. 298.74　　　　D. 280.65

考点44　国际工程投标报价

一、投标程序

国际工程是指一个工程项目的策划、咨询、融资、采购、承包、管理以及培训等各个阶段或环节，其主要参与者（单位或个人、产品或服务）来自不止一个国家或地区，并且按照国际上通用的工程项目管理理念进行管理。国际工程包括我国公司去海外参与投资或实施的各项工程，也包括国际组织或国外的公司到中国来投资和实施的工程。有关投标的程序等可详见本套丛书之法规分册，此处特别注意的是工程量的复核（见图3-31）。

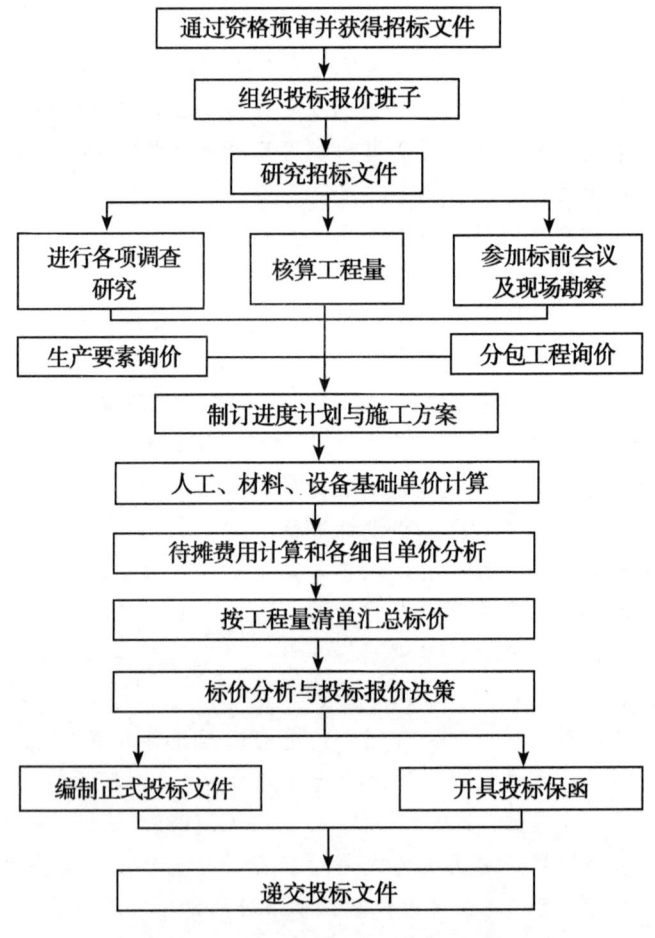

图3-31　国际工程投标总报价的程序

二、投标报价组成

国际工程投标报价的组成应根据投标项目的内容和招标文件的要求进行划分。为了便于计算工程量清单中各个分项的价格，进而汇总整个工程报价，通常将国际工程投标报价分为以下各项费用，如表 3-42 所示。

表 3-42 国际工程投标报价组成

国际工程投标总报价组成			
	人工费		
	材料费		
	施工机具使用费		
	待摊费	现场管理费	工作人员费
			办公费
			差旅交通费
			文体宣教费
			固定资产使用费
			国外生活设施使用费
			工具用具使用费
			劳动保护费
			检验试验费
			其他费用
		其他待摊费	临时设施工程费
			保险费
			税金
			保函手续费
			经营业务费
			工程辅助费
			贷款利息
			总部管理费
			利润
			风险费
	开办费		
	分包工程费	分包报价	
		总包管理费和利润	
	暂定金额（招7示人备用金）		

【例36】国际工程投标报价时，在工程所在国当地采购的材料设备的预算价格应按（　　）。

A. 材料设备出场价格　　　　　　　C. 当地市场价格
B. 投标人所在国预算价格　　　　　D. 施工现场交货价格

【答案】D

【解析】在工程所在国当地采购的材料设备，其预算价格应为施工现场交货价格。通常按下式计算：

预算价格＝市场价＋运输费＋采购保管耗损。

三、单价分析和标价汇总方法

分项工程单价也叫工程量单价，是指工程量清单上所列项目的单价，例如基槽开挖、钢筋混凝土梁、柱等。分项工程单价的计算是工程估价中最重要的基础工作。

四、适当运用多方案报价法

对一些招标文件，如果发现工程范围不很明确，条款不清楚或很不公正，或技术规范要求过于苛刻时，可在充分估计投标风险的基础上，按多方案报价法处理。即先按原招标文件报一个价，然后再提出："如某条款作某些变动，报价可降低多少……"，报一个较低的价。这样可以降低总价，吸引业主。或是对某些部分工程提出按"成本补偿合同"方式处理，其余部分报一个总价（见表3-43）。

【例37】国际工程投标报价时，企业根据自身的优劣势和招标项目的特点来确定报价策略，通常情况下报价可以适当高一些的工程有（　　）。（2011年真题）

A. 施工条件差的工程　　　　　　　　B. 工期要求特别急的工程
C. 支付条件不理想的工程　　　　　　D. 竞争对手很少的工程
E. 技术含量不高且一般公司都可以做的工程

【答案】ABCD

表3-43　投标报价方法

方法	运用情况
不平衡报价法	又叫前重后轻法，其目的在于能够实现早日收款。 【例】承包商将前期的基础工程的报价调高，而将后期的装饰装修工程的报价调低，可以在施工的早期阶段收到较多的工程款，减少工程后期资金回收风险
多方案报价	【例】投标单位投标书中表明接受招标人预付款10%，进度款按月付的方式，但同时提出若业主将预付款改为15%，进度款可改为按季支付的方式
建议方案报价	【例】承包单位在投标书中注明，安装材料采用业主提供的材料，安装费为50万元。并同时建议业主：如果由承包商自行采购材料，安装费为25万元
突然降价法	【例】某投标单位在投标截止前一天递交了投标文件，但在投标截止日期前1小时，又递交了一份补充资料，声明将原报价降低4%
先亏后盈法	承包商为打进某一地区市场，不惜代价，只求低价中标的方法
无利润算标法	缺乏竞争优势的承包商，在迫不得已的情况下，只好不考虑利润去夺标。一般采用以下三种情况： （1）有可能在得标后，将大部分工程分包给索价较低的一些分包商； （2）对于分期建设的项目，先以低价获得首期工程，尔后赢得机会创造第二期工程中的竞争优势，并在以后的实施中赚得利润； （3）较长时期内，承包商没有在建的工程项目，如果再不得标，就难以维持生存
计日工报价	（1）单纯对计日工报价，可报高一些，以便在日后业主用工或使用机械时可多盈利； （2）若招标文件中有一个假定的"名义工程量"时，则需要具体分析是否报高价
暂定工程量的报价	（1）业主已定了暂定工程量和总价款，此时投标人应对暂定工程量的单价适当提高； （2）业主只定了暂定工程量，此时投标人宜采用正常价格； （3）业主只定了工程的一笔固定总金额，此时已无竞争意义，直接列入投标文件即可

五、决策影响因素

国际工程投标决策的影响因素及报价策略见图3-32。

国际工程投标报价决策的影响因素
1. 成本估算的准确性
2. 期望利润
3. 市场条件
4. 竞争程度
5. 风险偏好

国际工程投标报价的策略
1. 生存策略
2. 补偿策略
3. 开发策略
4. 竞争策略
5. 盈利策略

图 3-32　国际工程投标决策的影响因素及报价策略

【例 38】关于国际工程投标报价中暂定金额的说法，错误的是（　　）。（2014 年真题）

A. 暂定金额是业主在招标文件中明确规定了数额的一笔资金

B. 承包商在投标报价时应将暂定金额计入工程总报价

C. 暂定金额等同于暂估价

D. 承包商无权做主使用暂定金额

【答案】C

【解析】本题适合采用排除法，暂定金额是业主在招标文件中明确规定了数额的一笔资金。每个承包商在投标报价时均应将此暂定金额数计入工程总报价，但承包商无权使用此金额。

＊＊习题＊＊

137. 某国际工程投标过程中，投标人员在复核工程量时发现土方部分的工程量计算存在较大误差，其应采取的正确做法是（　　）。

A. 按自己核算的正确的工程量计算报价，并在投标函中予以说明

B. 按孰有利的原则选择招标文件的工程量或自己核算的工程量报价

C. 按招标文件的工程量填报自己的报价，并在投标函中予以说明

D. 按招标文件的工程量和自己核算的工程量分别报价并加以说明

138. 国际工程投标中，投标人作出最终报价前应对估算人员算出的暂时标价进行对比分析，其目的是（　　）。

A. 从宏观上把握标价的合理性　　B. 分析报价的竞争力

C. 预测报价的利润水平　　D. 检查标价计算是否存在错误

139. 国际工程投标报价中，暂定金额的处理方式是（　　）决定其用途。（2010 年真题）

A. 计入承包商工程总报价，由承包商

B. 不计入承包商工程总报价，由项目设计方

C. 不计入承包商工程总报价，由业主工程师

D. 计入承包商工程总报价，由业主工程师

140. 国际工程投标报价中，暂定金额的处理方式是（　　）决定其使用方式和额度。

A. 计入承包商工程总报价，由承包商

B. 不计入承包商工程总报价，由项目设计方

C. 不计入承包商工程总报价，由业主工程师

D. 计入承包商工程总报价，由业主工程师

141. 在国际工程项目建筑安装工程费用中，包括在合同中的暂列金额是（　　）的备用金。

A. 承包方　　　　B. 业主方　　　　C. 供货方　　　　D. 咨询方

142. 在国际工程投标报价中，当机械设备所占比重较大、使用的均衡性较差、搁置时间过长而使其费用增大时，机械使用费一般宜采用（　　）进行计算。

A. 定额估价法　　B. 框算估价法　　C. 作业估价法　　D. 概算指标法

历年考试真题

2012年全国一级建造师执业资格考试建设工程经济试题

一、单项选择题（共60题，每题1分，每题的备选项中，只有1个最符合题意）

1. 某公司以单利方式一次性借入资金2000万元，借款期限3年，年利率8%，到期一次还本付息，则第3年年末应当偿还的本利和为（　　）万元。
   A. 2160　　　　B. 2240　　　　C. 2480　　　　D. 2519

2. 关于现金流量图的绘制规则的说法，正确的是（　　）。
   A. 对投资人来说，时间轴上方的箭线表示现金流出
   B. 箭线长短与现金流量的大小没有关系
   C. 箭线与时间轴的交点表示现金流量发生的时点
   D. 时间轴上的点通常表示该时间单位的起始时点

3. 对于非经营性技术方案，经济效果评价主要分析拟定方案的（　　）。
   A. 盈利能力　　B. 偿债能力　　C. 财务生存能力　　D. 抗风险能力

4. 某技术方案的总投资1500万元，其中债务资金700万元，技术方案在正常年份年利润总额400万元，所得税100万元，年折旧费80万元。则该方案的资本金净利润率为（　　）。
   A. 26.7%　　　B. 37.5%　　　C. 42.9%　　　D. 47.5%

5. 关于技术方案财务净现值与基准收益率关系的说法，正确的是（　　）。
   A. 基准收益率越大，财务净现值越小
   B. 基准收益率越大，财务净现值越大
   C. 基准收益率越小，财务净现值越小
   D. 两者之间没有关系

6. 技术方案的盈利能力越强，则技术方案的（　　）越大。
   A. 投资回收期　　　　　　　B. 盈亏平衡产量
   C. 速动比率　　　　　　　　D. 财务净现值

7. 某常规技术方案，FNPV（16%）=160万元，FNPV（18%）=-80万元，则方案的FIRR最可能为（　　）。
   A. 15.98%　　B. 16.21%　　C. 17.33%　　D. 18.21%

8. 要保证技术方案生产运营期有足够资金支付到期利息，方案的利息备付率最低不应低于（　　）。
   A. 0.5　　　　B. 1　　　　　C. 3　　　　　D. 5

9. 以技术方案建设所需的总投资作为计算基础，反映技术方案在整个计算期内现金流入和流出的现金流量表是（　　）。

　　A. 资本金现金流量表　　　　　　B. 投资各方现金流量表
　　C. 财务计划现金流量表　　　　　D. 投资现金流量表

10. 某技术方案设计年产量为5000件，单位产品售价为2500元，单位产品变动成本是750元，单位产品的营业税及附加为370元，年固定成本为240万元，该项目达到设计生产能力时年税前利润为（　　）万元。

　　A. 450　　　　B. 135　　　　C. 635　　　　D. 825

11. 编制和应用施工定额之所以有利于推广先进技术是因为（　　）。

　　A. 施工定额是强制实施的
　　B. 施工定额是工程定额体系的基础
　　C. 施工定额水平本身包含成熟先进的施工技术
　　D. 施工定额是用先进的技术方法测定出来的

12. 要分别分析材料消耗量和采购单价对工程材料费用的影响，可采用的财务分析方法是（　　）。

　　A. 趋势分析法　　B. 因果分析法　　C. 比率分析法　　D. 因素分析法

13. 根据《建筑安装工程费用项目组成》（建标〔2003〕206号），建筑安装工程造价中安全施工费的计算基础是（　　）。

　　A. 人工费　　　B. 材料费　　　C. 直接工程费　　D. 直接费

14. 根据《建设工程工程量清单计价规范》（GB 50500—2008），垂直运输机械费应列在（　　）中。

　　A. 分部分项工程量清单与计价表
　　B. 措施项目清单与计价表
　　C. 其他项目清单与计价汇总表
　　D. 专业工程暂估价表

15. 某建设工程项目的建设期为2年，第1年贷款600万元，第2年贷款800万元，贷款年利率10%，按年复利计息，则该项目建设期利息总合为（　　）万元。

　　A. 103　　　　B. 140　　　　C. 133　　　　D. 200

16. 某建设工程项目的设备及器具购置费为2500万元，建筑安装工程费为2000万元，工程建设其他费为1500万元，基本预备费率为10%，则该项目的基本预备费为（　　）万元。

　　A. 200　　　　B. 400　　　　C. 600　　　　D. 450

17. 某设备6年前的原始成本为90000元，目前的账面价值为30000元，现在的市场价值为16000元，则该设备的沉没成本为（　　）元。

　　A. 10000　　　B. 14000　　　C. 44000　　　D. 60000

18. 以建筑物或构筑物各个分部分项工程为对象编制的定额是（　　）。

　　A. 施工定额　　B. 材料消耗定额　　C. 预算定额　　D. 概算定额

19. 采用工程量清单计价的工程在竣工决算时，暂估价中的材料单价应按（　　）。

　　A. 承包方自行购买该材料的单价计入综合单价确定

B. 发、承包双方最终确认价在综合单价中调整

C. 招标文件中的暂估价确定

D. 市场价格信息在综合单价中调整

20. 根据《建设工程价款结算暂行办法》，建设工程承发包双方未在合同中对工程进度款支付时间、支付比例等作约定的，发包人应该在批准工程进度款支付申请的（　　）天内，向承包人支付规定比例范围内的工程进度款。

A. 7 　　　　　B. 28 　　　　　C. 56 　　　　　D. 14

21. 某混凝土结构施工采用木模板。木模板一次净用量为200m^2，模板现场制作安装不可避免的损耗率为3％，模板可周转使用5次，每次补损率为5％，该模板周转使用量为（　　）m^2。

A. 41.2 　　　B. 49.44 　　　C. 43.20 　　　D. 51.50

22. 某施工企业承包的一项工程，工程价款为1000万元，其中包括修缮工程所用原材料价款15万元以及应付给指定分包商的工程款100万元，营业税税率为营业额的3％，则该企业需缴纳营业税（　　）万元。

A. 27 　　　　B. 30 　　　　C. 32 　　　　D. 33

23. 若企业的资产按购置时所付出的代价的公允价值计量，则根据会计计量属性，该资产计量属于按（　　）计量。

A. 重置成本 　　B. 历史成本 　　C. 可变现净值 　　D. 公允价值

24. 某采用工程量清单招标的工程，评标委员会发现某标书漏填了分部分项工程类清单中"地面找平"一项的综合单价和合价，则评标委员会的正确处理方式是（　　）。

A. 视为该项费用已包含在工程量清单的其他单价和合价中

B. 认定该标书为废标

C. 要求投标人就此项进行单独报价，补充到原报价书中

D. 由评标委员会认定一个合理价格补充到原报价书中

25. 采用装运港船上交货价的进口设备，估算其购置费时，货价按照（　　）计算。

A. 出厂价 　　　B. 到岸价 　　　C. 抵岸价 　　　D. 离岸价

26. 某国际工程，业主方在招标文件中规定了200万元的暂定金额。则每一个承包商在投标报价时对该项暂定金额的正确处理方式是（　　）。

A. 计入投标总报价，但承包商无权自主使用

B. 计入投标总报价，并且承包商有权自主使用

C. 不计入投标总价，在实际发生时由业主支付

D. 不计入投标总价，由工程师决定是否使用

27. 根据《建设工程工程量清单计价规范》（GB 50500—2008）。采用工程量清单招标的工程，投标人在投标报价时不得作为竞争性费用的是（　　）。

A. 夜间施工费 　B. 施工排水降水费 　C. 安全文明施工费 　D. 二次搬运费

28. 施工企业向外提供机械作业取得的收入属于（　　）。

A. 提供劳务收入 　　　　　　　B. 销售商品收入

C. 让渡资产使用权收入 　　　　D. 建造合同收入

29. 下列财务比率中，属于企业偿债能力分析指标的是（　　）。

A. 总资产周转率　　B. 净资产收益率　　C. 营业增长率　　D. 流动比率

30. 某工程初步设计深度不够，不能准确计算工程量，但工程设计采用的技术比较成熟，又有类似工程概算指标可以利用，则编制该工程概算适合采用的方法是（　　）。

A. 概算定额法　　B. 类似工程预算法　C. 概算指标法　　D. 预算单价法

31. 关于技术方案敏感性分析的说法，正确的是（　　）。

A. 敏感性分析只能分析单一不确定因素变化对技术方案经济效果的影响
B. 敏感性分析的局限性是依靠分析人员主观经验来分析判断，有可能存在片面性
C. 敏感度系数越大，表明评价指标对不确定因素越不敏感
D. 敏感性分析必须考虑所有不确定因素对评价指标的影响

32. 根据《建设工程工程量清单计价规范》（GB 50500—2008）计价的某土方工程，业主方提供的清单工程量为 $3951m^2$。施工企业预计的实际施工量为 $7902m^2$，预计完成该分项工程的直接费为 115265.27 元，管理费为 39190.19 元，利润为 9221.22 元，不考虑风险费和其他因素，则该分项工程的综合单价应为（　　）元。

A. 41.43　　　　B. 20.71　　　　C. 29.17　　　　D. 94.48

33. 根据我国现行《企业会计准则》，企业支付的广告费属于企业的（　　）。

A. 资本性支出　　B. 利润分配支出　　C. 期间费用　　D. 营业外支出

34. 若施工招标文件和中标人投标文件对工程质量标准的定义不一致，则商签施工合同时，工程质量标准约定应以（　　）为准。

A. 中标人投标文件　　　　　　　B. 双方重新协商的结果
C. 招标文件　　　　　　　　　　D. 中标通知书

35. 编制建设项目投资估算时，考虑项目在实施中可能会发生涉及变更增加工程量，投资计划中需要事先预留的费用是（　　）。

A. 涨价预备费　　B. 铺底流动资金　　C. 基本预备费　　D. 工程建设其他费用

36. 招标人编制招标控制价与投标人报价的共同基础是（　　）。

A. 工料单价
B. 综合单价
C. 按拟采用施工方案计算额工程量
D. 工程量清单标明的工程量

37. 某技术方案的净现金流量如下表。则该方案的静态投资回收期为（　　）年。

现金流量表

计算期（年）	0	1	2	3	4	5	6
净现金流量（万元）	—	-1500	400	400	400	400	400

A. 3.25　　　　B. 3.75　　　　C. 4.25　　　　D. 4.75

38. 企业从银行取得一笔长期借款 2000 万元，年利率 8%，期限 3 年，每年年末结息一次，到期一次还本，借款手续费率 0.2%，企业所得税率 25%，则该笔借款的资金成本率为（　　）。

A. 6.00%　　　　B. 8.02%　　　　C. 6.01%　　　　D. 8.20%

39. 设计概算是设计单位编制和确定的建设工程项目从筹建至（　　）所需全部费用的文件。

　　A. 办理完竣工结算　　B. 竣工交付使用　　C. 项目报废　　D. 施工保修期满

40. 某施工企业年度工程结算收入为3000万元，营业成本和营业税金及附加为2300万元，管理费用为200万元，财务费用为100万元，其他业务收入为200万元，投资收益为150万元，营业外收入为100万元，营业外支出为80万元，所得税为100万元，则企业营业利润为（　　）万元。

　　A. 500　　　　　　B. 520　　　　　　C. 670　　　　　　D. 750

41. 根据我国现行《企业会计准则》，企业在资产负债表日或之前违反了长期借款协议，导致贷款人可随时要求清偿的债务，在资产负债表中应当归类为（　　）。

　　A. 非流动负债　　B. 长期应付款　　C. 流动负债　　D. 长期借款

42. 设备融资租赁与经营租赁的主要不同点是（　　）。

　　A. 租金的支付方式　　　　　　　B. 可用于租赁的设备
　　C. 租赁双方的根本目的　　　　　D. 租赁双方承担义务的约束力

43. 关于设备技术寿命的说法，正确的是（　　）。

　　A. 完全未使用的设备技术寿命不可能等于零
　　B. 设备的技术寿命一般短于自然寿命
　　C. 科学技术进步越快，设备的技术寿命越长
　　D. 设备的技术寿命主要由其有形磨损决定

44. 某施工现场钢筋加工有两个方案，均不需要增加投资，采用甲方案需固定费用50万元，每吨钢筋加工的可变费用是300元；采用乙方案需固定费用90万元，每吨钢筋加工的可变费用是250元。现场需加工钢筋1万吨，如果用折算费用法选择方案，则（　　）。

　　A. 应该选用乙方案
　　B. 应该选用甲方案
　　C. 甲乙两个方案在经济上均不可行
　　D. 甲乙两个方案的费用相同

45. 根据《建设工程工程量清单计价规范》（GB 50500—2008）编制施工图预算时，"分项工程量×相应单价"计算得到的价款中已经包含（　　）。

　　A. 措施费　　　　　B. 管理费　　　　　C. 税金　　　　　D. 规费

46. 因修改涉及导致现场停工而引起施工索赔时，承包商自有施工机械的索赔费用宜按机械（　　）计算。

　　A. 租赁费　　　　　B. 台班费　　　　　C. 折旧费　　　　　D. 大修理费

47. 价值工程活动中，计算产品成本的方法是以产品（　　）为中心分析成本的事前成本计算方法。

　　A. 功能　　　　　B. 质量　　　　　C. 价格　　　　　D. 性能

48. 施工企业从银行借款50万元用作工程的投标保证金，该借款产生的利息属于（　　）。

　　A. 营业外支出　　B. 期间费用　　C. 资本性支出　　D. 投资性支出

49. 根据我国《企业会计准则》，某施工企业2012年3月收到建设单位支付的2011

年完工工程的结算款 200 万元，则该笔款项在会计核算上正确的处理方式是计入（　　）。

　　A. 2012 年的收入　　B. 2012 年的负债　　C. 2011 年的负债　　D. 2011 年的收入

50. 根据我国现行《企业会计准则》，不能列入工程成本支出的是（　　）。

　　A. 处置固定资产的净损失
　　B. 生产所耗用的人工费
　　C. 生产所耗用的材料费
　　D. 企业下属的施工单位为组织和管理施工生产活动所发生的费用

51. 企业应收账款管理中，可以通过"5C"系统对顾客的（　　）进行评估。

　　A. 资产状况　　B. 信用品质　　C. 偿债能力　　D. 盈利能力

52. 某施工企业制订了如下表的四种现金持有方案。从成本分析的角度来看，该企业最佳的现金持有量为（　　）元。

现金持有方案及相关成本表　　　　　　　　（单位：元）

现金持有量	60000	80000	100000	110000
机会成本	6000	7000	7500	8000
管理成本	3000	3000	3000	3000
短缺成本	5000	4000	3000	2000

　　A. 60000　　　　B. 80000　　　　C. 100000　　　　D. 110000

53. 根据《建设工程工程量清单计价规范》（GB 50500—2008），投标时可由投标企业根据其施工组织设计自主报价的是（　　）。

　　A. 安全文明施工费　　　　　　B. 大型机械设备进出场及安拆费
　　C. 规费　　　　　　　　　　　D. 税金

54. 根据《建设工程工程量清单计价规范》（GB 50500—2008），施工招标投标时，工程量清单应由（　　）负责提供。

　　A. 工程招标代理机构　　　　　B. 工程设计单位
　　C. 招投标管理部门　　　　　　D. 招标人

55. 利润表是反映企业在一定会计期间（　　）的财务报表。

　　A. 现金流入总额　　　　　　　B. 所有者权益变动总额
　　C. 经营成果　　　　　　　　　D. 现金和现金等价物数额

56. 工程竣工结算书编制与核对的责任分工是（　　）。

　　A. 发包人编制，承包人核对
　　B. 监理机构编制，发包人核对
　　C. 承包人编制，发包人核对
　　D. 造价咨询人编制，承包人核对

57. 在招标投标过程中，若招标文件某分部分项工程量清单项目特征描述与设计图纸不符，投标人报价时应按（　　）确定综合单价。

　　A. 设计图纸　　B. 预算定额　　C. 企业定额　　D. 工程量清单

58. 审查精度高、效果好，但工作量大，时间较长的施工图预算审查方法是（　　）。

A. 逐项审查法　　　B. 重点审查法　　　C. 对比审查法　　　D. 筛选审查法

59. 某建筑公司融资租赁一台施工设备，设备价格300万元，租期为6年，每年年末支付租金，折现率为6%，附加率为3%，租赁保证金为30万元，租赁保证金在租赁期满时退还；担保费为2万元，租赁保证金和担保费的时间价值忽略不计，则按附加率法计算的年租金为（　　）万元。

A. 68.0　　　　　B. 77.0　　　　　C. 79.0　　　　　D. 81.6

60. 根据《财政投资项目评审操作规程》（试行）（财办理［2002］619号），投送评审机构评审的项目概算应由项目（　　）提供。

A. 建设单位　　　B. 主管部门　　　C. 设计单位　　　D. 施工单位

二、多项选择题（共20题，每题2分。每题的备选项中，有2个或2个以上符合题意，至少有1个错项。错选，本题不得分；少选，所选的每个选项得0.5分）

61. 根据我国现行《企业会计准则》，应列入流动负债的会计要素有（　　）。

A. 应付债券　　　B. 应收账款　　　C. 短期借款　　　D. 应付工资

E. 存货

62. 国际工程投标报价前，对估价人员算出的暂时标价进行动态分析时要考虑的因素有（　　）。

A. 工期延误的影响　　　　　　　B. 分项工程量变化的影响

C. 地质勘察资料错误的影响　　　D. 物价和工资上涨的影响

E. 汇率、贷款利率变化的影响

63. 若选定静态评价指标进行技术方案敏感性分析，可以选择（　　）作为不确定性因素。

A. 投资额　　　B. 折现率　　　C. 产品销售量　　　D. 产品单价

E. 生产成本

64. 对设备可消除性的有形磨损进行补偿的方式有（　　）。

A. 更新　　　B. 现代化改装　　　C. 大修理　　　D. 日常保养

E. 淘汰

65. 在传统定额计价模式下，政府主管部门规定的计价依据包括（　　）。

A. 工程预算定额　　B. 工程量计算规则　　C. 间接费的内容　　D. 施工方案

E. 间接费的取费标准

66. 编制施工机械台班使用定额时，属于机械工作实践中损失时间的有（　　）。

A. 施工本身原因造成的停工时间

B. 非施工原因造成的停工时间

C. 违反劳动纪律引起的时间损失

D. 工人正常的休息时间

E. 低负荷下的工作时间

67. 造成价值工程活动对象的价值系数V小于1的可能原因有（　　）。

A. 评价对象的现实成本偏低

B. 功能现实成本大于功能评价值

C. 可能存在不足的功能

D. 实现功能的条件或方法不佳

E. 可能存在过剩的功能

68. 关于招标控制价中"暂列金额"的说法，正确的有（   ）。

A. 设计图纸详细深入的工程，可适当降低暂列金额

B. 复杂工程的暂列金额可适当提高

C. 暂列金额由材料暂估价和专业工程暂估价两部分组成

D. 暂列金额的估算要考虑工程环境条件

E. 暂列金额应根据拟采用的施工方案估算

69. 根据《建筑安装工程费用项目组成》（建标〔2003〕206号）属于建筑安装工程施工机械使用费的有（   ）。

A. 施工机械大修理费

B. 施工机械经常修理费

C. 机上司机和其他操作人员的工作日人工费

D. 施工机械按规定缴纳的车船使用税

E. 大型机械设备进出场及安拆费

70. 根据我国现行《企业会计准则》，收益性支出不包括（   ）。

A. 外购材料支出   B. 非常损失   C. 固定资产盘亏   D. 管理费用

E. 营业费用

71. 企业编制人工定额时要拟定施工作业的定额时间，应当包括在定额时间内的工人工作时间消耗有（   ）。

A. 基本工作时间

B. 施工组织不善造成的停工时间

C. 辅助工作时间

D. 不可避免的中断时间

E. 准备与结束的工作时间

72. 下列短期负债筹资方式中，属于商业信用形式的有（   ）。

A. 抵押贷款   B. 预收账款   C. 应付账款   D. 商业承兑汇票

E. 银行承兑汇票

73. 关于基准收益率的说法，正确的有（   ）。

A. 测定基准收益率不需要考虑通货膨胀因素

B. 基准收益率是投资资金应获得的最低盈利水平

C. 测定基准收益率应考虑资金成本因素

D. 基准收益率取值高低应体现对项目风险程度的估计

E. 债务资金比例高的项目应降低基准收益率取值

74. 关于有效利率和名义利率关系的说法，正确的有（   ）。

A. 年有效利率和名义利率的关系实质上与复制和单利的关系一样

B. 每年计息周期数越多，则年有效利率和名义利率的差异越大

C. 只要名义利率大于零，则据此计算出来的年有效利率一定大于年名义利率

D. 计息周期与利率周期相同时，周期名义利率与有效利率相等

E. 单利计息时，名义利率和有效利率没有差异

75. 下列成本费用中，属于经营成本的有（　　）。

A. 修理费
B. 外购原材料费
C. 外购燃料及动力费
D. 折旧费
E. 利息支出

76. 根据《建设工程施工合同（示范文本）》（GF—99—0201），关于工程变更程序的说法，正确的有（　　）。

A. 发包人若需对原工程设计进行变更，应提前7天书面通知承包人
B. 工程变更超过原设计标准或批准的建设规模时，发包人应该重新报批
C. 对于发包人的变更通知，承包人有权拒绝执行
D. 承包人在施工中提出的合理化建议涉及设计图纸更改的，须经工程师同意
E. 未经工程师同意，承包人擅自变更工程的，承包人应承担由此发生的相应费用

77. 根据《建筑安装工程费用项目组成》（建标〔2003〕206号），建筑安装工程的规费包括（　　）。

A. 工程排污费
B. 企业按规定标准为职工缴纳的养老保险费
C. 企业为进行施工搭设临时设施的费用
D. 施工机械停用期间的维护和保养费用
E. 企业按规定标准为职工缴纳的住房公积金

78. 某总造价5000万元的固定总价建造合同，约定工期为3年。假定经计算期第1年完工进度为30%，第2年完工进度为70%，第3年全部完工交付使用。则关于合同收入确认的说法，正确的有（　　）。

A. 第2年确认的合同收入为3500万元
B. 第3年确认的合同收入为0
C. 第1年确认的合同收入为1500万元
D. 第3年确认的合同收入少于第2年
E. 3年累计确认的合同收入为5000万元

79. 根据我国现行《企业会计准则》，企业财务报表至少应当包括（　　）。

A. 资产负债表
B. 利润表
C. 现金流量表
D. 所有者权益变动表
E. 成本分析表

80. 下列费用中，应计入建设工程项目投资中"生产准备费"的有（　　）。

A. 生产职工培训费
B. 购买原材料、能源的费用
C. 办公家具购置费
D. 联合试运转费
E. 提前进厂人员的工资、福利等费用

2013年全国一级建造师执业资格考试建设工程经济试题

一、单项选择题（共60题，每题1分。每题的备选项中，只有1个最符合题意）

1. 某施工企业向银行借款250万元，期限2年，年利率6%，半年复利计息一次，第二年付息，则到期企业需支付给银行的利息为（　　）万元。

   A. 30.00　　　　B. 30.45　　　　C. 30.90　　　　D. 31.38

2. 某施工企业投资200万元购入一台施工机械，计划从购买日起的未来6年等额收回投资并获取收益，若基准收益率为10%，复利计息，则每年年末应获得的净现金流入为（　　）万元。

   A. 200×(A/P, 10%, 6)　　　　B. 200×(F/P, 10%, 6)
   C. 200×(A/P, 10%, 7)　　　　D. 200×(A/F, 10%, 7)

3. 某垃圾处理项目得到政府300万元的财政补贴，则这300万元应计入财务计划现金流量表中的（　　）。

   A. 经营活动净现金流量　　　　B. 投资活动净现金流量
   C. 筹资活动净现金流量　　　　D. 营业收入

4. 某设备5年前的原始成本是10万元，现账面价值是3万元，市场价值是2万元，则该设备的沉没成本为（　　）万元。

   A. 1　　　　B. 3　　　　C. 7　　　　D. 8

5. 某设备在不同使用年限（1~7年）时的平均年度资产消耗成本和平均年度运行成本如下表所示。则该设备在静态模式下的经济寿命为（　　）年。

使用年限（年）	1	2	3	4	5	6	7
平均年度资产消耗成本（万元）	140	110	90	75	65	60	58
平均年度运行成本（万元）	15	20	30	40	55	70	85

   A. 3　　　　B. 4　　　　C. 5　　　　D. 6

6. 关于设备租赁的说法，错误的是（　　）。

   A. 融资租赁通常适用于长期使用的贵重设备
   B. 临时使用的设备适宜采用经营租赁方式
   C. 经营租赁的任一方可以以一定方式在通知对方后的规定期限内取消租约
   D. 租赁期内，融资租赁承租人拥有租赁设备的所有权

7. 根据《建设工程工程量清单计价规范》（GB 50500—2013），关于工程计量的说法，正确的是（　　）。

   A. 单价合同的工程量必须以承包人完成合同工程应予计量的工程量确定
   B. 发包人应在收到承包人已完成工程量报告后14天内核实
   C. 总价合同的工程量必须以原始的施工图纸为依据计量
   D. 所有工程内容必须按月计量

8. 根据《标准施工招标文件》，在施工过程中遭遇不可抗力，承包人可以要求合理补偿（   ）。

   A. 费用   B. 工期   C. 利润   D. 成本

9. 下列工程经济效果评价指标中，属于盈利能力分析动态指标的是（   ）。

   A. 财务净现值   B. 投资收益率   C. 借款偿还期   D. 流动比率

10. 对于特定的投资方案，若基准收益率增大，则投资方案评价指标的变化规律是（   ）。

    A. 财务净现值与内部收益率均减小   B. 财务净现值与内部收益率均增大
    C. 财务净现值减小，内部收益率不变   D. 财务净现值增大，内部收益率减小

11. 根据现行《企业会计准则》，下列资产中属于现金流量表中现金等价物的是（   ）。

    A. 应收账款   B. 银行承兑汇票
    C. 存货   D. 可流通的股票

12. 关于用成本分析模式确定企业现金量使持有量的说法，正确的是（   ）。

    A. 管理成本与现金持有量一般成正比例关系
    B. 现金的短缺成本随现金持有量的增加而增加
    C. 运用成本分析模式确定现金最佳持有量的目的是加速现金周转速度
    D. 企业持有现金的成本有机会成本、管理成本和短缺成本

13. 根据现行《企业会计准则》，下列交易事项中，应计入当期利润表的是（   ）。

    A. 收到上期出售产品的货款
    B. 上期购买的货物，但是本期才支付的货款
    C. 当期已经出售的产品，但是货款还没有收到
    D. 上期已经进行的销售宣传，但是本期才支付的宣传费

14. 某工程合同总额300万元，工程预付款为合同总额的的20％，主要材料、构件占合同总额的50％，则工程预付款的起扣点为（   ）万元。

    A. 200   B. 150   C. 180   D. 140

15. 根据《建设工程工程量清单计价规范》（GB 50500—2013），关于工程量清单编制的说法，正确的是（   ）。

    A. 同一招标工程的项目编码不能重复
    B. 措施项目都应该以"项"为计量单位
    C. 所有清单项目的工程量都应以实际施工的工程量为准
    D. 暂估价是用于施工中可能发生工程变更时的工程价款调整的费用

16. 当初步设计有详细设备清单时，编制设备及安装工程概算宜采用的编制方法是（   ）。

    A. 扩大单价法   B. 概算指标法
    C. 预算单价法   D. 类似工程预算法

17. 根据《建设工程工程量清单计价规范》（GB 50500—2013），应列入规费清单的费用是（   ）。

    A. 上级单位管理费   B. 大型机械进出场及安拆费

C. 住房公积金　　　　　　　　　　　　D. 危险作业意外伤害保险费

18. 下列财务指标中，数值越高，表明企业资产的盈利能力越强的指标是（　　）。

    A. 总资产报酬率　　　　　　　　　　B. 营业增长率

    C. 速动比率　　　　　　　　　　　　D. 总资产周转率

19. 某工程钢筋加工有现场制作和外包加工两个方案，现场制作方案的固定费用12万元，每吨加工费用150万元；外包加工每吨加工费用250万元，则仅从经济上考虑时，现场制作方案的实用范围是钢筋总加工量在（　　）。

    A. 1200吨以上　　　　　　　　　　　B. 480吨以上

    C. 480～800吨　　　　　　　　　　　D. 800～1200吨

20. 根据现行《建筑安装工程费用项目组成》（建标〔2013〕44号），企业按规定为职工缴纳的基本养老保险属于（　　）。

    A. 规费　　　B. 企业管理费　　　C. 措施费　　　D. 人工费

21. 某施工企业2012年度工程结算收入为1000万元，营业成本和营业税金及附属加为300万元，管理费用200万元，财务费用为100万元，其他业务收入为200万元，投资收益150万元，营业外收入为100万元，营业外支出为80万元，所得税为100万元，则企业当年营业利润为（　　）万元。

    A. 500　　　B. 520　　　C. 750　　　D. 670

22. 根据现行《建筑安装工程费用项目组成》（建标〔2013〕44号），职工的劳动保险费应计入（　　）。

    A. 规费　　　B. 企业管理费　　　C. 措施费　　　D. 人工费

23. 租赁公司购买一台设备用于出租，设备的价格为128万元，可以租赁6年，每年年末支付租金，折现率为10%，则加率为4%，租赁保证金和设备费的时间价值忽略不计，则按附加率法计算的年租金为（　　）万元。

    A. 34.99　　　B. 28.59　　　C. 24.32　　　D. 39.25

24. 根据《建设工程工程量清单计价规范》（GB 50500—2013），招标工程量清单的准确性的完整性应由（　　）负责。

    A. 投标人　　　　　　　　　　　　　B. 招标人指定的招标代理机构

    C. 招标人的上级部门　　　　　　　　D. 招标人

25. 根据《建设工程工程量清单计价规范》（GB 50500—2013），采用工程量清单招标的工程，投标人在投标报价时不得作为竞争性费用的是（　　）。

    A. 工程定位复测费　　　　　　　　　B. 税金

    C. 冬雨季施工增加费　　　　　　　　D. 总承包服务费

26. 根据现行《企业会计准则》，对于资产负债表日起一年内到期的负债，企业预计不能自主地将清偿义务展期，但在资产负债表日后，财务报告批准报出日前签订了重新安排清偿计划协议，则该项负债应归类为（　　）。

    A. 非流动负债　　B. 流动负债　　C. 应付票据　　D. 长期应付款

27. 下列经济活动产生的现金流中，不属于筹资活动产生的现金流量是（　　）。

    A. 处置子公司收到的现金净额　　　　B. 取得借款收到的现金

    C. 分配股利支付的现金　　　　　　　D. 偿还债务支付的现金

28. 对采用通用图纸的多个工程施工图预算进行审查时，为节省时间，宜采用的审查方法是（　　）。

　　A. 全图审查法　　　　B. 筛选审查法　　　C. 标准预算审查法　　D. 对比审查法

29. 编制某工程项目投资估算时，项目建设期2年，第1年贷款800万元，第2年贷款600万元，贷款年利率10%，则该项目建设期利息总和为（　　）万元。

　　A. 154　　　　　　　B. 114　　　　　　　C. 140　　　　　　　D. 144

30. 某工程已有详细的设计图纸，建筑结构非常明确，采用的技术很成熟，则编制该单位建筑工程概算精度最高的方法是（　　）。

　　A. 概算指标法　　　B. 类似工程预算法　　C. 修正的概算指标法　D. 概算定额法

31. 某项目采用净现值指标进行敏感性分析，有关数据见下表。则各因素的敏感程度由大到小的顺序是（　　）。

项目　幅度	－10%	0	＋10%
建设投资（万元）	623	564	505
营业收入（万元）	393	564	735
经营成本（万元）	612	564	516

　　A. 建设投资－营业收入－经营成本　　　　B. 营业收入－经营成本－建设投资
　　C. 经营成本－营业收入－建设投资　　　　D. 营业收入－建设投资－经营成本

32. 某项目设计年产量为6万件，每件售价为1000元，单位产品可变成本为350元，单位产品营业税金及附加为150元，年固定成本为360万元，则用生产能力利用率表示的项目盈亏平衡点为（　　）。

　　A. 12%　　　　　　B. 30%　　　　　　C. 15%　　　　　　D. 9%

33. 根据《建设工程工程量清单计价规范》（GB 50500—2013），因不可抗力事件导致的损害及其费用增加，应由承包人承担的是（　　）。

　　A. 工程本身的损害　　　　　　　　　　B. 承包人的施工机械损坏
　　C. 发包方现场的人员伤亡　　　　　　　D. 工程所需的修复费用

34. 根据现行《建筑安装工程费用项目组成》（建标［2013］44号），施工现场按规定缴纳的工程排污费应计入建筑安装工程（　　）。

　　A. 规费　　　　　　B. 风险费用　　　　C. 措施费　　　　　D. 企业管理费

35. 设计概算的"三级概算"是指（　　）。

　　A. 建筑工程概算、安装工程概算、设备及工器具购置费概算
　　B. 建设投资概算、建设期利息概算、铺底流动资金概算
　　C. 主要工程项目概算、辅助和服务性工程项目概算、室内外工程项目概算
　　D. 单位工程概算、单项工程综合概算、建设工程项目总概算

36. 国际工程项目招标中，如果业主规定了暂定工程量的分项内容和暂定总价款，且规定所有投标人都必须在总报价中加入这笔固定金额，则投标人对该暂定工程的报价策略是（　　）。

　　A. 单价可适当降低　　　　　　　　　　B. 总价应适当降低

C. 总价可适当提高　　　　　　　　　　D. 单价可适当提高

37. 某企业从银行借入一笔长期贷款 2000 万元，手续费率为 0.2%，年利率为 7%，期限为 5 年，每年结息一次，年末付息，到期一次还本，企业所得税税率为 25%，则该项借款的资金成本率为（　　）。

A. 7.297%　　　　B. 7.01%　　　　C. 5.25%　　　　D. 5.45%

38. 采用定额单价法计算工程费用时，若分项工程施工工艺条件与定额单价不一致而造成人工、机械的数量增减时，对定额的处理方法一般是（　　）。

A. 编制补充单价表　　　　　　　　　B. 直接套用定额单价
C. 调量不调价　　　　　　　　　　　D. 按实际价格换算定额单价

39. 建设工程施工定额的研究对象是（　　）。

A. 分部分项工程　　　　　　　　　　B. 工序
C. 扩大的分部分项工程　　　　　　　D. 整个建筑物或构筑物

40. 考虑资金时间价值，两笔资金不能等值的情形是（　　）。

A. 金额相等，发生在不同时点　　　　B. 金额相等，发生在相同时点
C. 金额不等，发生在不同时点　　　　D. 金额不等，但分别发生在期初和期末

41. 某工程建设单位 2012 年 10 月审核了竣工结算书，按合同建设单位应于 2012 年 11 月支付结算款项，实际上施工企业于 2013 年 1 月收到该笔款项，根据现行《企业会计准则》，施工企业应将该款项计入（　　）的收入。

A. 2012 年 10 月　　B. 2012 年 12 月　　C. 2012 年 11 月　　D. 2013 年 1 月

42. 某技术方案投资现金流量的数据如下表所示，用该技术方案的静态投资的收益为（　　）年。

计算期（年）	0	1	2	3	4	5	6	7	8
现金流入（万元）		—	—	800	1200	1200	1200	1200	1200
现金流入（万元）	—	600	900	500	700	700	700	700	700

A. 5.0　　　　B. 5.2　　　　C. 5.4　　　　D. 6.0

43. 根据《建设工程工程量清单计价规范》（GB 50500－2013）实行工程量清单计价的工程，应采用的合同类型是（　　）。

A. 总价合同　　　　　　　　　　　　B. 单价合同
C. 固定总价合同　　　　　　　　　　D. 成本加酬金合同

44. 按照《建设工程工程量清单计价规范》（GB 50500－2013）投标的工程，完全不能竞争的部分是（　　）。

A. 分部分项工程费　　B. 措施项目费　　C. 其他项目费　　D. 规费

45. 价值工程的核心是对产品进行（　　）。

A. 成本分析　　　B. 信息搜集　　　C. 方案创新　　　D. 功能分析

46. 根据《建设工程工程量清单计价规范》（GB 50500－2013），若合同未约定，当工程量清单项目的清单工程量偏差在（　　）以内时，其综合单价不作调整，执行清单原有的综合单价。

A. 15%　　　　　　B. 5%　　　　　　C. 10%　　　　　　D. 20%

47. 某工程施工有两个技术方案可供选择，甲方案需投资180万元，年生产成本为45万元，乙方案需投资220万元，年生产成本为40万元。设基准投资收益率为12%，若采用增量投资收益率评价两方案，则（　　）。

   A. 甲方案优于乙方案　　　　　　B. 甲乙两个方案的效果相同
   C. 乙方案优于甲方案　　　　　　D. 甲乙两个方案的折算费用相同

48. 根据现行《建筑安装工程费用项目组成》（建标[2013]44号），下列费用中，应计入分部分项工程费的是（　　）。

   A. 安全文明施工费　　　　　　　B. 二次搬运费
   C. 施工机械使用费　　　　　　　D. 大型机械设备进出场及安拆费

49. 施工企业所需的某种材料，年度采购总量为2000吨，材料价格为6000元/吨，一次订货成本为4000元，每吨材料的平均储备成本为200元。根据经济批量模型，该种材料的经济采购批量为（　　）吨。

   A. 280.0　　　　　B. 282.8　　　　　C. 284.6　　　　　D. 286.4

50. 某施工企业按2/10、n/30的条件购入钢材50万元，企业在第20天支付了全部货款50万元，那么该企业放弃现金折扣的成本为（　　）。

   A. 36.72%　　　　B. 2.00%　　　　　C. 2.04%　　　　　D. 11.11%

51. 某装饰企业施工的M项目于2012年10月工程完工时只发生材料费36万元，项目管理人员工资8万元，企业行政管理部门发生的水电费2万元。根据现行《企业会计准则》，应计入工程成本的费用为（　　）万元。

   A. 36　　　　　　B. 38　　　　　　C. 44　　　　　　D. 46

52. 下列财务指标中，可以反映企业资产管理效率的指标是（　　）。

   A. 净资产收益率　　B. 存货周转率　　C. 流动比率　　　D. 资本积累率

53. 某机械台班产量为$4m^3$，与之配合的工人小组由5人组成，则单位产品的人工时间定额为（　　）工日。

   A. 0.50　　　　　B. 0.80　　　　　C. 120　　　　　　D. 1.25

54. 某跨年度项目的合同价为10000万元，预计合同总成本8500万元，资产负债表日前会计年度累计已确认的收入为6000万元，该工程已完成工程进度的80%，则当期应确认的合同收入为（　　）万元。

   A. 1500　　　　　B. 2000　　　　　C. 2500　　　　　D. 4000

55. 编制预算定额人工消耗量时，人工幅度差是指人工定额中未包括的，而在一般正常施工情况下又不可避免的一些（　　）。

   A. 返工用工　　　B. 低效率用工　　C. 用工浪费　　　D. 零星用工

56. 关于企业定额作用的说法，正确的是（　　）。

   A. 企业定额是编制施工组织设计的依据
   B. 企业定额能反映在不同项目上的最高管理水平
   C. 依据企业定额可以计算出施工企业完成投标工程的实际成本
   D. 企业定额不能直接反映本企业的施工技术水平

57. 施工企业销售自行加工的商品混凝土的收入属于（　　）。

A. 产品销售　　　　　B. 施工合同　　　　　C. 材料销售　　　　　D. 提供劳务

58. 某建设项目实施到第2年时，由于规范变化导致某分项目工程量增加，因此增加的费用应从建设投资中的（　　）支出。

A. 涨价预备费　　　　　　　　　　　　B. 基本预算费
C. 建设期利息　　　　　　　　　　　　D. 工程建设其他费用

59. 关于工程量清单招标中计日工报价技巧的说法，正确的是（　　）。

A. 单纯对计日工程报价应报低价
B. 招标文件中有名义工程量的计日工程报高价
C. 单纯对计日工程报价应报高价
D. 招标文件中有名义工程量的计日工应报低价

60. 根据《建设工程工程量清单计价规范》(GB 50500—2013)。招标人委托工程造价咨询日编制的招标工程量清单，其封面应有招标人和（　　）盖章确认。

A. 编制清单的造价员　　　　　　　　B. 造价咨询人的造价工程师
C. 工程造价咨询人的法人代表　　　　D. 工程造价咨询人

二、多项选择题（共20题，每题2分。每题的备选项中，有2个或2个以上符合题意，至少有1个错误。错选，本题不得分；少选，所选的每个选项得0.5分）

61. 影响国际工程投标报价决策的因素主要有（　　）。

A. 评标人员组成　　　　　　　　　　B. 成本估算的准确性
C. 竞争程度　　　　　　　　　　　　D. 市场条件
E. 风险偏好

62. 根据现行《企业会计准则》，应计入管理费用的有（　　）。

A. 印花税　　　　　　　　　　　　　B. 管理人员劳动保护费
C. 应付债券利息　　　　　　　　　　D. 固定资产使用费
E. 法律顾问费

63. 关于杜邦财务分析体系的说法，正确的有（　　）。

A. 通过杜邦分析体系能发现企业资金的变动趋势
B. 杜邦分析利用财务比率的内在联系对企业财务状况和经营成果进行综合评价
C. 杜邦分析将若干财务指标形成一个完整的指标体系
D. 杜邦分析以净资产收益率为核心指标
E. 杜邦分析能研究各项资产的比重变化情况，揭示企业的借债能力

64. 在资本金现金流量表中，作为现金流出的项目有（　　）。

A. 借款本金偿还　　　　　　　　　　B. 回收固定资产余值
C. 回收流动资金　　　　　　　　　　D. 借款利息支付
E. 经营成本

65. 关于现金流量绘图规则的说法，正确的有（　　）。

A. 箭线长短要能适当体现各时点现金流量数值大小的差异
B. 箭线与时间轴的交点表示现金流量发生的时点
C. 横轴是时间，向右延伸表示时间的延续
D. 现金流量的性质对不同的人而言是相同的

E. 时间轴上的点通常表示该时间单位的起始时点

66. 评价技术方案偿债能力时，可用于偿还借款的资金来源包括（　　）。

A. 固定资产修理费　　　　　　　　　B. 固定资产折旧费

C. 无形资产摊消费　　　　　　　　　D. 应交营业税

E. 净利润

67. 根据现行《企业会计准则》，应列入流动负债的有（　　）。

A. 应交税金　　B. 应收账款　　C. 应付工资　　D. 长期借款

E. 短期投资

68. 项目盈亏平衡分析中，若其债务条件不变，可以降低盈亏平衡点产量的是（　　）。

A. 提高设计生产能力　　　　　　　　B. 降低固定成本

C. 降低产品售价　　　　　　　　　　D. 降低单位产品变动成本

E. 提高营业税金及附加率

69. 下列工程建设投资中，属于与未来生产经营有关的其他费用的有（　　）。

A. 联合试运转费　　　　　　　　　　B. 建设单位管理费

C. 办公家具购置费　　　　　　　　　D. 生产家具购置费

E. 生产职工培训费

70. 关于定额单价法编制施工图预算的说法，正确的有（　　）。

A. 当分项工程的名称、规格、计量单位与定额单价中所列内容完全一致时，可直接套用定额单价

B. 当分项工程的主要材料的品种与定额单价中规定材料不一致时，应该实际使用材料价格换算定额单价

C. 当分项工程施工工艺条件与定额单价不一致而造成人工、机械的数量增减时，应调价不换量

D. 本地区统一的定额单价表中没有与本项目分项工程相应的内容时，可套用邻近地区的单价估算表

E. 当分项工程不能直接套用定额、不能换算和调整时，应编制补充单位估价表

71. 下列资金成本中，属于资金占用费的有（　　）。

A. 借款手续费　　　　　　　　　　　B. 发行债券支付的印刷费

C. 筹资过程中支付的广告费　　　　　D. 债券利息

E. 贷款利息

72. 某建筑企业与甲公司签订了一项总造价为1000万元的建造合同，建设期为2年。第1年实际发生工程成本400万元，双方均履行了合同规定义务，但在第2年年末由于建筑企业对该项工程的完工进度无法可靠估计，所以与甲公司只办理了工程款结算360万元，随后甲公司陷入经济危机而面临破产清算，导致余款可能无法回收。则关于该合同收入与费用确认的说法，正确的有（　　）。

A. 合同收入确认方法应采用完工百分比法

B. 1000万元可确认为合同收入　　　　C. 360万元确认为当年的收入

D. 400万元应确认为当年费用　　　　　E. 1000万元可确认为合同费用

73. 根据《建设工程工程量清单计价规范》(GB 50500—2013)，关于招标控制价的说法，正确的有（　　）。

　　A. 招标控制价是对招标工程项目规定的最高工程造价

　　B. 招标控制价超过批准的概算时，招标人应将其报原概算审批部门审核

　　C. 国有或非国有资金投资的建设工程招标，招标人必须编制招标控制价

　　D. 招标控制价应在招标文件中公布，在招标过程中不应上调，但可适当下调

　　E. 投标人的投标报价高于招标控制价时，其投标应按废标处理

74. 编制机械台班使用定额时，机械工程必需消耗的时间包括（　　）。

　　A. 不可避免的中断时间　　　　　　　　B. 不可避免的无负荷工作时间

　　C. 有效工作时间　　　　　　　　　　　D. 低负荷下工作时间

　　E. 由于劳动组织不当引起的中断时间

75. 下列资产在财务管理上可作为现金管理的有（　　）。

　　A. 应收账款　　　　B. 库存现金　　　　C. 银行存款　　　　D. 银行本票

　　E. 无形资产

76. 根据现行《建设工程价款结算暂行办法》，发包人未在合同约定的时间内向承包人支付工程竣工结算价款时，承包人可以采取的措施有（　　）。

　　A. 向发包人催促按约定支付工程结算价款

　　B. 将该工程留置不予交付使用

　　C. 向发包人要求按银行同期贷款利率支付拖欠工程价款的利息

　　D. 与发包人协商将该工程折价抵款

　　E. 向人民法院申请将该工程依法拍卖

77. 根据《建设工程工程量清单计价规范》(GB 50500—2013)，应计入社会保险费的有（　　）。

　　A. 财产保险费　　　　B. 失业保险费　　　　C. 医疗保险费　　　　D. 劳动保护费

　　E. 工伤保险费

78. 施工图预算的编制依据包括（　　）。

　　A. 批准的设计概算　　　　　　　　　　B. 相应预算定额或地区单位估价表

　　C. 地方政府发布的区域发展规划　　　　D. 批准的施工图纸

　　E. 项目的技术复杂程度

79. 下列投资方案经济效果评价指标中，可用于偿债能力分析的有（　　）。

　　A. 利息备付率　　　　B. 投资收益率　　　　C. 流动比率　　　　D. 借款偿还期

　　E. 投资回收期

80. 关于设备寿命的说法，正确的有（　　）。

　　A. 设备的经济寿命是从经济观点确定的设备更新的最佳时间

　　B. 设备的使用年限越长，设备的经济性越好

　　C. 设备的合理维修和保养可以避免设备的无形磨损

　　D. 设备的技术寿命主要是由设备的无形磨损决定的

　　E. 设备的自然寿命是由设备的综合磨损决定的

2014年全国一级建造师执业资格考试建设工程经济试题

一、单项选择题（共60题，每题1分。每题的备选项中，只有1个最符合题意）

1. 施工图预算审核时，利用房屋建筑工程标准层建筑面积数对楼面找平层、天棚抹灰等工程量进行审查的方法，属于（　　）。
   A. 分组计算审查法　　　　　　　　B. 重点审查法
   C. 筛选审查法　　　　　　　　　　D. 对比审查法

2. 某项目建设期2年，建设期内第1年贷款700万元，第2年贷款600万元，年内均衡发放，且只计息不还款，年利率为8％。则编制该项目的投资估算时，建设期利息总和为（　　）万元。
   A. 104.00　　　　B. 110.24　　　　C. 114.94　　　　D. 155.84

3. 为了进项盈亏平衡分析，需要将技术方案的运行成本划分为（　　）。
   A. 历史成本和现时成本　　　　　　B. 过去成本和现在成本
   C. 预算成本和实际成本　　　　　　D. 固定成本和可变成本

4. 根据《建设工程工程量清单计价规范》（GB 50500—2013），关于工程量清单编制的说法，正确的是（　　）。
   A. 综合单价包括应由招标人承担的全部风险费用
   B. 招标文件提供了暂估单价的材料，其材料费用应计入其他项目清单费
   C. 措施项目费包括规费、税金等在内
   D. 规费和税金必须按有关部门的规定计算，不得作为竞争性费用

5. 根据《企业会计准则第15号——建造合同》，属于工程成本直接费用的是（　　）。
   A. 管理费用　　　　B. 销售费用　　　　C. 财务费用　　　　D. 人工费用

6. 某租赁设备买价50万元，租期5年，每年年末支付租金，折现率10%，附加率5%，则按附加率法计算每年的租金应为（　　）万元。
   A. 20.0　　　　　　B. 17.5　　　　　　C. 15.0　　　　　　D. 12.5

7. 甲公司从银行借入100万元，年利率为8％，单利计息，借期4年，到期一次还本付息，则该公司第4年年末一次偿还的本利和为（　　）万元。
   A. 1360　　　　　　B. 1324　　　　　　C. 1320　　　　　　D. 1160

8. 根据《建设工程工程量清单计价规范》（GB 50500—2013），分部分项工程清单综合单价应包含（　　）以及一定范围内的风险费用。
   A. 人工费、材料和工程设备费、施工机具使用费、企业管理费、利润
   B. 人工费、材料费、施工机具使用费、企业管理费、规费
   C. 人工费、材料和工程设备费、施工机具使用费、规费、利润、税金
   D. 材料费、工程设备费、施工机具使用费、规费、税金、企业管理费

9. 对于完全由企业自有资金投资的技术方案，自主测定其精准收益率的基础主要是（　　）。

A. 资金机会成本 B. 资金成本
C. 投资风险 D. 通货膨胀

10. 根据现行《企业会计准则》，下列支出中应列为当期费用的是（ ）。
A. 缴纳罚款 B. 购买生产原料支出
C. 计提固定资产减值准备 D. 股利分配支出

11. 关于国际工程投标报价中暂定金额的说法，错误的是（ ）。
A. 暂定金额是业主在招标文件中明确规定了数额的一笔资金
B. 承包商在投标报价时应将暂定金额计入工程总报价
C. 暂定金额等同于暂估价
D. 承包商无权做主使用暂定金额

12. 计算企业应纳税所得额时，不能从收入中扣除的支出是（ ）。
A. 销售成本 B. 坏账损失
C. 税收滞纳金 D. 存货盘亏损失

13. 在资金现金流量表中，列入现金流出项目的是（ ）。
A. 政府补贴 B. 借款本金偿还
C. 回收固定资产余值 D. 增值税销项税额

14. 关于设计概算的说法，错误的是（ ）。
A. 设计概算是确定和控制建设工程项目全部投资的文件
B. 编制设计概算不需考虑建设项目施工条件对投资的影响
C. 如果设计概算值超过投资建设额，必须修改设计或重新立项审批
D. 设计概算由项目设计单位负责编制，并对其编制质量负责

15. 某企业拟新建一项目，有两个备选方案技术均可行。甲方案投资 5000 万元。计算期 15 年，财务净现值为 200 万元；乙方案投资 8000 万元，计算期 20 年，财务净现值为 300 万元。则关于两方案比选的说法，正确的是（ ）。
A. 甲乙方案必须构造一个相同的分析期限才能比选
B. 甲方案投资少于乙方案，净现值大于零，故甲方按较优
C. 乙方案净现值大于甲方案，且都大于零，故乙方案较优
D. 甲方案计算期短，说明甲方案的投资回收速度快于乙方案

16. 技术方案经济效果评价的主要内容是分析论证技术方案的（ ）。
A. 技术先进性和经济合理性 B. 技术可靠性和财务营利性
C. 财务盈利性和抗风险能力 D. 财务可行性和经济合理性

17. 根据《建设工程工程量清单计价规范》（GB 50500—2013），投标企业可以根据拟建工程的具体施工方案进行列项的清单是（ ）。
A. 分部分项工程量清单 B. 措施项目清单
C. 其他项目清单 D. 规费项目清单

18. 根据《建设工程工程量清单计价规范》（GB 50500—2013），关于投标报价的说法，错误的是（ ）。
A. 暂列金额应按照招标工程量清单中列出的金额填写，不得变动
B. 专业工程暂估价必须按照招标工程量清单中列出的金额填写

C. 计日工应按照招标文件中的数量和单价计算总费用

D. 总承包服务费应按照招标人的要求和现场管理需要自主确定

19. 某施工材料采购原价为190元/吨，运杂费为40元/吨，运输损耗率为1%，采购保管费率为3%，则改材料的单价为（　　）元/吨。

A. 234.28　　　　　B. 237.66　　　　　C. 239.20　　　　　D. 239.27

20. 某施工企业按照2/15、n/30的信用条件购入货物100万元，该企业在第28天付款，则其放弃现金折扣的成本是（　　）。

A. 48.98%　　　　　B. 56.51%　　　　　C. 26.23%　　　　　D. 8.33%

21. 采用清单计价的某分部分项工程，招标控制的综合单价为320元，投标报价的综合单价为265元，该工程投标报价下调率为5%，结算时，该分部分项工程工程量比清单量增加了18%，且合同未确定综合单价调整方法，则综合单价的处理方式是（　　）。

A. 上浮18%　　　　B. 下调5%　　　　C. 调整为292.5元　　D. 可不调整

22. 完成某预算定额项目单位工程量的基本用工为2.8工日，辅助用工为0.7工日，超运距用工为0.9工日，人工幅度差系数为10%，该定额的人工工日消耗量为（　　）工日。

A. 4.84　　　　　　B. 4.75　　　　　　C. 4.56　　　　　　D. 4.68

23. 因暴雨引发山体滑坡而实施的公路交通紧急抢修项目，其合同计价方式宜采用（　　）。

A. 固定总价合同　　　　　　　　　B. 固定单价合同
C. 可调单价合同　　　　　　　　　D. 成本加酬金合同

24. 建造合同收入包括规定的初始收入和（　　）形成的收入。

A. 材料销售　　　　　　　　　　　B. 合同变更、索赔、奖励
C. 让渡资产使用权　　　　　　　　D. 合同变更、劳务作业

25. 下列现金收支管理措施中，能提高现金利用效率的是（　　）。

A. 充分使用现金浮游量

B. 推迟应收账款收款时间

C. 争取使现金流入的时间晚一些，现金流出的时间尽可能早一些

D. 提前应付款的支付期

26. 预算定额作为一项综合性定额，是由组成（　　）的消耗量综合而成的。

A. 分布工程的各分项工程　　　　　B. 单位工程的各分部工程
C. 分项工程的各工序　　　　　　　D. 分项工程的各检验批

27. 关于融资租赁的说法，正确的是（　　）。

A. 融资租赁的出租人应将租赁资产列入其资产负债表

B. 承租人支付的租赁费中的利息不能在企业所得税前扣除

C. 融资租赁的承租人应当采用与自有固定资产一样的折旧政策计提租赁资产折旧

D. 融资租赁的承租人可随时退租

28. 实物量法编制施工图预算时，计算并复核工程量后紧接着进行的工作是（　　）。

A. 套定额单价，计算人料机费用　　B. 套消耗定额，计算人料机消耗量
C. 汇总人料机费用　　　　　　　　D. 计算管理费等其他各项费用

29. 关于联合试运转费的说法，正确的是（　　）。

A. 联合试运转费包括单机的调试费
B. 联合试运转费包括单机安装后试运转中因施工质量原因发生的处理费用
C. 联合试运转费应为联合试运转所发生的费用净支出
D. 联合试运转支出主要是材料费，不包含人工费

30. 采用工程量清单招标时，提供招标工程量清单并对其完整性和确定性负责的单位是（　　）。
A. 发布招标文件的招标人
B. 发放招标文件的招标代理人
C. 工程造价咨询人
D. 招标人的上级管理单位

31. 关于施工企业确定工程成本核算对象的说法，正确的是（　　）。
A. 单项建造合同作为施工工程成本核算的对象
B. 工程成本核算对象宜在开工前确定，也可以开工后再确定
C. 不能按分立合同来确定工程成本核算对象
D. 不能按合并合同来确定工程成本核算对象

32. 某投资者6年内每年年末投资500万元。若基准收益率为8%，复利利息，则第6年年末可一次性回收的本利和为（　　）万元。

A. $500 \times \dfrac{(1+8\%)^6-1}{8\% \times (1-8\%)}$
B. $500 \times \dfrac{(1+8\%)^6-1}{8\%}$
C. $500 \times \dfrac{8\%}{(1+8\%)^6-1}$
D. $500 \times \dfrac{8\% \times (1+8\%)}{(1+8\%)^6-1}$

33. 某企业利用借购买的一台生产设备，每期按规定提取折旧费15万元，每期借款利息3万元，该企业营业税金及附加率为5.5%，所得税税率为25%，则企业购买该项设备带来的每期税收节约为（　　）万元。
A. 5.49　　　　B. 4.58　　　　C. 4.50　　　　D. 3.75

34. 关于财务内部收益率的说法，正确的是（　　）。
A. 财务内部收益率大于基准收益率时，技术方案在经济上可以接受
B. 财务内部收益率是一个事先确定的基准折现率
C. 财务内部收益率受项目外部参数的影响较大
D. 独立方案用财务内部收益率评价与财务净现值评价，结论通常不一致

35. 某技术方案的设计年产量为8万件，单位产品销售价格为100元/件，单位产品可变成本为20元/件，单位产品营业税金及附加为5元/件，按设计生产能力生产时，年利润为200万元，则该技术方案的盈亏平衡点产销量为（　　）万件。
A. 5.33　　　　B. 5.00　　　　C. 4.21　　　　D. 4.00

36. 关于单价合同中工程计量的说法，正确的是（　　）。
A. 单位合同应予计量的工程量是承包人实际施工的工程量
B. 承包人因自身原因造成返工的工程量应予计量
C. 工程计量应以设计图纸为依据
D. 承包人为保证工程质量超过图纸要求的工程量应予计量

37. 某施工机械购置费用为120万元，折旧年限为6年，年平均工作250个台班，预计净残值率为3%，按工作台班法提折旧，该机械台班折旧费为（　　）元。

A. 800 B. 776 C. 638 D. 548

38. 关于价值工程中功能的价值系数的说法,正确的是( )。
A. 价值系数越大越好
B. 价值系数大于1表示评价对象存在多余功能
C. 价值系数等于1表示评价对象的价值为最佳
D. 价值系数小于1表示现实成本较低,而功能要求较高

39. 施工企业按照规定标准对采购的建筑材料进行一般性鉴定、检查发生的费用应计入( )。
A. 材料费 B. 企业管理费 C. 人工费 D. 措施项目费

40. 根据会计核算原则,在现值计量下,负债应按照预计期限内需要偿还的未来( )计量。
A. 净现金流入量的折现金额
B. 净现金流出量的公允价值
C. 净现金流入量的可变现净值
D. 净现金流出量的折现金额

41. 某现浇混凝土框架结构工程,施工现场的存货采用ABC分析法管理,应该实施严格控制的存货是( )。
A. 砂子 B. 石子 C. 钢筋 D. 模板

42. 按照国际工程投标报价的程序,投标人在标前会议之前应该进行的工作是( )。
A. 分包工程询价
B. 人工、材料、机械基础单价计算
C. 生产要素询价
D. 进行各项调查研究

43. 在价值工程活动中,描述某一个产品零部件"是干什么用的?",属于( )。
A. 产品功能分析
B. 产品结构分析
C. 对象选择
D. 产品设计

44. 编制设备安装工程概算,当初步设计的设备清单不完备,可供采用的安装预算单价及扩大综合单价不全时,适宜采用的概算编制方法是( )。
A. 概算定额法
B. 扩大单价法
C. 类似工程预算法
D. 概算指标法

45. 在机械工作时间消耗分类中,由于人工装料数量不足引起的机械不能满负荷工作的时间属于( )。
A. 有根据地降低负荷下的工作时间
B. 机械的多余工作时间
C. 正常负荷下的有效工作时间
D. 低负荷下的工作时间

46. 新技术应用方案的技术分析是通过对其技术特性和条件指标进行对比与分析完成的,下列指标中,属于反应方案技术特征的指标是( )。
A. 施工专业化写作
B. 方案生产能力
C. 构配件供应保证率
D. 方案占地面积

47. 施工企业收取的下列款项中,不能计入企业收入的是( )。
A. 代扣职工个人的所得税
B. 收到的工程价款
C. 转让施工技术取得的收入
D. 售价材料价款收入

48. 根据《建设工程工程量清单计价范围》(GB 50500—2013),当合同中没有约定

时，对于任一招标工程量清单项目，如果因工程变更等原因导致工程量偏差超过（　　）时，合同单价应进行调整。

A. 20%　　　　　　B. 15%　　　　　　C. 10%　　　　　　D. 5%

49. 下列费用中，属于建筑安装工程费中措施项目费的是（　　）。

A. 施工机具使用费　　　　　　　　B. 暂列金额
C. 工程定位复测费　　　　　　　　D. 工程排污费

50. 某造价合同总价为6000万元，合同工期3年，若第1年完工进度为20%，第2年完工进度为60%，第3年工程全部完工交付使用。则第3年应确认的合同收入为（　　）万元。

A. 6000　　　　　　B. 3600　　　　　　C. 2400　　　　　　D. 1200

51. 可以采用大修理方式进行补偿的设备磨损是（　　）。

A. 不可消除性有形磨损　　　　　　B. 第一种无形磨损
C. 可消除性有型磨损　　　　　　　D. 第二种无形磨损

52. 投标人经复核，认为招标人公布的招标控制价未按照《建设工程工程量清单计价规范》(GB50500—2013)的规定进行编制的，应在招标控制价公布后（　　）天内向招投标监督机构和工程造价管理机构投诉。

A. 10　　　　　　　B. 7　　　　　　　C. 5　　　　　　　D. 3

53. 某分部分项工程的清单编码为010302004014，则该分部分项工程的清单项目顺序码为（　　）。

A. 01　　　　　　　B. 014　　　　　　C. 03　　　　　　　D. 004

54. 某技术方案总投资1500万元，其中资本金1000万元，运营期年平均利息18万元，年平均所得税40.5万元。若项目总投资收益率为12%，则项目资本金净利润率为（　　）。

A. 16.20%　　　　　　　　　　　　B. 13.95%
C. 12.15%　　　　　　　　　　　　D. 12.00%

55. 对于同类型产品规格多、工序复杂、工作量小的施工过程，若已有部分产品施工的人工定额，则其他同类型产品施工人工定额的制定适宜采用的方法是（　　）。

A. 比较类推法　　B. 技术测定法　　C. 统计分析法　　D. 经验估计法

56. 某企业拟从银行取得一笔贷款2000万元，期限3年，每年年末付息，到期一次还本。有四家银行提出的贷款条件见下表：

费率＼银行	甲	乙	丙	丁
后续费率	0.1%	0.2%	0.5%	0.2%
年利率	7%	8%	6%	7.5%

该企业所得税率为25%，仅从资金成本的角度考虑，该企业应从（　　）银行贷款。

A. 甲　　　　　　　B. 乙　　　　　　　C. 丙　　　　　　　D. 丁

57. 财务会计的基本职能是（　　）。

A. 核算和预测　　　　　　　　　　B. 预算和决算
C. 监督和决策　　　　　　　　　　D. 核算和监督

58. 名义利率12%，每季度付利息一次，则实际年利率为（   ）。
   A. 12.68%   B. 12.55%   C. 12.49%   D. 12.00%

59. 某工程承包合同总额为9000万元，主要材料及构件所占比重为60%，工程预付款为合同总额的20%，则工程预付款起扣点为（   ）万元。
   A. 1800   B. 3600   C. 5400   D. 6000

60. 利润表是反映（   ）的财务报表。
   A. 一定会计期间资产盈利能力   B. 一定会计期间经营成果
   C. 某一会计时点财务状况   D. 一定会计期间财务状况

二、多项选择题（共20题，每题2分。每题的备选答案中，有2个或2个以上符合题意，至少有1个错误。错选，本题不得分；少选，所选的每个选项得0.5分）

61. 根据现行《企业会计准则》，企业在财务报表显著位置至少应披露的项目有（   ）。
   A. 编报企业名称
   B. 资产负债表日或会计报表涵盖的会计期间
   C. 人民币金额单位
   D. 企业财务负责人姓名
   E. 是否合并会计报表

62. 确定建造（施工）合同完工进度的方法有（   ）。
   A. 根据实际合同收入与预计收入的比例确定
   B. 根据累计实际发生的合同成本占合同预计总成本的比例确定
   C. 根据已经完成的合同工作量占合同预计总工作量的比例确定
   D. 根据已经完成合同工作的技术测量确定
   E. 根据合同初始价格与工程预算价格的比例确定

63. 国际工程投标总报价组成中，应计入现场管理费的有（   ）。
   A. 差旅交通费   B. 临时设施工程费
   C. 工程辅助费   D. 劳动保护费
   E. 检验试验费

64. 价值工程中，不符合用户要求的功能成为不必要功能，包括（   ）。
   A. 辅助功能   B. 多余功能
   C. 重复功能   D. 次要功能
   E. 过剩功能

65. 分析企业债务清偿能力时，可列入速动资产的有（   ）。
   A. 货币资金   B. 应收票据
   C. 应收账款   D. 交易性金融资产
   E. 存货

66. 下列导致现有设备贬值的情形中，属于设备无形磨损的有（   ）。
   A. 设备连续使用导致零部件磨损
   B. 设备长期闲置导致金属件锈蚀
   C. 同类设备的再生产价值降低

D. 性能更好、耗费更低的替代设备出现
E. 设备使用期限过长引起橡胶件老化

67. 根据《标准施工招标文件》，下列事件中，承包人向发包人既可索赔工期又可索赔费用的有（　　）。

A. 发包人原因导致工程缺陷和损失
B. 承包人遇到不利物质条件
C. 发包人要求向承包人提前交付工程设备
D. 施工过程发现文物
E. 承包人遇到异常恶劣的气候条件

68. 如果计划在固定资产投入使用的前期提取较多的折旧，后期提取较少的折旧，适合采用的折旧方法有（　　）。

A. 工作台班法　　　　　　　　　　B. 行驶里程法
C. 双倍余额递减法　　　　　　　　D. 平均年限法
E. 年数总和法

69. 关于年有效利率的说法，正确的有（　　）。

A. 当每年计息周期数大于1时，名义利率大于年有效利率
B. 年有效利率比名义利率更能准确反映资金的时间价值
C. 名义利率一定，计息周期越短，年有效利率与名义利率差异越小
D. 名义率为r，一年内计息m次，则计息周期利率为r－m
E. 当每年计息周期数等于1时，年有效利率等于名义利率

70. 项目经济评价时，若以总成本费用为基础计算经营成本，应从总成本费用中扣除的费用项目有（　　）。

A. 折旧费用　　　B. 销售费用　　　C. 摊销费　　　D. 管理费用
E. 利息支出

71. 根据《建筑安装工程项目组成》（建标〔2013〕44号），下列费用中，属于规费的有（　　）。

A. 工程排污费　　B. 安全施工费　　C. 环境保护费　　D. 住房公积金
E. 劳动保护费

72. 某技术方案经济评价指标对甲、乙、丙三个不确定因素的敏感度系数分别为－0.1、0.05、0.09，据此可以得出的结论有（　　）。

A. 经济评价指标对于甲因素最敏感
B. 甲因素下降10%，方案达到盈亏平衡
C. 经济评价指标与丙因素反方向变化
D. 经济评价指标对于乙因素最不敏感
E. 丙因素上升9%，方案由可行转为不可行

73. 项目盈亏平衡分析中，若其他条件不变，可以降低盈亏平衡点产量的途径有（　　）。

A. 提高设计生产能力　　　　　　　B. 降低产品售价
C. 提高营业税金及附加率　　　　　D. 降低固定成本

E. 降低单位产品变动成本

74. 根据《建筑工程量清单计价规范》(GB 50500—2013)，工程量清单计价计算公式正确的有（　　）。

A. 措施项目费＝∑措施项目工程量×措施项目综合单价
B. 分部分项工程费＝∑分部分项工程量×分部分项工程综合单价
C. 单项工程造价＝∑单位工程造价
D. 单位工程造价＝∑分部分项工程费
E. 建设项目总造价＝∑单项工程造价＋工程建设其他费用＋建设期利息

75. 下列工程建设其他费用中，属于建设单位管理费的有（　　）。

A. 工程招标费
B. 可行性研究费
C. 工程监理费
D. 竣工验收费
E. 零星固定资产购置费

76. 编制预算定额人工消费指标时，下列人工消耗量属于人工幅度差用工的有（　　）。

A. 施工过程中水电维修用工
B. 隐蔽工程验收影响的操作时间
C. 现场材料水平搬运用工
D. 现场材料加工用工
E. 现场筛砂子增加的用工量

77. 企业短期筹资时，贷款的实际利率高于名义利率的利息支付方法有（　　）。

A. 收款法
B. 贴现法
C. 固定利率法
D. 浮动利率法
E. 加息法

78. 反映企业某一时点财务状况的会计要素有（　　）。

A. 资产
B. 负债
C. 所有者权益
D. 利润
E. 费用

79. 建筑安装工程施工图预算的编制依据（　　）。

A. 中标通知书
B. 现场签证
C. 工程地质勘察资料
D. 建设项目施工组织设计
E. 批准的设计概算

80. 下列经济效果评价指标中，属于盈利能力动态分析指标的有（　　）。

A. 总投资收益率
B. 财务净现值
C. 资本金净利润率
D. 财务内部收益率
E. 速度比率

2015年全国一级建造师执业资格考试建设工程经济试题

一、单项选择题（共70题，每题1分。每题的备选项中，只有1个最符合题意。错选，本题不得分）

1. 某项目建筑安装工程费，设备施工器具购置费合计为7000万元，建设期2年，分期投入4000万元和3000万元。建设期内预计年平均价格总水平上浮率为5%，建设期贷款利息为735万元。工程建设其他费用为400万元。基本预备费率为10%，流动资金为800万元，则该项目的静态投资为（ ）万元。

　　A. 8948.5　　　　B. 8140　　　　C. 8940　　　　D. 9748.5

2. 根据《建筑工程工程量清单计价规范》（GB50500—2013），工程变更引起施工方案改变并使措施项目发生变化时，承包人提出调整措施项目费用的，应是先将（ ）提交发包人确认。

　　A. 拟实施的施工方案　　　　　　B. 索赔意向通知

　　C. 拟申请增加的费用明细　　　　D. 工程变更的内容

3. 某施工企业生产所需甲材料，年度采购总量为200吨，每吨单价为1000元，一次订货成本为100元，每吨材料的年平均储备成本为400元，则该材料的经济采购批量为（ ）吨。

　　A. 6.32　　　　B. 7.07　　　　C. 10.00　　　　D. 100.00

4. 根据《建设工程工程量清单计价规范》（GB50500—2013），施工过程中发生的计日工，应按照（ ）计价。

　　A. 已标价工程量清单中的计日工单价

　　B. 计日工发生时承包人提出的综合单价

　　C. 计日工发生当月市场人工工资单价

　　D. 计日工发生当月造价管理部门发布的人工指导价

5. 可据以计算累计盈余资金，分析技术方案财务生存能力的现金流量表是（ ）。

　　A. 财务计划现金流量表　　　　　B. 投资各方现金流量表

　　C. 资本金现金流量表　　　　　　D. 投资现金流量表

6. 某新建项目建筑面积$5000m^2$，按概算指标和地区材料预算单价等算出一般土建工程单位造价为1200元（其中，人、料、机费用1000元，综合费率20%）。但新建项目的设计资料与概算指标相比，其结构中有部分变更：设计资料中外墙1砖厚，预算单位200元/m^3，而概算指标中外墙1砖厚，预算单价182元/m^3且设计资料中每$100m^2$建筑面积含外墙$62m^3$，而概算指标中含$47m^3$。其余条件不考虑，则调整后的一般土建工程概算单位为（ ）元/m^2。

　　A. 1152.72　　　B. 1203.60　　　C. 1487.28　　　D. 1247.28

7. 某项目各年净现金流量如下表，设基准收益率为10%，则该项目的财务净现值和静态投资回收期分别为（ ）。

年份	0	1	2	3	4	5
净现金流量（万元）	-160	50	50	50	50	50

A. 32.02 万元，3.2 年
B. 32.02 万元，4.2 年
C. 29.54 万元，4.2 年
D. 29.54 万元，3.2 年

8. 某常规技术方案的净现值函数曲线如图所示，则该方案的内部收益率为（　　）。

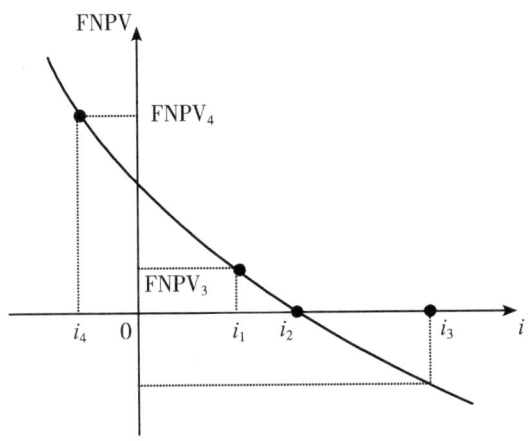

A. i_1　　　　　　B. i_2　　　　　　C. i_3　　　　　　D. i_4

9. 四个互斥性施工方案的功能系数和成本系数如下表。从价值工程角度最优的方案是（　　）。

方案	甲	乙	丙	丁
功能系数	120	125	105	115
成本系数	115	101	105	120

A. 甲　　　　　　B. 乙　　　　　　C. 丙　　　　　　D. 丁

10. 招标人编制工程量清单时，对各专业工程现行《计量规范》中未包括的项目应作补充，则关于该补充项目及其编码的说法，正确的是（　　）。

A. 该项目编码应由对应《计量规范》的代码和三位阿拉伯数字组成
B. 清单编制人应将补充项目报省级或行业工程造价管理机构备案
C. 清单编制人在最后一个清单项目后面自行补充该项目，不需编码
D. 该项目按《计量规范》中相近的清单项目编码

11. 下列机械工作时间消耗中，属于机械台班使用定额中不可避免的无负荷工作时间的是（　　）。

A. 汽车在运送上方时没有装满导致的延长时间
B. 筑路机在工作区末端掉头的时间
C. 未及时供给机械燃料而导致的停工时间
D. 暴雨时压路机被迫停工时间

12. 根据《建设工程施工合同（承包文本）》（GF—2013—0201），承包人采购材料和工程设备的，当在合同中约定主要材料、工程设备价格变化的范围或幅度；若合同没有规定，则材料、工程设备单价变化超过（　　）时，超过部分的价格应按照价格指数调整法或造价信息差额调整法计算调整材料、工程设备费。

　　A. 10%　　　　　　B. 5%　　　　　　C. 4%　　　　　　D. 3%

13. 根据《建设工程工程量清单计价规范》（GB50500—2013），已标价工程量清单中没有适用也没有类似于变更工程项目的，变更工程项目单价应由（　　）提出。

　　A. 承包人　　　　　B. 管理人　　　　　C. 发包人　　　　　D. 设计人

14. 设计概算审查时，对图纸不全的复杂建筑安装工程投资，通过向同类工程的建设、施工企业征求意见判断其合理性。这种审查方法属于（　　）。

　　A. 对比分析法　　　B. 专家意见法　　　C. 查询核实法　　　D. 联合会审法

15. 某企业进行设备租赁和购买方案比选，甲方案为租赁设备，租赁费每年50万元，租期5年；乙方案为购买设备，购置费200万元，全部来源银行借款，借款单计息，年利率10%，借款期限5年，设备可使用年限5年，预计净残值为0，业所得税率25%，其他条件不考虑，关于方案比选的说法，正确的是（　　）。

　　A. 考虑税收影响时，甲方案优于乙方案
　　B. 考虑税收影响时，甲、乙方案税后成本相同
　　C. 考虑税收影响时，乙方案优于甲方案
　　D. 设备方案比选不应考虑税收影响

16. 某项目设计年生产能力为50万件，年固定成本为300万元，单位产品可变成本为80元，单位产品营业税金及附加为5元，则以单位产品价格表示的盈亏平衡点是（　　）元。

　　A. 91.00　　　　　B. 86.00　　　　　C. 95.00　　　　　D. 85.00

17. 关于敏感度系数 S_{AF} 的说法，正确的是（　　）。

　　A. S_{AF} 越大，表示评价指标 A 对于不确定因素 F 越敏感
　　B. $S_{AF}>0$ 表示评价指标 A 与不确定因素 F 同方向变化
　　C. S_{AF} 表示不确定因素 F 的变化额与评价指标 A 的变化额之间的比例
　　D. S_{AF} 可以直接显示不确定因素 F 变化后评价指标 A 的值

18. 对于设计方案比较特殊，无同类工程可比，且审查精度要求高的施工图预算，适宜采用的审查方法是（　　）。

　　A. 全面审查法　　　B. 标准预测审查法　　　C. 对比审查法　　　D. 重点审查法

19. 某企业第1年初和第1年年末分别向银行借款30万元，年利率均为10%，复利计息，第3~5年年末等额本息偿还全部借款，则每年年末应偿还金额为（　　）。

　　A. 20.94　　　　　B. 23.03　　　　　C. 27.87　　　　　D. 31.57

20. 某施工机械预算价格为200万元，预计可使用10年，每年平均工作250个台班，预计净残值40万元。按工作量法计算折旧，则该机械台班折旧费为（　　）万元。

　　A. 0.8　　　　　　B. 0.64　　　　　C. 0.08　　　　　D. 0.064

21. 杜邦财务分析体系揭示的是（　　）对净资产收益率的影响。

　　A. 总资产净利率及资产总额　　　　　B. 企业获利能力及权益乘数

C. 资本积累率及销售收入 D. 营业增长率及资本积累

22. 实物量法编制施工图预算所用的材料单价应采用（   ）。
   A. 网上咨询厂家的报价 B. 编制预算定额时采用的单价
   C. 当时当地的实际价格 D. 预算定额中采用的单价加上运杂费

23. 《企业会计准则第 15 号——建造合同》中推行的确认合同收入和结转成本费用的方法是（   ）。
   A. 完工百分比法 B. 竣工结算法 C. 分段结算法 D. 按月结算法

24. 根据现行《企业会计准则》，关于会计核算基础的说法，正确的是（   ）。
   A. 企业已经实现的收入，计入款项实际收到日的当期利润表
   B. 企业应当承担的费用，计入款项实际支出日的当期利润表
   C. 企业应当以收付实现制和持续经营为前提进行会计核算
   D. 企业应当以权责发生制以基础进行会驻地确定、计量和报告

25. 建设单位针对某项目建设投资向银行借款，贷款期限 5 年，项目建设期 2 年，建成后即投入运行，借款合同约定在借款期限 5 年内每年年末等额偿还本息，则该建设单位在第 3 至 5 年所偿还的建设投资借款利息应计入各年的（   ）。
   A. 经营成本 B. 管理费用 C. 建设期利息 D. 财务费用

26. 某工程项目预付款 120 万元，合同约定：每月进度款按结算价的 80% 支付；每月支付安全文明施工费 20 万元；预付款从开工的第 4 个月起分 3 个月等额扣回，开工前 6 个月结算如下表，则第 5 个月应支付的款项为（   ）万元。

月份	1	2	3	4	5	6
结算价（万元）	200	210	220	220	220	240

   A. 136 B. 160 C. 156 D. 152

27. 关于国标工程投标报价的说法，错误的是（   ）。
   A. 施工企业现场管理费应作为待摊费用分摊在各项综合单价中
   B. 现场试验设施费作为开办费应依赖招标文件决定是否单列
   C. 暂这下金额由业言工程师决定是否全部或部分使用
   D. 人工费工日基价应按在工程所在国招募工人的平均日工资单价计算

28. 关于国产设备运杂费估算的说法，正确的是（   ）。
   A. 国产设备运杂费包括由设备制造厂交货地点运至工地仓库所发生的运费
   B. 国产设备运至工地后发生的装卸费不应包括在运杂费中
   C. 运杂费在计取时不区分沿海和内陆，统一按运输距离估算
   D. 工程承包公司采购设备的相关费用不应计入运杂费

29. 施工现场设立的安全警示标志、现场围挡等所需的费用应计入（   ）费用。
   A. 分部分项工程 B. 规费项目 C. 措施项目 D. 其他项目

30. 根据《建设工程工程量清单计价规范》（GB50500—2013），签约合同中的暂估材料在确定单价以后，其相应项目综合单价的处理方式是（   ）。
   A. 在综合单价中用确定单价代替原暂估价，并调整企业管理费，不调整利润

B. 在综合单价中用确定单价代替原暂估价，并调整企业管理费和利润
C. 综合单价不做调整
D. 在综合单价中用确定单价代替原暂估价，不再调整企业管理费和利润

31. 下列筹资方式中，属于商业信用筹资方式的是（　　）。
   A. 短期借款　　　B. 缴货租赁　　　C. 预付贷款　　　D. 预收账款

32. 某施工企业2014年度利润总额8000万元，企业当年发生公益性捐款支出1000万元。公益性捐款支出准予扣除的最大金额是（　　）万元。
   A. 1000　　　B. 250　　　C. 960　　　D. 125

33. 某借款年利率为8%，半年复利计息一次，则该借款年有效利率比名义利率高（　　）。
   A. 0.16%　　　B. 1.25%　　　C. 4.16%　　　D. 0.64%

34. 工程成本核算包括的环节有：(1)核算与分配各项生产费用；(2)确定成本核算对象，设置成本核算科目，开设成本明细账；(3)计算年度合同费用 (4)计算期末工程成本；(5)编制单位工程竣工成本决算。则正确的核算程序是（　　）。
   A. ①②③④⑤　　　B. ②①④③⑤　　　C. ①②④③⑤　　　D. ②③①④⑤

35. 采用定额单价法编制施工程预算时，如果分项过程的某一样主要材料品种与定额单价中规定的材料品种不完全一致，该分部工程单价的确定方法是（　　）。
   A. 按实际使用材料价格换算定额单价　　　B. 直接套用同类材料的定额单价
   C. 调整工程量而不换算定额单价　　　D. 编制补充定额单价

36. 某企业通过长期借款和长期债券两种方式筹资，其中长期借款3000万，长期债券2000万，期限均为3年，每年结息一次，到期一次还本，利率为6%，手续费率2%；长期债券年利率为6.5%，手续费率1.5%，企业所得税率为25%，关于该企业资金成本的说法，错误的是（　　）。
   A. 长期债券的资金成本率为4.95%　　　B. 长期借款的资金成本4.59%
   C. 俩种筹资成本均属于债务资金成本　　　D. 企业筹资的综合资金成本4.77%

37. 于该企业流动资产和偿债能力的说法，正确的是（　　）。
   A. 该企业的偿债能力较强　　　B. 该企业流动资产中存货比例过大
   C. 该企业的应收票据、应收账款比例较大　　　D. 该企业流动资产中货币资金比例较大

38. 根据《建设工程工程量清单计价规范》(GB50500—2013)，建设工程投标报价中，不在作为竞争性费用的是（　　）。
   A. 总承包服务费　　　B. 夜间施工增加费　　　C. 分部分项工程费　　　D. 规费

39. 根据《建设工程工程量清单计价规范》(GB50500—2013)，编制工程量清单时，计日工程表中的人工应按（　　）列项。
   A. 工种　　　B. 职称　　　C. 职务　　　D. 技术等级

40. 利润表中反映的利润不包括（　　）。
   A. 营业利润的各项要素　　　B. 利润（或亏损）总额的各项要素
   C. 净利润分配的各项要素　　　D. 主营业务利润的各项要素

41. 为预测和分析建设项目存在的职业危险、危害因素种类及危害程度，并提出合理应对措施而产生的费用属于（　　）。

A. 安全文明施工费 B. 建设单位管理费
C. 生产准备费 D. 劳动安全卫生评价费

42. 某生产性企业若对原工艺方案进行改造需要投资 100 万元, 改造后年运行成本 50 万元; 若采用全新工艺方案需要投资 200 万元, 年运行成本 40 万元。设基准投资收益率 12%。则俩方案相比的增量投资收益率为( )。

A. 5% B. 10% C. 15% D. 20%

43. 根据《建设工程工程量清单计价规范》(GB50500—2013)编制分部分项清单时, 编制人员须确定项目名称、计量单位、工程数量和( )。

A. 填表须知 B. 项目特征 C. 项目总说明 D. 项目工程内容

44. 某单位建筑工程初步设计深度不够, 不能准确的计算工程量, 但工程采用的技术比较成熟而又类似指标可以利用时, 编制该工程设计概算宜采用的方法是( )。

A. 扩大单价法 B. 类似工程换算法 C. 生产能力指数法 D. 概算指标法

45. 某企业现金管理有四个方案供选择, 其最佳现金持有量方案为( )方案。

A. 甲 B. 乙 C. 丙 D. 丁

方案	甲	乙	丙	丁
现金持有 (元)	50000	70000	80000	100000
机会成本 (元)	5500	7700	8800	11000
管理成本 (元)	8000	8000	8000	8000
短缺成本 (元)	6000	4500	1000	0

46. 对建设规模较小, 技术难度较低、施工工期较短, 施工图设计已经审查批准的工程, 从有利于业主方控制投资的角度, 适宜采用的合同类型是( )。

A. 固定单价合同 B. 固定总价合同
C. 成本家酬金合同 D. 可调单价合同

47. 某施工企业编制砌砖墙人工定额, 该企业有近 5 年同类工程的施工工时消耗资料, 则制定人工定额适合选用的方法是( )。

A. 技术测定法 B. 比较类推法 C. 统计分析法 D. 经验估计法

48. 某项目建设投资 3000 万元, 全部流动资金 450 万元, 项目投产期年息税前利润总额 500 万, 运营期正常年份的年平均息税前利润总额 800 万元, 则该项目的总投资收益率为( )。

A. 18.84% B. 26.67% C. 23.19% D. 25.52%

49. 某施工企业投标报价时确定企业管理费率以人工费为基础计算, 据统计资料, 该企业生产工人年平均管理费为 1.2 万元, 年有效施工天数为 240 天, 人工单价为 300 元/天, 人工费占分部分项工程费比例为 75%, 则该企业的企业管理费率应为( )。

A. 12.15% B. 12.50% C. 16.67% D. 22.22%

50. 某工厂项目土方工程采用人工挖土方、人工运输和机械运输, 招标工程量清单中挖土方数量为 2000m³, 投标人计算的施工挖土方数量为 3800m³, 取土外运, 投标人计算的人工挖土费用为42000元、人工运土费用为15000元、机械运土费用38000、管理费用人、料、机之和的14%，利润取人、料、机与管理费之和的8%，根据《建设工程量清单计价规范》（GB50500－2013），不考虑其他因素，投标人报价的挖土方综合单价为（　　）元/m³。

A. 33.41　　　　　B. 58.48　　　　　C. 61.56　　　　　D. 73.10

51. 根据现行规定，在审查概算的投资规模、生产能力等是否符合原批准的可行性研究报告或者立项批文时，若发现概算总投资超过原批准投资估算的（　　）以上，需要进一步审查超估算的原因。

A. 5%　　　　　B. 10%　　　　　C. 3%　　　　　D. 8%

52. 关于工程量清单招标方式投标人报价的说法，正确的是（　　）。

A. 展业工程暂估价中的专业工程应由投标人自主确定价格并计入报价
B. 暂估价中的材料应按暂估单价计入综合单价
C. 措施项目中的总价项目应包括规费和税金
D. 投标人报价时可以给予一定幅度的总价优惠

53. 施工企业拟向租赁公司承租一台设备，设备价格120万元，租期6年，年末支付租金，折现率为10%，附加率4%，按照附加率法计算，应付租金为（　　）万元。

A. 25.0　　　　　B. 27.5　　　　　C. 33.5　　　　　D. 36.8

54. 某项目拟从国外进口一套设备，重1000吨，装运港船上交货价300万美元，国际运费标准每吨360美元，海上运输保险费率0.266%。美元银行外汇牌价6.1元人民币。则该套设备国外运输保险费为（　　）万元。

A. 4.868　　　　　B. 4.881　　　　　C. 5.452　　　　　D. 5.467

55. 某灌注桩计量支付条款约定工程量以米计算，若设计长度为20米的灌注桩，承包人做了21米，监理工程师未对施工质量表示异议，则发包人应该按（　　）米支付价款。

A. 19　　　　　B. 20　　　　　C. 21　　　　　D. 22

56. 某跨年度建设项目合同总造价50000万元，预计总成本40000万元，2013年资产负债表日累计已确认收入30000万元，2014年资产负债表日工程已完成总进度90%。则2014年应确认的合同收入为（　　）万元。

A. 6000　　　　　B. 15000　　　　　C. 27000　　　　　D. 45000

57. 根据《建筑安装工程费用项目组成》（建标2013－44号），工程施工中所使用的仪器仪表维修费应计入（　　）。

A. 施工机具使用费　　B. 工具用具使用费　　C. 固定资产使用费　　D. 企业管理费

58. 某建设项目工程费用6800万元，其他费用1200万元，预备费500万元，建设期贷款利息370万元，铺底流动资金710万元。预计在建设中原房屋拆除变现收入100万元，试车收入大于支出金额150万元，则该项目总概算为（　　）万元。

A. 9580　　　　　B. 9330　　　　　C. 9680　　　　　D. 9430

59. 根据《建设工程量清单计价规范》（GB50500—2013），工程发包时，招标人要求索赔工期的天数超过定额工期（　　）时，应当在招标文件中明示增加赶工费用。

A. 5%　　　　　B. 10%　　　　　C. 15%　　　　　D. 20%

60. 某单位建筑工程设计深度不够，不能准确的计算工程量，但工程采用的技术比较成熟而又有类似指标可以利用时，编制该工程设计概算宜采用的方法是（   ）。
   A. 扩大单价法　　　B. 类似工程换算法　　　C. 生产能力指数法　　　D. 概算指标法

二、多选题（共20题，每题2分，每题的备选项中，有2个或2个以上符合题意，至少1个错项。选错，本题不得分；少选，所选的每个选项得0.5分）

61. 根据我国现行财税制度，可以用来偿还贷款的资金来源有（   ）。
   A. 固体资产折旧费　　　B. 无形资产摊销费　　　C. 其他资产摊销费　　　D. 盈余公积费
   E. 减免的营业税金

62. 关于利率高低影响因素的说法，正确的有（   ）。
   A. 利率的高低首先取决于社会平均利润的高低，并随之变动
   B. 借出资本所承担的风险越大，利率越低
   C. 资本借出期间的不可预见因素越多，利率越高
   D. 社会平均利润不变的情况下，借贷资本供过于求会导致利率上升
   E. 借出资本期限越长，利率越高

63. 根据《建设工程工程量清单计价规范》（GB50500－2013），工程变更引起施工方案改变并使措施项目发生变化时，关于措施项目费调整的说法，正确的有（   ）。
   A. 安全文明施工费按实际发生的措施项目，考虑承包人报价浮动因素进行调整
   B. 安全文明施工费按实际发生变化的措施项目调整，不得浮动
   C. 对单价计算的措施自费，按实际发生变化的措施项目和已标价工程量清单项目确定单价
   D. 对总价计算的措施项目费一般不能进行调整
   E. 对总价计算的措施项目费，按实际发生的措施项目并考虑承包人报价浮动因素进行调整

64. 施工图预算的编制依据有（   ）。
   A. 建设单位的资金到位情况　　　B. 施工投标单位的资质等级
   C. 施工投标单位的施工组织设计　　　D. 批准的设计概算
   E. 批准的施工图设计图纸

65. 根据现行《企业会计准则》，关于企业财务报表列报基本要求的说法，正确的有（   ）。
   A. 企业应当以持续经营为基础编制财务报表
   B. 重要项目应单独列报
   C. 报表列示项目不应相互抵消
   D. 当期报表列报项目与上期报表项目应当具有可比性
   E. 企业至少应当按月编制财务报表

66. 适宜用参数法计价的措施项目费用（   ）。
   A. 二次搬运费　　　B. 混凝土模板费
   C. 安全文明施工费　　　D. 已完工程及设备保护费
   E. 垂直运输费

67. 建筑安装工程费用项目组成中，赞列金额主要用于（   ）。

A. 施工合同签订时尚未确定的材料设备采购费用
B. 施工图纸以外的零星项目所需的费用
C. 隐藏工程二次检验的费用
D. 施工中可能发生的工程变更价款调整的费用
5. 项目施工现场签证确认的费用

68. 下列建设工程投资费用中，属于工程建设其他费用中的场地准备及临时设施费有（　）。
A. 施工单位场地平整费　　B. 建设单位临时设施费
C. 环境影响评价费　　　　D. 遗留设施拆除清理费
E. 施工单位临时设施费

69. 对筹资方案而言，短期负债筹资的特点有（　）。
A. 筹资速度快　　　B. 筹资风险高　　　C. 筹资难度大
D. 限制条件较多　　E. 筹资成本较高

70. 价值工程分析阶段的工作有（　）。
A. 对象选择　　　　B. 方案评价　　　　C. 功能定义
D. 功能整理　　　　E. 功能评价

71. 关于确定设备经济寿命的说法，正确的有（　）。
A. 使设备的自然寿命期间内一次性投资最小
B. 使设备的经济寿命期与自然寿命、技术寿命尽可能保持一致
C. 使设备的经济寿命期平均每年净收益达到最大
D. 使设备的经济寿命期年平均使用成本最小
E. 使设备在可用寿命期内总收入达到最大

72. 在技术方案投资各方现金流量表中，应作为现金流出的有（　）。
A. 技术方案资本金　　B. 实缴资本　　　C. 借款本金偿还
D. 经营成本　　　　　E. 租赁资产支出

73. 根据《企业会计准则第15号——建造合同》，按累计实际发生的合同成本占合同预计总成本的比例定合同完工进度时，累计实际发生的合同成本不包括（　）。
A. 已订立采购合同但尚未运抵现场的材料成本
B. 已采购进场但施工中尚未安装的材料成本
C. 在分包工程的工作量完成之前预付给分包单位的款项
D. 已经完成并验收合格的设备安装工程的价款
E. 已经完成并验收合格的分包工程的合同价款

74. 编制人工定额时需拟定施工的正常条件，其内容包括拟定（　）。
A. 施工作业内容　　　B. 施工作业方法　　C. 施工企业技术水平
D. 施工作业地点组织　E. 施工作业人员组织

75. 施工合同履行过程中，导致工程量清单缺项并应调整合同价款的原因有（　）。
A. 设计变更　　　　　B. 施工条件改变　　C. 承包人投标漏项
D. 工程量清单编制错误　E. 施工技术进步

76. 企业财务比率分析中，反映盈利能力的指标有（　）。

A. 总资产周转率　　B. 总资产净利率　　C. 净资产收益率　　D. 存货周转率
E. 营业增长率

77. 根据《建设工程价款结算暂行办法》(财建[2004]369号)，发承包双方××合同中约定的合同价款事项有（　　）。
A. 投标保证金的数额、支付方式及时间
B. 工程价款的调整因素、方法、程序、支付方式及时间
C. 承包计价风险的内容、范围以及超出约定内容、范围的调整方法
D. 工程竣工价款结算编制与核对、支付方式及时间
E. 违约责任以及发生合同价款争议的解决方法及时间

78. 根据《企业会计准则第15号—建造合同》，判断成本加成合同的结果能够×××计，至少需同时具备的条件有（　　）。
A. 与合同相关的经济利益很可能流入企业
B. 合同总收入能够可靠的计量
C. 为完成合同尚需发生的成本能够可靠地确定
D. 合同奖励金额能够可靠地计量
E. 实际发生的合同成本能够清楚区分和可靠地计量

79. 建设项目总概算书的内容有编制说明和（　　）。
A. 单位工程概算表　　　　　　　　B. 分部分项工程概算表
C. 单项工程综合概算表　　　　　　D. 工程建设其他费用概算表
E. 总概算表

80. 关于工程量清单计价下施工企业投标报价原则的说法，正确的有（　　）。
A. 投标报价由投标人自助确定
B. 投标报价不得低于工程成本
C. 投标人应该以施工方案、技术措施等作为投标报价计算的基本条件
D. 确定投标报价时不需要老驴发承包模式
E. 投标报价要以招标文件中设定的发承包双方责任计划分作为基础

习题（历年真题）参考答案与解析

第一章

1. C	2. C	3. B	4. B	5. ACE	6. ABE	7. BDE	8. B	9. C
10. C	11. C	12. D	13. A	14. C	15. B	16. D	17. B	18. BD
19. C	20. D	21. CDE	22. B	23. B	24. C	25. C	26. C	27. A
28. A	29. C	30. B	31. C	32. C	33. C	34. C	35. B	36. B
37. C	38. B	39. A	40. BCE	41. A	42. A	43. C	44. CE	45. BCDE
46. B	47. AC	48. ABDE	49. C	50. A	51. C	52. D	53. A	54. D
55. A	56. B	57. AD	58. D	59. DE	60. C	61. D	62. C	63. C
64. C	65. B	66. C	67. AE	68. B	69. B	70. C	71. A	72. ACDE
73. C	74. B	75. ADE	76. D	77. D	78. ABC	79. B	80. CE	81. CE
82. B	83. B	84. A	85. C	86. C	87. ACE	88. B	89. CE	90. C
91. A	92. D	93. C	94. D	95. D	96. ABCE	97. BD	98. D	99. C
100. D	101. D	102. BDE	103. D	104. BDE	105. C	106. D	107. BDE	108. A
109. C	110. BCD	111. B	112. D	113. ABDE	114. A	115. B	116. D	117. ADE
118. CDE	119. A	120. C	121. B	122. ABDE	123. BDE	124. A	125. B	

【解析】

8. 参考答案：B

每根箭线与时间轴的交点都为该箭所表示的现金流量发生的时间，因此 B 项的说法错误。

10. 参考答案：C

在不考虑资金的时间价值时，A、B、C、D 四种情况的收益是一样的，都是 20，但考虑资金时间价值时，就应考虑到越早收回资金，其价值越大。例如，将收回的资金存入银行越早，获得的利息就越多。

11. 参考答案：C

本题是每季度都支付利息的情况，故一年应支付的总利息＝200×1.5％×4＝12（万元）。

32. 参考答案：C

本题只需作定性分析即可选出答案，不需要定量计算

先将问题简单化作预估，先假设不考虑资金的时间价值，则计算期内现金净流量为净流入 900 万元（其中流入为 1400 万元，流出为－500 万元）。但净现值计算的基本原理就是必须考虑资金的时间价值，将各年的现金流量均折现到第一年年初（即时间轴上的 0 时点），各笔流入的现金流的折现"损失"比流出的现金流折现"损失"要大（因为各笔现金流入距 0 时点更远），因此将各年发生的现金流量折现到 0 时点的现值之和必定小于 900 万元。

34. 参考答案：C

要注意的是本题给出的数据都是财务净现值，而非现金流量，财务净现值都是已折现到零时点的数值，所以本题只需对财务净现值直接求和即得出答案。

70. 参考答案：C

总投资＝建设投资＋建设期利息＋流动资金＝5500＋2000×[$(1+9\%)^3-1$]＋500
＝6590万元。

114. 参考答案：A

其他方案的合理成本可认为是目标成本，可作为功能评价值代入价值的计算公式计算。根据公式1－19，$V=4.5/5=0.9$。

115. 参考答案：B

价值系数计算，可运用公式：价值系数＝功能系数/成本系数。

分部工程	分部一	分部二	分部三	分部四	分部五	分部六
功能指数	0.2	0.3	0.2	0.15	0.1	0.05
成本指数	0.21	0.29	0.19	0.17	0.1	0.04
价值系数	0.95	1.03	1.05	0.88	1	1.25

由于分部工程四的价值系数低，所以首先选择分部工程四进行价值工程改进。

116. 参考答案：D

推理法：先定义功能是什么，然后才知道要整理什么；通过分析才能作出评价，因此应先分析，再评价。

【思考题参考答案】

思考题1.
正确。

思考题2.
回家方式的选择为互斥型方案，除夕晚餐的选择为独立型方案（是否吃鸡肉，不影响你对是否吃鱼肉作抉择）。

第二章

1. B	2. B	3. C	4. D	5. D	6. A	7. D	8. CDE	9. A
10. ADE	11. AB	12. C	13. ABE	14. BC	15. D	16. ABE	17. B	18. BD
19. A	20. C	21. D	22. B	23. D	24. CDE	25. B	26. A	27. C
28. C	29. D	30. B	31. D	32. BCE	33. BCD	34. D	35. A	36. C
37. D	38. C	39. A	40. D	41. AC	42. B	43. ACDE	44. A	45. ACE
46. A	47. ABC	48. D	49. B	50. C	51. A	52. C	53. C	54. A
55. C	56. B	57. C	58. C	59. B	60. B	61. C	62. A	63. A
64. BDE	65. C	66. D	67. A	68. C	69. A	70. B	71. B	72. C
73. C	74. A	75. D	76. D	77. C	78. C	79. CD	80. A	81. ABDE
82. A	83. C	84. D	85. B	86. ABC	87. B	88. B	89. D	90. D

【解析】

29. 参考答案：D

资产负债表和利润表以权责发生制为基础，而现金流量表应遵循收付实现制原则。

54. 参考答案：A

当期确认的毛利＝（合同总收入－预计总成本）×完工进度－以前年度累计已确定的毛利＝（10000－8500）×80％－600＝600（万元）。

68. 参考答案：A

每工作台班折旧费＝（500000－500000×3％）/2000＝242.50（元）

【思考题参考答案】

思考题1.

计算结果如下：

- 你公司的资产负债率＝（350/630）×100％＝55.56％
- 流动比率＝604/（240＋10）＝2.42
- 速动比率＝（604－80）/（240＋10）＝2.10
- 总资产周转率＝800/630＝1.27（次）
- 流动资产周转次数＝营业收入/流动资产＝1050/604＝1.74（次）
- 流动资产周转天数＝365/1.74＝209.77（天）
- 存货周转次数＝营业成本/存货＝712/80＝8.9（次）
- 存货周转天数＝365/8.9＝41.01（天）
- 应收账款周转率（周转次数）＝1050/400＝2.63（次）
- 应收账款周天数＝365/2.63＝138.78（天）
- 净资产收益率＝（180/280）×100％＝64.29％
- 总资产报酬率＝（息税前利润/资产总额）×100％＝[（237＋8）/630]×100％＝38.89％
- 因本企业以前年度未营业，故无法计算营业增长率。
- 资本积累率＝（280/100）×100％＝280％

注：①源于资产负债表中的某项数值一般应取期初和期末的平均值，由于本例较特殊，是企业经营的第一年，期初值为零，故只取期末值。

②以上数据均来自表2-3、表2-5、表2-8中，由此说明，利用利润表、现金流量表、资产负债表中的数据进一步计算可得出一些反映企业运营能力、偿债能力的指标。

思考题2.

1. 资产负债表、现金流量表

2. 所有者权益变动表、资产负债表

3. 资产负债表

4. 所有者权益变动表

5. 现金流量表

第三章

1. A	2. B	3. A	4. ABCE	5. A	6. B	7. D	8. A	9. D
10. D	11. B	12. B	13. B	14. A	15. ABE	16. ABCD	17. A	18. ACDE

19. A	20. A	21. BCD	22. A	23. D	24. D	25. D	26. C	27. ACE
28. C	29. B	30. B	31. A	32. A	33. B	34. B	35. D	36. B
37. DE	38. AD	39. A	40. B	41. BE	42. ACDE	43. ABDE	44. B	45. A
46. AC	47. ABDE	48. ABC	49. BE	50. B	51. A	52. BC	53. BD	54. ACD
55. ACE	56. D	57. C	58. A	59. ACDE	60. ADE	61. BCDE	62. A	63. C
64. CDE	65. A	66. B	67. ABDE	68. C	69. CE	70. A	71. D	72. D
73. ABDE	74. C	75. B	76. C	77. C	78. ABDE	79. ABD	80. ABCD	81. ADE
82. A	83. B	84. D	85. B	86. D	87. ABDE	88. BCD	89. A	90. C
91. ACD	92. A	93. A	94. C	95. A	96. C	97. C	98. C	99. ADE
100. B	101. B	101. D	103. D	104. B	105. D	106. B	107. A	108. ABE
109. B	110. BDE	111. D	112. ACD	113. BDE	114. A	115. B	116. C	117. C
118. ACD	119. D	120. B	121. D	122. A	123. A	124. C	125. 见解析	126. B
127. A	128. C	129. B	130. A	131. B	132. ACE	133. C	134. ACD	135. C
136. C	137. C	138. A	139. D	140. D	141. B	142. C		

【解析】

5. 参考答案：A

B、C、D三项都应归入进口设备抵岸价，见图3-3即容易理解。

7. 参考答案：D

①增值税＝（2100＋147）×17％＝381.99（万元）

②抵岸价＝2100＋10＋30＋147＋381.99＝2668.99（万元）

8. 参考答案：A

银行财务费＝1000×0.5％＝5（万元）

23. 参考答案：D

基本预备费＝（2000＋800＋200）×5％＝150（万元）

69. 参考答案：CE

选项A属于结束工作时间，选项B属于不可避免的中断时间，选项D属于休息时间，因此ABD都应包括在定额时间中；选项C和E均为施工本身造成的停工时间。

118. 参考答案：ACD

①投标人的投标报价不得低于成本，也不得高于招标控制价，因此B项错误；②对于暂列金额和暂估价，投标人均应按招标人在工程量清单中所列金额填写，不得变动，因此E项错误。

121. 参考答案：D

招标控制价由分部分项工程费、措施项目费、其他项目费、规费和税金组成，同时应包括招标文件中要求投标人承担的风险费用（不是项目的全部风险费用），故A选项错误；措施项目费以项为单位计价的，价格应包括除规费和税金以外的全部费用，故B选项错误；总承包服务费应根据招标文件中列出的内容和提出的要求由投标人自主确定报价，故C选项错误。

122~125题的参考答案及解析：

通过此四道题应掌握：无论是在招标人编制工程量清单时，还是竣工结算时，工程量清单模式下工程量计算都应为按设计文件图示尺寸计算的工程量净值（或称工程净量），这与实际施工完成的工程量不是同一概念，前者不包括因施工方案或施工技术要求而在设计文件图示尺寸之外增加的工程量（比如挖基坑，在基础的图示尺寸之外必须要多挖，以留出操作空间，常规情况下还应放坡，但在清单模式下，只按基础的设计净尺寸计算挖基坑的土方工程量，任何原因造成的多挖部分均不予计算）。当然更不能包括因允许误差、损耗而造成的工程量实际增加值，以及承包人超出施工图纸范围或因承包人原因造成返工的工程量。

如何理解《工程量清单计价规范》规定的强制性条文："竣工结算的工程量按发、承包双方在合同中约定应予计量且实际完成的工程量确定"？这与上面的表述并不矛盾，因为：

(1)"按发、承包双方在合同中约定应予计量"的含义就是"应按设计文件图示尺寸计算工程量净值"，因为工程量清单的工程量计算规则就是这么要求的。

(2)清单工程量是由清单编制人计算的（按上述规则），但工程量的计算难免会有误差甚至错误，因此只能作为投保人投标报价的共同基础，而不作为结算工程量，结算工程量应该是按设计文件的图示尺寸计算的工程量净值（应该是准确计算的结果），因此，习题128中应以190.5m³作为结算工程量，而在习题127的四个选项中，只有"工程完成后的净值"符合上述结算工程量的确定规则。

127. 参考答案：A

本期应扣回预付款＝1000－（1000×20％）/50％＝600（万元）

135. 参考答案：C

$T=P-M/N=300-(300×15\%)/60\%=225$（万元）

136. 参考答案：C

$P=300×(0.3+0.2×3200/3600+0.2×350/330+0.1×1200/1000+0.2×40/43)=298.74$

2012年全国一级建造师执业资格考试建设工程经济试题答案

1. C	2. C	3. C	4. B	5. A	6. D
7. C	8. B	9. D	10. A	11. C	12. D
13. C	14. B	15. C	16. C	17. B	18. C
19. B	20. D	21. B	22. A	23. B	24. A
25. D	26. A	27. C	28. A	29. D	30. C
31. B	32. A	33. C	34. A	35. C	36. D
37. D	38. C	39. B	40. D	41. C	42. C
43. B	44. A	45. B	46. C	47. A	48. B
49. D	50. A	51. B	52. D	53. B	54. D
55. C	56. C	57. D	58. A	59. B	60. A
61. CD	62. ADE	63. ACDE	64. AC	65. ABCE	66. ABCE
67. BDE	68. ABD	69. ABCD	70. BC	71. ACDE	72. BCDE
73. BCD	74. ABDE	75. ABC	76. BDE	77. ABE	78. CDE
79. ABCD	80. AE				

2013年全国一级建造师执业资格考试建设工程经济试题答案

1. D

【解析】$250×(1+6\%/2)4－250＝31.38$

2. A   3. A

4. A

【解析】沉没成本＝设备账面价值－当前市场价值＝3－2＝1万。

5. B   6. D   7. A   8. B   9. A   10. C   11. B   12. C   13. C

14. C

【解析】工程预付款的起扣点＝$300－300×20\%/50\%＝180$（万元）

15. A   16. C   17. C   18. A

19. A

【解析】两种方案的无差别加工量＝$12000/(250－150)＝1200$（吨），适用于现场加工的总量为1200吨以上。

20. A

21. C

【解析】营业利润＝$1000－300－200－100＋200＋150＝750$（万元）

22. B   23. D   24. D

25. B

【解析】安全文明施工费、税金和规费不得作为竞争性费用。

26. B   27. A   28. C   29. A   30. D   31. D   32. A   33. B   34. A

35. D   36. D   37. C

【解析】$7\%×(1－25\%)/(1－0.2\%)＝5.26\%$

38. C   39. B   40. A   41. A   42. C   43. B   44. D   45. D   46. A

47. C

【解析】两方案的增量投资收益率＝（45－40）/（220－180）＝12.5％，高于基准收益率，所以投资额大的方案为优。

48. C	49. B	50. A	51. C	52. B	53. D	54. B
55. D	56. C	57. A	58. B	59. B	60. D	61. BCDE
62. ABDE	63. BCD	64. ADE	65. ABC	66. BCE	67. AC	68. BD
69. ACE	70. ABE	71. DE	72. CD	73. ABE	74. ABC	75. BCD
76. ACDE	77. BCE	78. ABDE	79. ACD	80. AD		

2014年全国一级建造师执业资格考试建设工程经济试题答案

1. A
2. B

【解析】$700×(1+8\%)×(1+4\%)-700+600×(1+4\%)-600=110.24$（万元）

3. D　　4. D　　5. D
6. B

【解析】考核租金的计算，附加率是比较简单的计算，理解计算原理即可选对。$R=50/5+50×10\%+50×5\%=17.5$（万元）

7. C

【解析】考核单利与复利关系，单利方式下，利息$=1000×8\%×4=320$（万元）
本利和$=1000+320=1320$（万元）

8. A　　9. A　　10. B　　11. C　　12. C　　13. B　　14. B　　15. A　　16. D
17. B　　18. C
19. D

【解析】计算过程如下：$(190+40)×(1+1\%)×(1+3\%)=239.27$

20. C

【解析】计算过程如下：$[2\%÷(1-2\%)]×[360÷(28-15)]=56.51\%$

21. D
22. A

【解析】计算过程：$(2.8+0.7+0.9)×(1+10\%)=4.84$

23. D　　24. B　　25. A　　26. C　　27. C　　28. B　　29. C　　30. A　　31. A
32. B
33. C

【解析】计算过程：$(15+3)×25\%=4.5$（万元）

34. A
35. A

【解析】计算过程如下：
设固定成本为CF
$200=100×8-20×8-5×8-CF$

$CF=400$（万元），设盈亏平衡产销量为 Q

$O=100\times Q-20\times Q-5\times Q-400$

$Q=5.33$（万件）

36. C
37. B

【解析】计算过程如下：台班折旧费 $=120\times10000\times(1-3\%)/(250\times6)=776$ 元/台班

38. C　　39. B　　40. D　　41. C　　42. D　　43. A　　44. D　　45. D　　46. B
47. A　　48. B　　49. C
50. C

【解析】第三年完成剩余 40%，所以收入为 $6000\times40\%=2400$（万元）

51. C　　52. C　　53. B
54. C

【解析】息税前利润 $=1500\times12\%=180$（万元）

税后利润 $=180-18-40.5=121.5$（万元）

资本金净利润率 $=121.5/1000=12.15\%$

55. A
56. C

【解析】借款资金成本 $=$ 利率 $\times$ 所得税率 $/(1-$ 手续费率$)$，经计算丙银行成本最低

57. D
58. B

【解析】实际利率 $=(1+12\%/4)4-1=12.55\%$

59. D

【解析】考核起扣点的计算公式

$T=P-(M/N)=900-(9000\times20\%)/60\%=6000$（万元）

60. B	61. ABCE	62. BCD	63. ADE	64. BCE	65. ABCD
66. CD	67. BD	68. CE	69. BE	70. ACE	71. AD
72. AD	73. DE	74. BC	75. ADE	76. AB	77. BE
78. ABC	79. CDE	80. BD			

2015年全国一级建造师执业资格考试建设工程经济试题答案

【参考答案】

1. B	2. A	3. C	4. A	5. A	6. D
7. D	8. B	9. C	10. B	11. B	12. B
13. A	14. C	15. C	16. A	17. B	18. A
19. C	20. D	21. B	22. C	23. A	24. D
25. D	26. C	27. D	28. A	29. C	30. D
31. D	32. C	33. A	34. B	35. A	36. D
37. B	38. D	39. A	40. C	41. D	42. B

43. B	44. D	45. C	46. B	47. C	48. C
49. C	50. B	51. B	52. B	53. D	54. D
55. B	56. B	57. A	58. A	59. D	60. D
61. ABCE	62. ACE	63. BCE	64. DE	65. ABCD	66. ACD
67. ADE	68. BD	69. AB	70. CDE	71. CD	72. BE
73. ABC	74. ABDE	75. ABD	76. BC	77. BCDE	78. AE
79. ACDE	80. BCE				

编辑手记

广结善缘　不忘初心　方得始终

当50后还习惯动笔看书，当70后还留恋上网学习，君不见，90后新生代已然在利用手机新媒体像聊天、像游戏通关一样玩中学，如果把书本、网络、新媒体互动及线下活动结合起来，大家一起玩、一起学，如此岂不乐哉？《全国一级建造师执业资格考试轻松过关》这一套考试书，正是应时而生。作为一家全国知名的优秀出版单位，对于丛书的修订工作，我们不敢有丝毫怠慢。新媒体和O2O，我们不炒概念，只搞实战。作为传统出版向数字化复合出版转型的示范项目，本套丛书除在出版传播形式上革新以外，始终坚持内容为王、以质取胜，用实力和口碑说话！如果您认为我们的产品、服务和平台真的不错，请点赞、转发哦，如果您认为还有哪些不足，请@（联系）各位编辑。我们对建造师的考试辅导教材每年都会进行优化和更新，如果大家都敞开心怀将自己的需求、心得和建议与我们分享，甚至参与新版教材的修订、微课程的讲授，相信通过此书结缘，各方可以持续互动、不断获益，给予参与者什么奖励，也想征求您的意见，如果这样算众筹，那我们试一试又何妨？

据说，世界上两人相遇的概率为0.00487，而相识的概率为0.000049，谢谢您看见我。考试报名还没开始，就有读者来电催促出版。为了不负读者期望，段红梅编审团队决定在非常有限的时间里，对原版图书依据最新考纲进行修订，并尝试利用新媒体进行数字化复合出版。编书易，著书难，马铭一个人融会贯通编著四部考试辅导教材更难，把考纲和教材吃透，把薄书读厚再把厚书读薄，编著一套思维导图加应试口诀笔记体的考试辅导书更是可遇不可求。我们尝试以众筹的方式运作新媒体复合出版，祝元志副编审的微信和公众号发布众筹令被建造师培训的知名机构鲁班培训（龙本教育公司）总裁李转良先生看到后甚为惊喜，微课、慕课、大赛、平台、社群、O2O、APP正是鲁班培训向移动互联网教育转型的方向。知识产权出版社、鲁班培训机构、创作人三方会师，大家一拍即合，微课程由鲁班网校和鲁班培训微信平台提供，教材的内容修订由马铭多年的搭档田丽副教授担纲，纸版＋微信APP复合出版由知识产权出版社集成运作。

本丛书的出版是以互联网思维革新教育业和出版业的一次实战，这些具体的尝试和实践也为知识产权出版社与全国土木工程教学指导委员会合作的《土木工程教育创新论坛》（书刊＋微信APP＋大赛＋沙龙＋创客平台）项目推进，积累了资源和经验，在此，要感谢丛书的初版执行编辑石陇辉和本版的编辑祝元志、刘爽、张冰、高鹏，特别感谢鲁班培训机构的李转良总裁、苗晋艳老师、曾献诗老师，也要感谢中国建设报社、城乡建设全国理事会、筑龙网等机构以及同济大学沈祖炎院士、李国强教授和中国建筑设计院崔愷院士等对我社数字化复合出版活动的大力支持。

从做产品，到做服务，到做平台，到做生态，我们不为读者提供大数据只提供有用的小数据，微信扫码、手机听课，百分之百免费，羊毛出在狗身上熊不用埋单，服务送到您的手上是大家合作的开始。帮助他人成功，自己一定更加成功，不忘初心，方得始终，与同行者共勉！

2016年全国一级建造师执业资格考试轻松过关

① 建筑工程管理与实务（第三版）　　　定价：68.00元
② 建设工程项目管理（第三版）　　　　定价：42.00元
③ 建设工程经济（第三版）　　　　　　定价：42.00元
④ 建设工程法规与相关知识（第三版）　定价：38.00元